昭和二十年

第1巻　重臣たちの動き

鳥居 民

草思社文庫

*本書は、一九八五年に当社より刊行した著作を文庫化したものです。

昭和二十年　第1巻　重臣たちの動き　目次

プロローグ　一月一日の概況

第1章　近衛の悔恨（一月一日）

第2章　東条の苦悩（一月一日）

第3章　木戸の回想（一）（一月二日）

プロローグ

一月一日の概況

勤労動員の野沢高女生たち

昭和二十年一月一日の朝七時、いつもどおりベルが鳴り響き、女学生たちの夜勤は終わった。陸軍造兵廠では、大晦日もなければ、正月もなく、二十四時間の操業だった。彼女たちが働いているのは、愛知県の春日井市にある鷹来《たかぎ》製造所だった。名古屋陸軍造兵廠の分工場のひとつである。

彼女たちは長野県立野沢高等女学校の四年生だった。松組、竹組の生徒九十余人が、この工場で働いていた。

鷹来製造所でつくっているのは、小銃と機関銃の弾丸である。第一工場から第五工場まで五つの工場が立ち並ぶなかで、野沢高女の生徒たちが働いている職場は第一工場だった。長野県の同じ北佐久郡から岩村田高女の生徒が来ていたが、彼女たちは第三工場で働いていた。

第一工場では弾丸と薬莢《やつきよう》を製造するのに必要な工具をつくっていた。旋盤を使っての仕事だった。彼女たちの多くは、鉄の棒を荒削りする仕事をしていた。

どろどろの粘土のような潤滑油が飛び散り、作業衣にしみをつくり、手は油で汚れ、仕事が終わる頃には、彼女たちの顔は黒く汚れた。彼女たちのそんな顔を見て、他の工場で働く中学生から、「信州の山猿」と声がかかることがあった。鷹来にはこれだけ多くの大学生や中学生がいるのに、野沢高女がいちばん汚れる大変な仕事をしていると彼女たちは怒った。だが、自尊心が強く、やる気もあれば、辛抱強さももった彼女たちは、男のやる仕事に身を挺していることを誇りにもしていたのである。

おそらく、そのとき鷹来製造所で働いていた者のうちの四人に一人が勤労動員の学徒だったと思われる。鷹来だけではない、大部分の軍需工場で動員学徒が主要な働き手となっていた。

野沢高女の四年生が鷹来で働きはじめたのは、昭和十九年の八月だった。中等学校程度以上の学徒を「今後一年、常時之ヲ勤労」させると閣議で決めたのは、同じ年の二月の末のことである。

昭和十八年から十九年にかけて、それまでに増設され、新設された多くの工場が生産を開始するようになっていた。鷹来製造所にしても、本格的な操業をはじめたのは昭和十八年の春からだった。

ところが、どこの工場でも深刻な人手不足に悩んだ。徴用の労働者や女子挺身隊だけではとてもその大きな穴を埋めることはできなかった。しかも昭和十九年には、年若い工員がごっそり抜けることが明らかになっていた。というのも昭和十八年末に政府は、徴兵年齢を一年繰り下げ、満十九歳としたからである。そこで昭和十九年には、満二十歳になる者と満十九歳になる者を合わせて、二年分の適齢者、百三十三万人の徴兵検査がおこなわれ、そのうちの八割が入隊するものと思われた。

徴集される者は百万人に達し、工場で働いている十九歳、二十歳の若者はいなくなるはずであった。そしてそれとはべつに、昭和十九年中には数十万人が応召され、その半分が工場勤務者から召集されるにちがいなかった。

その穴埋めには、二百八十万人の学生・生徒を動員し、工場で働かせる以外に方法はなかった。だが、政府幹部にとって、この手段をとることは、なかなか決心できることではなかった。じつはそれより一カ月前の十九年一月、学徒にも一年のうちの三分の一、およそ四カ月を勤労させると決めたばかりだった。それが精いっぱいの就労期間だった。

それを覆し、一年を通しての動員に踏みきったのは、マーシャル群島があっというまに敵の手に渡り、中部太平洋の最大の要衝であるトラック島の基地が敵空母機に叩かれたことに、政府幹部が大きなショックを受けたからであった。

こうして昭和十九年四月には、大学、高等専門学校の学生、中学、女学校の生徒の第一陣が工場へ通いだした。もっとも中学生、女学生の勤労動員は三年生以上の者に限られていた。

ところが、七月になって、中学校一、二年生を動員してもよいことになった。国民学校高等科の児童はすでに工場で働いていた。同じときに、深夜業は中学三年以上の男子生徒に限られていたのが、女子生徒にもやらせてよいことになった。また、出勤をはじめて二カ月経過しなくても、その学徒に深夜業を課してかまわないことになった。こうして八月はじめから働きはじめた野沢高女の生徒たちは、九月はじめから昼夜交代で働くことになったのである。

下崎妙子は旋盤を受けもたされていた。ところが、彼女の旋盤は班長もさじを投げた廃品寸前の代物であり、その旋盤だけ離れたところに置かれていた。その旋盤が動くことはめったになかった。手持ちぶさたの彼女は雑用を仰せつかることになった。もっとも、雑用もたいしてなかったから、友人の仕事を見て歩き、手洗いに立った友人の旋盤をそのあいだやらせてもらっていた。

妙子は一日に何度か自分の機械を試してみた。よく切れるバイトが支給されて、ごくたまに機械の機嫌がよいときには、青光りする切り屑が長く長くつづいてでてきた。彼女は無性にうれしくなり、ベルが鳴っても、まだずっと仕事をつづけたいと思った。バイトが切れなくなると、だれもが泣きたい思いにかられた。小さな切り屑がぱちぱちと飛び、バイトのさきを見つめる目元に飛び込み、目のまわりに火ぶくれができた。足の指のあいだに落ちた切り屑はすぐには払い落とせず、針を刺したように痛かった。そこに小さな火傷の跡が残った。

彼女たちはいずれも素足だった。そして下駄ばきだった。靴は大事にしまってあった。寮の押入れの柳行李のなかにしまわれていた。校服もいっしょだった。彼女たちがその校服を着た最後は、昨十九年の八月、下級生や両親が振る日の丸の旗に送られ、小海線の中込《なかごみ》駅を出発して、鷹来までの中央線にのったときであった。

いま着ている作業衣は、母が自分の着物をほどいて、つくってくれたものだった。鷹来に来たとき、彼女たちは作業服を支給されたが、そのごわごわした目の粗い服地は桑の皮の繊維でつくられたものだった。支給されたその作業服を彼女たちは外出するときに着た。

外出といっても、夜勤明けの休日に、外出証をもらい、近くの農家へさつま芋を買いに行くことだった。それでも、名古屋へはだれもがいちどはでかけた。小池恵美子と仲間たちは名古屋城へ行き、そのあと松坂屋へ行った。山下都らはそれをまねようとしたのだが、名古屋城で空襲にあい、ほうほうのていで逃げ帰ってきた。

昼の作業と夜の作業は一週間交代だった。十時間以上も立ちづめなのだから、はじめのうちは床に就いてから、みんな足に痙攣を起こした。やがて平気になったが、どうしても馴れることができないのが夜勤のあいだ眠くてしかたのないことだった。

寒くなってからの夜勤はさらに辛かった。コンクリートの床から寒気がはいあがり、明け方には足は完全に冷えきっていた。旋盤の冷たいハンドルを握った指はふくらんでしまい、無感覚になった指はいうことをきかなかった。そして相変わらず夜勤は眠かった。

柳沢いくよと彼女の仲間たちはちょっとした冒険をしたことがあった。休憩時間の午前零時に食堂へ行き、大急ぎで夜食をかきこみ、そっと工場へ戻り、二階にある材料倉庫へ忍び込んだ。梱包に使ったむしろにくるまり、横になり、つかのまのまどろみを楽しもうというのであった。眠り込んでしまうわけにはいかず、休憩時間はあっというまに終わった。

寒さと睡眠不足、それに加えてつねにひもじさから逃れられなかった。食事の不満は絶え間がなかった。工場の食堂はバラック建てだった。テーブルも、腰掛けも、板に脚を打ちつけただけのものだった。腰掛けの足は動かないように地中に埋めてあった。丼のご飯はわずかで、高粱《こうりやん》まじりだった。味噌汁は八丁味噌を使っていた。その色と味にはなかなか馴染めなかった。

おかずは茄子、あるいは南瓜、それでなければ大根の煮物と決まっていた。ごくときたま鮫の煮付けがでた。彼女たちは食堂の腰掛けに坐ると、防空鞄から胡麻塩の小瓶をとりだした。置く場所がないので、防空鞄と防空頭巾は両肩から掛けたままだった。防空鞄とはこれも母がつくってくれた木綿の布鞄のことだった。三角巾、止血棒などの救急用品、家族の写真、お守りが入っていた。

家から送ってくる小包のなかにかならず入っていたのが、煎り豆の茶筒、干し芋、干し南瓜、そして胡麻塩の小瓶だった。彼女たちがそれをとりだし、ご飯に胡麻塩を振りかけるのは、日に三回、家族とのつながりを確かめる儀式であった。

彼女たちがきまってわが家のことを思いだすのは、仕上げ用の旋盤の前を通るときだった。彼女たちのほとんどが使っている旋盤は、天井からのベルトで駆動する旧式な機械だったが、スイッチひとつで動く仕上げ旋盤のほうは軽快な音をたてていた。そしていい匂いがした。鈴木なおはその前を通ると故郷の家の台所を思い浮かべた。機械油の代用として胡麻油を使うようになり、それが熱せられ、それこそ天ぷらをあげているような匂いがその周囲には漂っていたからである。

彼女たちのなによりもの願いは帰省だった。出身町村別に十数人ずつの班をつくり、一班ずつ故郷へ帰ってよいという許可がだされたのはつい先だってのことだった。一番隊は十二月二十二日に帰った。二泊三日の帰省だった。第二回、第三回は昭和二十年になってからと言われた。そこでだれもが正月を待ちこがれ、来年になったらと繰り返し自分に言いきかせていた。

そして今日が一月一日だった。篠原素子は夜勤を終えて、級友たちといっしょに食堂へ向かった。テーブルには丼が並び、いつもの朝と変わらなかった。いや、変わっていた。だれもがびっくりしたのは、丼のふたの上に餅が一切れ載っていることだった。もういちど驚いたのはそれが生のままであることだった。ストーブで焼いて、味噌汁に入れて食べろということのようであった。だれもが顔を見合わせた。

素子は寮に戻って、布団のなかにもぐり込んだ。枕元に置いた防空鞄からさっきの餅をとりだした。端をかじってみた。餅をかじっている自分が鼠のようだと思った。窓には暗幕が張られ、部屋のなかは暗かった。またちょっぴりかじった。「鼠の正月、鼠の正月」と口のなかで繰り返した[1]。

大晦日から元旦未明の東京空襲

昭和二十年一月一日の朝、浅草の小島国民学校と新堀国民学校の教室、神田の練成国民学校の教室には、着のみ着のままで、汚れた顔の人びとが小さな椅子に腰を掛け、寒さで体を丸くしていた。膝を折って床に坐っている家族もいた。教室内の温度は摂氏二度に下がっていた。

かれらは昨夜の空襲の罹災者だった。高射砲の炸裂音がいきなり聞こえ、焼夷弾が落ちてきて、なにも持ちだすことができず、なかにははだしで逃げだした人もいた。教室には、どこへ行こうかと相談している親子がいたし、破れたガラス窓から吹き込む風に体を折りまげて、今夜はどこに泊めてもらおうかと話し合っている老夫婦がいた。

東京へのB29の空襲は一カ月前にはじまったばかりだった。空襲の方法は二通りだった。ひとつは夜の空襲だった。来襲する敵機は一機か、二機だった。それが東京下町の密集した人家へ焼夷弾を投下した。もうひとつは昼間爆撃だった。これは北多摩郡武蔵野町にある中島飛行機の武蔵製作所に対する空襲だった。こちらの場合は、いつも百機前後のB29が襲った。

中島の武蔵製作所がつくっているのは航空機の発動機だった。敵は、もう一カ所、名古屋市にある三菱重工業の名古屋発動機製作所を狙い打ちした。ここでつくっているのも航空機の発動機だった。

敵は製鋼所、石油精製工場、兵器工場を狙わなかった。武蔵野町の発動機工場を五回狙い、名古屋の発動機工場を二回爆撃したことから判断すれば、日本の航空機工業の心臓部への集中爆撃を意図しているようであった。

もっとも名古屋にある三菱重工業の機体製造工場が一回爆撃を受けた。このことから察すると、敵はこのさき爆撃目標をすべての航空機工場に拡大するつもりなのかもしれなかった。

夜間の焼夷弾爆撃は嫌がらせというしかなかった。ほとんど毎夜、空襲があった。空襲のない夜は一晩か、二晩あっただけだった。昨夜の空襲は最初が午後九時四十四分だった。

警戒警報のサイレンが鳴り終わったときには、敵機はすでに頭上にいた。下谷区の竹町や長者町に住む人びとのなかには、なにか音がしたようだと思った瞬間、部屋のなかが明るくなり、花火がはじまったようだとぼんやり見ているうちに、ふすまや壁にぱっと炎がつき、はじめて空襲だと気づいた人がいた。屋根を突き抜け、天井を破り、部屋のなかに焼夷弾が落ちてきたのである。

下谷では火事が発生した。十数分遅れて、浅草の小島町、七軒町にも火の手があがった。どうやら来襲した敵機は二機のようであった。

午後十一時すぎ、第十飛行師団長の吉田喜八郎は竹橋の東部軍司令部にいた。前に築城本部だった建物である。かれは調布、成増、松戸の防空専任の戦闘機部隊を率い、首都防衛飛行隊を指揮していた。かれは日記につぎのように記した。

「此の二カ月間に敵を迎うること四十回、来襲敵機数六百三十六機……
戦果　撃墜確実二十八機（内十六機は特攻隊の体当りによる）不確実二十四機……
我損害　戦死二十八名（内特攻隊の体当り自爆十名）戦傷十名……
此の如く、予期したる戦果を挙げ得ざりし主原因は我の科学技術の立ち遅れに存し、その欠陥を補う為に無理と知りつつ無理を強行せざるを得ざりき。右の戦果の半数以上は実に此の無理の強行によりて獲《か》ち得たるものにして、全く涙なくして語るを得ず」[2]

二回目の警戒警報のサイレンが鳴ったのは、午後十一時五十五分だった。高射砲の音が鳴り、人びとは起きあがった。空襲がつづくようになって、夜中にいつ起こされるかわからなかったから、だれも早寝の習慣がついていた。大晦日の夜であったが、この夜も人びとは早くから寝ていた。

本所の向島一丁目、二丁目、浅草の雷門二丁目で新しい火災が発生した。一回目の空襲による火災はまだ消火できず、下谷の長者町、竹町、神田の元佐久間町、栄町の火事はつづいていた。

三回目の警戒警報は、元旦の午前四時五十五分だった。江戸川区の西小松川町に火の手があがった。これはまもなく消し止めることができた。神田や下谷の火もすでにこのときには消えていた。三回にわたる空襲の被害は、死者が六人、怪我人が百人、八百世帯が焼かれ、罹災者は二千人を数えた。

麴町五番町に住む内田百閒は、昨夜の空襲についてつぎのように記した。

「夜九時四十分警戒警報鳴り、そんな事だろうと思って既にその前から常の通り身支度をしていたので、すぐに出て見ようと思う内に高射砲の音が聞こえた。表に出た時サーチライトが一筋消えるところであったが、神田の方角の空に焼夷弾の落ちて行くのが見えた。間もなくその辺りから大きな火の手上がる。若しこの辺に落ちたとすれば警報を聞いてからでは間に合わなかったと思われる。今夜もまた相当の大火事になったらしく、誠に困った事である。十時十分解除となりたれども火の手は愈さかん也。

又来るだろうと思って寝ると、うとうとしかけた時忽ち警戒警報也。すぐに高射砲鳴り、待避信号の半鐘を方方で打つ。さっきの方角より少し左手の空にまた焼夷弾の降る見えたり。間もなく広い火の手上がる。但しさっき程勢はよくない様なり。十一時五十五分の警戒警報にて零時三十五分の解除なり。さっきも今度も三十分位の間に一つ宛《ずつ》大きな火事を起こして去る」
「(午前)一時過ぎ眠りに就く。夜通し表に人声や足音が聞こえた様だが、矢張り初詣《まい》りなのか知ら。午前五時警戒警報にて起きる。五時三十分解除。また焼夷弾の落ちるのが見えた。今度はさっきの二度より右手の方なり。幸い消し止めたらしく火事にはならなかった様である。温かいおじやを食べて寝たら七時過ぎになった。よく眠れなかった。十時過ぎ起きる。さて更《あらた》めてこれから目出度く昭和二十年なりと思う。しかし些ともお正月らしきところなし。昨日古日のくれたお酒を少し残しておいたのを家内と祝う。今日のお雑煮は家例の味噌汁也。……」(3)

中部太平洋のマレヨン島で

一月一日、桑江良逢は午前四時半に起きた。危篤の者、意識不明の者がいるかどうかを分隊長に尋ねた。ひとりもいなかった。中隊全員の九十八人はそろって正月を迎えることができるようであった。不幸な元旦とならずに、まずよかったと桑江は思った。

桑江は中隊長だった。大正十一年の生まれで、二十二歳だった。

桑江の中隊はマレヨン島を防備していた。マレヨン島は、長径十キロほどの楕円形のメレヨン環島のなかに十個ほどある島のひとつである。東西一キロたらず、南北は真ん中のいちばんふくらみのあるところで五百メートルしかない小さな島だ。

中隊は宮城遥拝式、新年拝賀式をおこない、海岸にある中隊墓地へ参拝して、午前九時からパンの木の下で慰霊祭をおこなった。桑江は用意した弔辞を読むつもりでいた。だが、死んだ部下たちの顔がつぎつぎと浮かんできて、弔辞を読むことがあまりによよそしい行為だと思われた。そこで、ひとり、ひとりの名前を呼びかけることにした。かれらに話しかけているうちに、桑江は思わず声をつまらせた。パンの木がざわめき、梢が風に揺れ、兵士たちが泣いた。

大晦日に戦病死したのは進藤一だった。痩せ細り、かつての面影はなかったが、最後まで意識ははっきりしていた。桑江に向かって、子供のこと、故郷のことを語り、そばを腹いっぱい食べてみたいと言った。

十二月二十六日の午前十一時、桑江は伊藤正雄を見舞った。伊藤は空腹感に堪えかね、中隊で管理している畑から南瓜を盗んだ。分隊に持って帰ることができず、煮て食べることもできないので、生のまま食べた。これが原因で伊藤はアミーバ赤痢にかかった。栄養失調で弱っているうえに、赤痢の下痢に悩まされればそれでおしまいだった。

桑江が伊藤の枕元にいたとき、敵機が物凄い爆音をたてて、真上を飛び去った。アドミラルティ諸島から来襲するコンソリデイテッドPBYだった。こちら側に戦闘機がありさえすれば、逃げて回るはずの飛行艇だった。「コンソリがなんだ。桑江隊がいるかぎり、メレヨンは大丈夫だ」と伊藤はうわごとを繰り返した。二時間あとにかれは死んだ。

十二月二十日には桑江は遠藤繁雄を見舞った。午前十時、桑江が遠藤の手を握っていたとき、敵機が来襲した。最近姿を見せるようになった中型爆撃機のロッキードB34の爆音だった。地上掃射をする機関銃弾の音が近くでした。兵士が走ってきた。血相を変え、敵機一機を撃墜したと報告した。「お前の霊が墜《おと》したのだ」と桑江は言って、すでに心拍が停止している遠藤の手を握りしめた。

二つ隣の島の高射砲が敵機に有効弾を浴びせ、そのあと、海軍の機関砲が射止めたのだった。桑江は日記につぎのように書いた。

「本島上陸以来敵機の来襲を受くること延六百数十機に及びしも衆目にて撃墜を確認せしは本日が始めてなり。予之を目撃するを得ざりしは真に残念なり」(4)

十二月十八日の朝、工藤子之松が意識不明となった。桑江は円満な人格の工藤を尊敬していた。そして桑江が真っ先に思いだしたのは、一カ月前の中隊会食で工藤が読みあげた故郷からの手紙だった。

中隊会食をしたのは十一月十六日だった。量は少なかったが、甘いものずくめだった。ゴム袋入りの一口羊羹がでた。十月二十八日の夕刻にはじめてメレヨンに姿を現した潜水艦から陸揚げした荷のひとつだった。もっともその一口羊羹をひとりで食べられたわけではない。ひとつの羊羹を六人で分けねばならなかった。ほかには綜合ビタミン剤が三袋、一袋に二粒入りだった。さらにビタミンA剤三個、そして角砂糖一個だった。

あっさり口に放り込んだりする者はいなかった。隣の者の角砂糖や羊羹の減り具合を見ながら、だれもがゆっくりゆっくりと舐めたのである。

その楽しい食事が終わって、公表してさしつかえない故郷からの手紙を朗読してもらうことにした。隊員が手紙を受けとったのは十一月一日だった。トラック島にとめておかれた手紙は、米や羊羹、薬品といっしょに、潜水艦で運ばれてきたのだった。

かれらが家族や友人からの手紙を手にしたのは八カ月ぶりであり、満洲出発以来のことだった。前の駐屯地は満洲の西東安《にしとうあん》だった。ところで、桑江が驚いたのは、一通の手紙ももらわない者が中隊全員の半分もいたことだった。かれはかれらをどう慰めていいのかわからなかった。つぎの中隊会食のときに、皆の前でだれかに手紙を朗読してもらうことにすれば、手紙が来なかった者の慰めになると、そのときかれは考えたのだった。

中隊会食で工藤が手紙を読みあげたのは、こうした理由からだった。皆がかれの朗読に耳を傾けた。工藤の故郷である北海道が目に浮かぶようだった。雪の消えた山々、クローバーの咲き乱れる草原の緬羊、午後の日盛りの畑、夕暮れの川、馬小屋の馬、明るい電燈のもとでの家族の夕餉、どれもこれもたまらなく心を奪われる景色だった。そしてだれもがみずからの故郷を思い浮かべ、桑江も生まれ故郷の沖縄を思いだしたのだった。

工藤子之松の手紙は、かれの妻からのものだった。かれが妻と別れたのは昭和十六年七月だった。いわゆる関東軍特種演習の大動員があったときに、かれは召集されたのだった。

中隊会食があったときには、工藤はすでに体の具合が悪く、築城の仕事も、農耕作業もできなかった。そのあとのこと、かれは防空壕のなかで捕まえたという二十センチほどの椰子蟹を持ってきて、「隊長殿、食べてください」と言った。足一本をもらって、かれに返した。杖をつき、よろめきながら戻っていく後ろ姿に、桑江は心のなかで合掌した。はじめは足が重く、やがて起立歩行ができなくなるのが、栄養失調症の典型的な症状だった。

持って帰ったその椰子蟹を分隊の皆で食べたと、桑江はあとで聞いた。分隊全員で分ける木の葉や野草の採集には一生懸命にならず、とかげを捕まえ、自分ひとりで焼いて食べるといった者が増えているとき、工藤のような男は神様だと桑江は思った。

桑江が工藤の冷たくなった手を握っているとき、空襲警報が発令された。かれが防空壕に入ろうとしないので、兵士がうしろから鉄帽をかぶせてくれた。爆弾が炸裂するなかで、かれは鉄帽を臨終の工藤の頭に載せたのだった。

かれら四人を含めて、桑江の中隊では、これまでに十三人が戦病死していた。現在、栄養失調症の者は二十五人いた。そのなかにはこの数日中に死ぬと思える者が四、五人いた。そして残りの二十人もよくなる見込みはなかった。

それどころか、浮腫がでている者、足の動きが重い者が増えていた。だれもそんなことを考えようとしなかったが、栄養失調症の患者はまもなく二十五人から五十人になり、やがては五十人が七十五人となり、そのあらかたが死ぬことになるのは、それほどさきの話とは思えなかった。

その原因はいわずとしれた食糧不足にあった。昨十九年四月に三千三百人の陸軍がメレヨン環島に上陸したときには、米は一人一日当たり七百二十グラムの給与だった。ところが、上陸四日目に、六カ月分の食糧の大部分を敵機に焼かれてしまった。五月半ばから配給量を切り下げねばならなくなった。

アメリカ軍は六月にサイパン島を攻略した。メレヨンが攻撃される気づかいは薄れたが、いよいよ食糧が重大問題となった。メレヨンには、陸軍部隊が上陸する以前から、海軍警備隊と施設隊、合わせて三千五百人がいた。この小さな島で、パンの実、タロ芋、椰子の実、そしてわずかな漁獲物だけで自活できるのは、せいぜい三百人までだった。七千人が生きていくことはしょせん不可能だった。

輸送船はまったく姿を見せなかった。来たら沈めてやろうと待ちかまえているのが毎日やって来る敵機だった。八月に米の配給量は三百六十グラムとなった。さらに減りつづけ、十月二十一日からは百グラムとなった。

このわずかな米に、アカザか、羊歯の若芽、桑の葉の新芽を入れての雑炊が主食だった。粉味噌、粉醤油もなく、味つけは海水だった。一日四百カロリーにしかならなかった。人間のからだは消化、心拍、呼吸のために使われるエネルギーだけで、一日に千四百カロリーを必要とする。そのうえ、訓練、陣地構築をすれば、その千四百カロリーのほかに、一千カロリー、二千カロリー分の食物を摂らねばならないのは当たり前だった。

どこの部隊も慌てて農耕に取り組みはじめた。だが、珊瑚砂の小さな島では、畑床のための土壌づくりからはじめねばならなかった。そして収穫は三カ月、四カ月あとのことであったし、肋骨が浮き、足元がふらつく兵士たちにとって、荒地を耕すことは重労働だった。

前に触れたとおり、潜水艦が米をトラック島からメレヨンに運んできたのが十月末だった。搭載量ぎりぎりいっぱいの六十トンだったが、それだけでは焼け石に水だった。一日に七百二十グラムを給与すれば、メレヨン六千人の十三日分にしかならなかった。一日の配給量を五百グラムにすることはおろか、三百グラムにすることもできなかった。十二月の配給量はわずかに増え、百五十グラムとなった。

三千三百人の陸軍部隊の戦病死者は、十月が六十余人だった。十一月が八十余人、十二月が一挙に増えて、三百人を超した。遅かれ早かれ、だれもが死を待つだけとなっていた。惨憺たる状況だった。

いったい、大本営陸軍部と海軍部、べつの言葉でいえば、参謀本部と軍令部はどのような戦争計画をたててきたのか。

日本は開戦から四カ月たらずで、マレー、フィリピン、蘭《オランダ》領東インド、ビルマを席捲した。犠牲はわずかだった。兵員一万五千、飛行機三百数十機、駆逐艦四隻を失っただけだった。

つづいての作戦は、アメリカが南太平洋から開始するであろう反攻を阻止し、アメリカとオーストラリアとのあいだの交通路を遮断することであった。ラバウル、ソロモン群島、東部ニューギニアへと日本軍は進出した。だが、ミッドウェー海戦で日本側が敗北したことが、アメリカをして守勢から攻勢に転じさせた。

そして、ソロモン群島のなかのひとつ、ガダルカナル島の戦いがその攻勢のはじまりとなった。半年にわたる攻防戦の末、昭和十八年二月に日本軍はその島から撤退した。それ以降、日本がつづける戦いは、防衛の戦い、後退の戦いになった。

防衛の戦いを成功させるためには、戦力を温存することが第一だった。そしてもうひとつ、空間を時間と交換できる場合にこそ、この戦いは可能となった。

空間はあった。ソロモン群島と東部ニューギニアがその空間だった。この広大な空間において防衛戦を展開することによって、一年、一年半の時間を稼ぎたかった。そのあいだに航空機の生産を飛躍的に増大させたいというのが陸海軍幹部の願いだった。これが空間を時間に交換するという意味であった。

昭和十七年の航空機の生産は一万機に達しなかった。十八年の生産を二万機以上にしたかった。そして昭和十九年には五万五千機を生産したいと陸海軍の幹部は望んだ。それだけの数の航空機があれば、絶対に敗けはしないとだれもが考えた。

ところが、空間を時間と交換するのに成功したのは、日本ではなくアメリカのほうだった。昭和十八年の春にはまだ影も形もなかったはずの巨大な艦隊が、昭和十八年の秋にはもうできあがっていたのである。それは七百機の空母機、百五十機の地上発進の爆撃機、三百隻を超す艦艇から成っていた。

さらにその艦隊は八万五千人の地上部隊を持ったことから、中部太平洋部隊と名づけられた。マッカーサーが指揮する南西太平洋部隊に対応しての名称だった。やがてこの艦隊は地上部隊をも含めて第五艦隊と呼ばれることになった。なおつけ加えるなら、第五艦隊には司令長官が二人いた。そこで、交代するときには艦隊番号を変えた。話はややこしくなるが、第五艦隊は第三艦隊となり、たとえば第五艦隊の第五十八機動部隊は第三艦隊の第三十八機動部隊と呼称が変わった。

こうして昭和十八年秋に、攻撃空母から上陸作戦用輸送船、戦車揚陸艇までの艦艇がハワイに勢揃いしたときにも、日本側の航空機生産の増加はまだ遅々として進んでいなかった。戦闘機の月間生産高は、昭和十八年七月にやっと一千機を超したばかりだった。

しかも誤算であったのは、ソロモン群島と東部ニューギニアで戦っているあいだ、戦力を温存することができなかったことだった。陸海軍中央にとって、第一線地上部隊の全滅は覚悟のうえだった。それは空間を時間と交換するための犠牲だった。大きな痛手となったのは、戦力の温存どころか、かけがえのない航空機搭乗員を数多く失ってしまったことだった。新しく搭乗員を訓練し、新しい航空部隊をつくるためには、もう一年、少なくとも半年の猶予が必要とされた。

だが、敵は待たなかった。第五艦隊が作戦を開始したのは昭和十八年十一月だった。敵はギルバート諸島を攻略し、つづいて昭和十九年二月にはマーシャル群島を制圧してしまった。

陸海軍は慌てた。この敵の動きに対して、中部太平洋の小島と環礁に陸海軍の地上部隊を送ることにした。十九年四月にメレヨンに陸軍部隊が派遣されたのはこうしたわけからだった。

陸海軍は、敵がこのさきトラックを攻撃し、メレヨン、パラオへ進攻すると予測した。そうなれば、まだ空間を時間と交換できると考えた。

だが、そのような希望的観測と楽観的な見通しはたちまち裏切られた。昨年六月に敵第五艦隊はサイパン島を襲った。サイパンはあっというまに攻略されてしまった。この戦いに、ミッドウェー海戦以来、大きな海戦を避けていた連合艦隊が出撃した。だが、こうして戦われたマリアナ沖海戦は惨敗に終わった。

この結果、メレヨンの守備隊は味方から置き去りにされ、敵の背後に取り残されることになったのだった。メレヨンだけではなかった。トラック島、マーシャル群島内のいくつかの島、ラバウルやブーゲンビル島も、状況はメレヨンと同じだった。どれだけ士気が旺盛であったところで、もはやラバウルにある八万の陸海軍部隊は、戦局になんの影響も与えることはできなかった。

ニューギニアもいまは大きなメレヨンに変わっていた。東部ニューギニアで死闘をつづけた第十八軍の残存将兵は、孤立したまま、飢えと病に倒れていた。十四万人の将兵はその四分の一、五分の一に減少していた。

マッカーサー麾下《きか》の南西太平洋部隊は、その機動力を発揮して、中部ニューギニアと西部ニューギニアの海岸にいくつかの上陸作戦をおこなった。昨十九年九月にはニューギニアとフィリピンのあいだにあるモロタイ島を占領した。

昨年十月、マッカーサーの南西太平洋部隊は第三艦隊と協同作戦をおこない、フィリピン中部にあるレイテ島に上陸した。アメリカ側にできたこと、そして日本側にできなかったことは、ガダルカナル、サイパン、そしてレイテでも同じだった。

すなわち、どの島の防衛戦でも、日本側は戦域における制空権を獲得し、維持することができなかった。また、戦闘部隊に対して兵站支援を充分におこなうことができなかった。今日、一月一日、レイテ島の第三十五軍の残存部隊はすでに戦闘余力を失い、飢餓と空襲に痛めつけられていた。

ルソン島では第十四方面軍の山下奉文《ともゆき》が北部ルソン山地、マニラ東方高地、クラーク西方高地の三大拠点によって持久戦を展開する構想を固めていた。だが、なんの準備もなく、充分な食糧の用意もないままに持久戦をおこなおうとすれば、三十万人に近い将兵の三つの拠点は、それぞれがメレヨン島と同じ運命をたどることになるのは目に見えていた。

参謀本部の幹部はそのときが五月か、六月になると予測していた。つぎにアメリカ軍は台湾へ向かうか、揚子江三角地帯に進出するだろうと見ていた。

陸軍は、本土決戦のために、大動員をおこなわねばならず、海岸に陣地を構築しなければならなかった。海軍は比島沖海戦で航空戦力を使い果たしてしまったから、つぎの反撃作戦のために操縦士と飛行機の最後の予備力をかき集めねばならなかった。

だが、日本は時間と空間を双方ともに使い果たそうとしていた。日本本土がメレヨンのように封鎖され、孤立することになるのも、それほどさきのことではなかった。

マレヨン島を守る中隊長の桑江良逢は、一月一日の日記につぎのように記した。

「一四〇〇帰隊、中隊会食及び演芸会を行う。麦酒（三名に一本）の味忘れられず。米二百瓦増量、糯米の団子、乾パン、肉飯、取っておきの乾燥野菜の汁等の御馳走に兵はもうこれにて死ぬも満足なりと言えり。年内に亡くなりし者にもせめて此の御馳走だけは食べさせたかりき。

食後の演芸会も皆積極的に出演し、演技も気合かかりて非常に気持よく終了せり。想出深き昭和二十年の元日なりき⑤」

長門と回天

一月一日、戦艦長門は横須賀軍港の小海岸壁に繋留されていた。淋しい正月だった。こんな淋しい正月を迎えたのは、長門にとってもはじめてだった。それだけではなかった。長門が錨を揚げて、出港することはもはやありえなかった。

長門は長いあいだ日本を代表し、国民が誇りとしてきた軍艦だった。大正末の少年なら、長門は世界最大最強の戦艦と教えられたものだった。そして昭和十年代になっても、長門は世界無比の軍艦だと大人も子供も信じていた。長門は大正十年の就役以来、改装を重ね、年老いるということを知らない軍艦だったのである。

たしかに長門には威厳があった。そしてそれ以上に、だれをもほれぼれとさせる優美さがあった。昭和十五年十月の観艦式で長門を見た人びとは、その均勢のとれた姿を美しいと思った。小海岸壁からすぐさきの横浜沖でその観艦式はおこなわれた。そのとき長門は連合艦隊の旗艦だった。

長門に代わって、大和が連合艦隊の旗艦となったのは、昭和十七年二月に大和が新たに就役したときのことだった。トラック島の泊地にその二隻が並んだことがあった。大和と長門だけでなく、武蔵と陸奥も並んだ。昭和十七年のことだった。戦艦など過去の遺物だと悪口を言う海軍士官も、その四隻の戦艦を見たときには、唇をほころばせ、安心感を抱いたのである。

だが、現在、この四隻のうち、すでに武蔵がなく、陸奥がなかった。陸奥は昭和十八年六月に広島湾の柱島水道で爆沈した。原因不明のままだった。武蔵は昨年十月の比島沖海戦に出撃し、フィリピンのミンドロ島近くの海に沈んだ。十九本の魚雷と七発の爆弾が命中して、満身創痍の最期だった。

大和も、長門も、その同じ海戦で戦った。ほんとうは戦いとはいえない戦いだった。目的を果たせないまま、敵の航空機編隊の一方的な攻撃にさらされ、多くの艦船を失い、大和と長門はやっと生き残ったのだった。

大和と長門はボルネオのブルネイ湾にたどりついた。そのあと日本へ帰投することになり、大和、長門、金剛の三隻の戦艦と四隻の駆逐艦が日本へ向かった。その途中、台湾北方で金剛と駆逐艦の浦風の二隻が敵潜水艦の魚雷に沈められてしまった。

大和と長門は無事だった。大和は呉に戻り、長門は十一月二十五日に横須賀に帰港した。そして細細と修理がつづけられていた。

じつはそれより前、比島沖海戦が終わった直後、海軍次官の井上成美《しげよし》は軍務局長に指示を与え、比島沖海戦の損傷艦を修理するために、油槽船、貨物船、〇《まる》兵器の建造に支障を与えることがあってはならぬと命じていた。〇兵器とは特攻兵器のことだった。これらの船の建造こそ焦眉の急だった。

だが、軍令部にはその決断がつかなかった。損傷艦が巡洋艦と駆逐艦である場合には、ただちに修理し、空母と戦艦はそのあとで修理をすると定めた。それだけではなかった。戦艦の一部は繰上げ整備をおこなうと抜け道をつくっていた。

井上成美が怒った。「この時機になってもいまだに戦艦に対する執着を捨てきれないのか」と言い、「武蔵ほか多数の大艦を飛行機でやっつけられても、まだ眼がさめないのか」⑥と声を荒らげた。

軍令部は大和と長門の修理を命じはしたものの、なんの当てもなかった。航空部隊の支援がないままに出撃させて、大和と長門になにができるのか。なにもできはすまい。そして今度こそ袋叩きにあって沈められてしまうだろう。だれもがそれを承知していた。

戦艦を支援する空母はないのか。じつは四隻が瀬戸内海に残っていた。ところが、飛行甲板に着艦できる搭乗員がいなかった。そして海軍省にも、軍令部にも、もはや空母飛行機部隊を再建する考えがなかった。

開戦から三年の寿命で終わった空母飛行機部隊の消耗と補充、再建と消尽の歴史は、そのまま太平洋の戦いの足どりだった。海軍は、珊瑚海とミッドウェー海戦で、多くの優秀な搭乗員を失い、つづくソロモンとラバウルの戦いで、さらに多くの熟達の搭乗員を戦死させてしまっていた。

昨十九年六月のあ号作戦で出撃させた空母機は四百数十機だった。ハワイ作戦のときよりも、わずかに五十数機多いだけの数だった。しかも、その中身が劣っていた。敵機を想定した空戦訓練をおこなったことがなく、航法訓練をやったことのない搭乗員が大部分だった。

それにひきかえアメリカの搭乗員は二年間の訓練を積んでいた。優秀なレーダーを備え、無線電話を持っていた。もちろん、飛行機の数そのものも圧倒的に多かった。勝負ははじめから明らかだった。

捷一号作戦を決行したのは、それから四カ月あとの昨十九年の十月だった。このとき、残っていた四隻の空母を出撃させた。だが、その空母部隊は戦闘力をもっていなかった。その作戦の直前に起きた台湾沖航空戦に空母機を使い、多くの空母搭乗員を戦死させてしまっていた。

じつは、この四隻の空母は囮船《おとり》だった、レイテ湾の上陸拠点を掩護するのが役目の敵機動部隊をルソン島北部の沖合いにおびきだすのが任務だった。そしてその敵機動部隊の留守に、大和、武蔵、長門を中心とする艦隊がレイテ湾の敵輸送船団と補給部隊に殴り込みをかけ、殲滅《せんめつ》しようという作戦だった。

その死に物狂いの作戦は思いどおりにいかなかった。その海戦も敗れた。その戦いのあと、昨十九年十一月十五日、海軍は第三艦隊を解体した。空母航空兵力を中核とする第三艦隊は海軍の主力艦隊であったが、これがなくなったことは、連合艦隊の解体、事実上の潰滅を意味していた。

大和や長門の修理は気休めにすぎなかった。では、このさきどうやって戦うのか。特攻兵器で戦うしかないと軍令部と海軍省の幹部は考えていた。すでに特攻兵器の開発は昨年のはじめから進められていた。

じつはその構想は、もっとずっと前からあったのである。

昭和十七年六月、ミッドウェー海戦の直後のことであった。柱島の錨地に戻った連合艦隊司令長官の山本五十六は、旗艦大和の艦上に朝熊利英を招いた。朝熊は山本の古い友人だった。水雷の専門家であり、そのとき呉海軍工廠の水雷部長だった。九三式魚雷と甲標的の設計、開発をしたのがかれだった。

山本は朝熊に尋ねた。「一千隻の甲標的を半年以内につくることができるか」。朝熊は答えた。「それはちょっと無理な話ですが、海軍が全力をあげて支援してくださるなら、一年半以内に一千隻を完成してお目にかけます」

甲標的とは特殊潜航艇の秘匿名だった。甲標的はこれまで真珠湾、シドニーの敵港湾に潜入、攻撃するという作戦に使用されたが、思うような戦果をあげることはできなかった。だが、もともと甲標的は艦隊決戦のための兵器だった。

この戦法は、敵艦隊との決戦に際して、戦闘水域に四十八隻の甲標的を展開させるというものだった。そのために、それぞれ十二隻の甲標的を搭載する四隻の潜航艇母艦も用意していた。そして甲標的の発射する魚雷が敵艦隊の前進を食いとめたところで、敵の射程距離の外から、大和、武蔵、長門の巨砲が敵艦に砲弾を叩き込もうという戦法だった。

だが、航空機が戦艦を撃沈する能力をもっていることが明らかとなって、海戦の性格は一変してしまった。戦場は相模湾ほどの広さのはずだったのが、航空部隊が戦いの主体となって、戦場は相模湾から八丈島までの広さに拡大した。大和や武蔵が主砲を発射する機会がなくなり、甲標的を使う戦場もなくなってしまった。

朝熊は山本に向かって、甲標的ができても、積むべき魚雷が間に合いそうもないと言った。山本が答えた。「魚雷は要らん。頭部爆装でよい[7]」

必殺必死兵器の開発を望み、それを使用する作戦を考えたのは山本五十六だったのである。ミッドウェーの戦いの失敗のあと、柱島へ戻るあいだ、かれは大和の長官私室で想を練ったのであろう。

かれはどのように考えていたのか。攻勢を反復しなければならない。つねに先手をとらねばならない。そしてアメリカ国民の戦意を喪失させねばならないというのが、戦いのはじめから、かれの抱いていた戦略構想だった。だが、珊瑚海の海戦とミッドウェーの海戦が早くもかれの構想を打ち砕いてしまった。

悪夢だった。ハワイで討ちもらした敵空母たった二隻を沈めるのと引き替えに、四隻の制式空母と一隻の改造空母を失い、二隻の空母が深手を負ってしまった。わずか二カ月たらずのあいだの出来事だったが、この大損失は取り返しがつかなかった。

山本は、邀撃《ようげき》作戦方針を採らざるをえなくなった。かれはもともと邀撃作戦には反対だった。軍令部の反対を押し切ってハワイ奇襲作戦を敢行したのも、邀撃作戦をしていたのでは、たとい戦闘に勝つことができても、戦争には勝つことができないと見ていたからだった。

どうあっても主導権を取り戻さねばならなかった。このとき、かれの頭に甲標的の考えが浮かんだのではないか。一千隻の甲標的をつくり、それを一挙に投入し、敵艦隊を撃滅し、戦局の成り行きを一変させることをかれは考えたのである。

かれはこの計画を軍令部総長や海軍大臣に説いたのであろうか。いちどは朝熊に語りながら、嶋田繁太郎や永野修身《おさみ》には説かなかったのであろう。かれは断念した。開戦から七カ月がたったばかりであり、敗けてもいないのに、必死兵器の生産と必死隊の訓練を認めることはできない、国民の支持も、公認も得られまいと語って、かれらが反対することは目に見えていたからである。

それから一年たらずあとの昭和十八年四月に、山本五十六が戦死した。さらにその一年あとの昨十九年三月には、山本のあとを継いで連合艦隊司令長官となっていた古賀峯《みね》一《いち》が遭難死した。軍令部が艦政本部に必死兵器の開発と生産を命じたのは、その直後のことであり、昭和十九年の四月だった。

決死隊ならいいが、必死隊はいけないなどときれい事を言う者はもはやいなかった。すでに人間魚雷の試作を承認していたから、体当り舟艇を生産し、甲標的を爆装することに、海軍首脳はなんのこだわりもなかった。

人間魚雷の計画をたてたのは、呉軍港に近い甲標的の訓練基地にいた黒木博司と仁科関夫という二人の青年士官だった。

山本五十六と同じように、かれらもはじめは甲標的の爆装を考えた。潜水艦に一基しか搭載できず、大量生産も不可能で、しかも速力の遅い電池航走の甲標的よりも、九三式魚雷をエンジンとして使うことをかれらは考えた。九三式魚雷に操縦室をとりつけ、潜望鏡を装備することにした。その人間魚雷であれば、速力は早かった。潜水艦に四基から六基を積むことができることが最大の利点だった。

九三式魚雷は水上艦艇用の魚雷だった。戦艦の主砲と同様、艦隊決戦における主兵器となるものと思われていた。ところが、航空機とレーダーに邪魔されて、巡洋艦や駆逐艦の魚雷攻撃はできなくなり、九三式魚雷は使い道がないままになっていた。

黒木と仁科の熱意に負けたというかたちで、昭和十九年二月に海軍省が人間魚雷三基の試作を命じることになった。八月に海軍省は兵器として採用し、回天と命名した。九月には徳山湾の大津島に回天の訓練基地を開設した。

すでにそのときには、回天だけでなく、震洋、あるいは海龍といった名の〇兵器の生産がはじまっていた。十月に比島沖海戦が敗北で終わったあとには、海軍省と軍令部はこのさきの戦いを基地航空部隊と特攻兵器で戦う決意だった。長門は横須賀港の防空艦とするしかなかった。

大津島の回天基地で訓練を受けている青年たちの士気は高かった。他の特攻兵器はいずれも局地防衛の兵器だったが、回天は攻撃兵器だった。敵の基地を襲い、敵空母、戦艦を撃沈できる力をもつのはいまや回天だけだとかれらの意気はあがった。すでに黒木博司は九月に回天試乗中に殉職し、仁科関夫は十一月に回天で出撃し、戦死していた。黒木は二十三歳、仁科は二十一歳だった。

一月一日の午後六時すぎ、都所《とどころ》静世は自分の狭い船室にいた。伊三十六潜水艦のなかである。蒸し暑くなり、かれは防暑服に着替えた。都所は大正十三年二月の生まれで二十歳だった。海軍機関学校を卒業して、回天の搭乗員となっていた。

かれのほかに三人の回天乗員がこの潜水艦に乗っていた。四基の回天は上甲板にとりつけてあった。攻撃目標はウルシーの泊地だった。

ウルシー環礁はサイパンとパラオを結ぶ線上の中間にある。アメリカ海軍が昨年十月はじめに占領して、フィリピン作戦のための前進拠点とし、艦艇の補給、休養、修理基地としていた。

ウルシーに対しては、昨年十一月に回天が第一回の攻撃を敢行した。戦果を確認するすべがなく、攻撃前と攻撃後の航空写真から、空母二隻と戦艦三隻を撃沈したとの推定の戦果がもたらされた。大津島の訓練基地は歓声に包まれた。だが、だれもそれをそのまま信じはしなかったのであろう。回天搭乗員の士気高揚のために、厳しい検討と査定をおこなわず、過大に戦果を発表しているのではないかとかれらは疑ったにちがいない。

都所が乗っている伊三十六号が大津島を出撃したのは、二日前の十二月三十日の午前十時だった。栈橋で手を振る隊員たちが小さくなった。潜水艦はしだいに速度を早めた。内火艇と魚雷艇で送ってきた戦友たちが張りあげる声も聞こえなくなった。波がうねりだし、潜水艦はわずかにピッチングをはじめた。大津島は見えなくなった。都所の頰に涙が伝った。

豊後《ぶんご》水道を通過したのは午後五時近くだった。都所は上甲板にでた。濃い藍色の空の下に黒い輪郭を描きだしている左舷の四国の山を見つめ、右舷の九州の黒い山影に視線を注いだ。「懐かしの祖国よ、永遠に栄あれ」とかれは口にだして言った。亡き母、戦死した弟の清江、叔母、そして義姉の顔が浮かんだ。

それから丸二日間、潜水艦は南下をつづけていた。かれは一月一日の日記につぎのように書いた。

「十八年の末から十九年の元旦にかけても、航海していた。あの時はカビエンからトラックへの帰投中だった。今年のはじめもやはり航海。今度は二度と帰ることのない航海だ⑧」

第1章

近衛の悔恨（一月一日）

近衛、熱海大観荘で重光、加瀬と会う

昭和二十年のこの正月、近衛文麿は依然として現役の政治家だった。昭和十二年から十六年にかけて三度にわたって首相を務めたかれは、首相の座を降りて以来、これといった要職についてはいなかったが、やはり宴会に招かれれば、床の間を背に坐るのは、かれと決まっていた。数多くの側近と取り巻きを擁し、政治家と役人たちのなかに多くの子分をもち、産業界、新聞界、大学にかれの信奉者が少なからずいた。そして、近衛は杉並西田の本邸、目白、軽井沢、湯河原、京都の別邸のあいだを往き来し、面談を求める人びとの話に耳を傾け、外務省と同盟通信社から届けられる外電の写しを読み、戦局や内外の情勢、要人の動きにまで、かれほど広く情報に通じている者は少なかった。

今日、一月一日には近衛は熱海で外務大臣の重光葵《まもる》と会っていた。熱海駅から車で三分ほどの高台にある別荘である。なだらかな斜面の庭の向こうに弧を描いて相模湾が大きくひろがっていた。大観荘と名づけられたこの邸は中山製鋼社長の中山悦治の別荘だった。

外相重光葵が、正月の静養にここを借りたのである。かれの秘書官の加瀬俊一が朝早くやって来た。そこへ近衛がお伴を連れてやって来た。かれが遠出するときにきまって連れて歩く女性たちだった。三井栄子《さきこ》、前田菊子、その娘の美意子、それに加瀬俊一の

妻の寿満子も加わって、華やかな顔ぶれであった。いずれも日本の上層グループに属すメンバーである。

三井栄子は夫の辨蔵を四年前になくしていた。東条内閣で文相を務めた、貴族院議員岡部長景《ながかげ》の妹である彼女は近衛の幼馴染みで、近衛より四つ年下だった。彼女の長男の二十九歳になる高孟《たかおさ》は召集を受け、満洲にいた。高孟は昨年、三井本社が発足して三井総元方《もとがた》が解消してしまうまでは、三井財閥の統轄機関である総元方の正員だった。栄子には、近衛の愛人であるという噂もあった。

前田菊子も未亡人だった。夫の利為《としなり》は大名華族のなかでも第一の金持ちといわれる加賀百万石の前田家の当主であり、その秀才ぶりにおいても、これまた第一といわれていたのだが、昭和十七年九月にボルネオ守備軍司令官だったときに飛行機事故で殉職した。陸軍大将だった。前田利為の叔母が近衛文麿の生母だった。菊子の娘の美意子は二年前に女子学習院を卒業し、外相秘書官室に勤め、加瀬俊一の秘書となっていた。

くっきりと晴れわたっていれば、黄に枯れた芝生は陽の光を吸収して暖かく、海面はサファイアのきらめきを見せたことだろう。そして、寒冷な軽井沢の疎開地から来た女性たちを喜ばせたにちがいなかった。しかし、あいにくの曇り空だった。風のないことだけが幸いだった。

女性たちは庭へでた。家に残った近衛、重光、それに加瀬を加えての三人の話し合いがはじまった。このさきどうなるのか、どうしたらよいのかということが、論議の主題だった。

重光は抽象論しか述べなかったにちがいない。かれは多弁ではあったが、いつの場合でも、具体的な政策構想を述べることは、まずなかった。

もっぱら、語り手は近衛ひとりだったのであろう。どのようにして戦争を終結させるかを、かれは説いた。今日の会談の狙いも、かれの考えを重光に説明して、協力者にしようというところにあった。

ところで、近衛は自分の構想をどこまで語ったのであろうか。のちに触れる機会もあろうが、かれは自分の計画のすべてを口にすることはなかったのであろう。

夜には女性たちを交えての宴会になった。近衛がふざけて「ギャング入湯ノ図」を色紙に描いた。重光がかれの得意とする美女の顔をその横に描き添えた。そして、突然、近衛が三井栄子や前田菊子に顔を向けて言った。「美しい顔を残して苦しまずに死ぬ方法はないものかな」[1] こう言ってはみたものの、かれは彼女たちの返事を聞きたいわけではなかった。独り言だった。酔っていたのであろう。二度、三度、かれは同じ科白《せりふ》を繰り返した。

はじめに述べたとおり、近衛は依然として現役の政治家だった。国会議員、財界人、元外交官、新聞記者などが寄り集まり、いったい、このさきはどうなるのだろうといった話になれば、きまってだれかが近衛のことを口にした。

耳を傾ければ、こんなやりとりが聞こえてきたにちがいない。〈小磯大将ではだめだ。近衛公がふたたび総理になるべきだ〉とある新聞記者が語り、だれかがうなずいた。〈いや、木戸侯に代わって、近衛公が内大臣になるのがよい〉と内務省ＯＢの勅選議員が主張した。〈関白さんはだめだ、決断に欠ける〉とどこかの会社社長が言い、近衛を支持する人が残念そうな顔をした。

また、〈近衛公は戦争責任者のひとりだ〉とある弁護士が言えば、それを、陸軍軍事調査部にひそかに情報を提供している男がなにくわぬ顔で聞いていた。〈近衛は敗戦主義者だ〉と職業右翼あがりの土建屋がいきまけば、〈いまでも妾が二十人から三十人もいるのだそうだ〉と不思議そうな顔で大学教授が語った。毀誉褒貶《きよほうへん》はさまざまだが、だれもが近衛に関心を抱き、なんらかの期待を抱いていたのは同じだった。

近衛を知る人びとがいかにも貴族らしいかれの風貌を思い浮かべるとき、きまって思い出すひとつの場面があった。紀元二千六百年の式典がおこなわれたときのことだ。はるか遠い昔のことのように思われたが、わずか四年あまり前のことだった。式典は昭和十五年十一月十日、二重橋前の広場でおこなわれた。五万四千人を超す人びとが出席し、天皇、皇后が出御《しゅつぎょ》した。首相であった近衛が寿詞《よごと》を読みあげたのが、そのハイライトだった。

富田健治は、このとき近衛がすこしのよどみもなく、息せくこともなく、まことにすらすらと読んだことをある感慨とともに覚えていた。そのとき富田は内閣書記官長だった。かれは、ずっと近衛の側近のひとりであり、現在も近衛との連絡を欠かさない関係にあった。

和辻哲郎もその式典に参加したひとりだった。たいへんに感服した、近衛の賀状の読み方は上手だった、うまいなと思ったことを、この東大文学部倫理学科の教授はのちに語っている。

そのとき首相の秘書官だった細川護貞《もりさだ》も、のちにつぎのように語った。「近衛公に祝辞の紙を渡すと、巻いたまま持って壇にあがり、壇上ではじめてその祝辞を開いて読みながら『どうもこのところがおかしいから直して読んだよ』というぐらいの、不敵というか、図々しいというのか、そういうところがある人なのだ(2)」。細川は富田健治とともに近衛にもっとも近い側近だった。

その式典のあった夜、近衛は本宅の荻外荘《てきがい》に作家の山本有三を招いた。山本は政治に関心を抱いており、近衛の協力者のひとりだった。ふたりは一高英文科で同クラスだったが、年齢は山本が四つ上だった。祝辞の話になって、近衛は、「ぼくにも読めないから、振り仮名をふっておいたのだよ」と山本に向かって言った。

これらの挿話の真偽はどうであれ、人びとが近衛の悠揚迫らぬ態度に感服したことだけは事実だった。たしかに近衛には、ものものしい荘重さや形式ばった儀式をなんとも思わないところがあった。だが、このような態度を、いかにも芝居がかった振舞いと思い、ポーズのとりすぎと思う人もいた。学習院時代に近衛の三級上の志賀直哉もそのように思ったひとりである。それはともかく、近衛には、ほかの人ならば緊張するときに寛いでいることができ、ほかの人が信じているときに、心の奥底のどこかで冷笑しているようなところがあった。

かれのこのような態度は、その門地がつちかったものであったにちがいない。いうまでもなく、近衛家は王朝以来の最高貴族であった。遠祖は中臣《なかとみの》鎌足であり、藤原の姓を得て、のちに近衛となった。摂政、関白といった最高位の朝臣《あそん》は五摂家から選ばれたが、この五摂家は近衛家を総本家とし、他の四家はいずれも近衛家からの分家だった。

明治以降で権力をもった公卿出身の政治家といえば、岩倉具視《ともみ》と西園寺公望《きんもち》の二人がいるが、かれらは近衛よりずっと家格は下だった。西園寺家は五摂家の下位の九清華《せいが》の一家であり、岩倉にいたっては、堂上《とうしょう》の末班、朝廷の走り使いにすぎなかった。それにひきかえ、近衛家は維新前にはその地位は宮家よりも高く、街で双方が出会えば、道の端によるのは有栖川、伏見といった宮家のほうだった。

子爵・男爵七百八十家、伯爵百家、侯爵四十家、公爵十一家を含め、一千家の貴族のなかで最高の家柄であることに加えて、近衛にはだれもが認める聡明さがあった。そのうえ、かれはなみなみならぬ政治的野心と広い政治的視野をもち、青年時代から人びとの注目を集めてきた。

元老の西園寺公望が自分の後継者として近衛に期待をかけたし、官界の長老や財界人が次代の指導者としてかれをかう一方で、野心的な急進政治家がかれを担ごうとした。また、政治に関心を抱く軍人がかれを味方につけようとし、さらには政治舞台の背後にいる策謀家がかれに食らいつこうとした。

社会大衆党代議士の亀井貫一郎が朝早く荻外荘の庭で箒を持ち、近衛公がでてくるのを待っていたという噂があった。

また、近衛が荻窪に移る前のことだが、阪急電鉄の小林一三が、近衛に近づきたいがために、永田町に新築した近衛の家の隣のわずかな土地にわざわざ小さな家を建て、たちまち裏木戸から近衛家に出入りするようになったといった話(3)も伝えられていた。しかし、これらの話も半分はうらやましげに語られたことで、当時の近衛の人気のほどがわかろうというものである。

そして、先輩や上役が鞠躬如《きっきゅうじょ》として近衛に接するのを苦々しい思いで見ていた年若い理想主義者も、近衛の部下にスカウトされれば、かれもまた近衛の魅力に捉えられた。要するに、かれはだれにとっても目にもあやな光彩を放つ人物だったのである。

こうしてかれは、旧い体制にしがみつく保守勢力にとっては切り札となり、同時にまた変革を望む新興勢力にとっても、期待を寄せられ、崇拝される人物となった。保守的政策か、急進的政策かをめぐっての抗争を近衛なら解決でき、国内のすべての勢力を統合することができる政治家になるだろうと期待され、かれ自身もそうなろうと考えていたのである。

じつは、相争う勢力の願望や欲望のバランスを巧みにとることは、それこそ関白政治の本領であり、明治以来、公卿政治家に求められる役割であった。

中臣鎌足以来の梟雄《きょうゆう》と恐れられた岩倉具視がまさにそうした公卿政治家の典型だった。岩倉は、五摂家のひとり、傑物の評判が高かった関白鷹司《たかつかさ》政道にその才能をかわれ、安政五年に政治舞台に登場した。それから十年のあいだ、かれは端倪《たんげい》すべからざる動きを示した。まず、反幕府の政治活動をしていたかれは、大老井伊直弼《なおすけ》の大粛清を巧みに逃れた。つづいてかれは熱烈な公武合体論者に一変した。やがて風向きが変わり、朝廷内の幕府の走狗と睨まれるようになると、暗殺を恐れ、洛外の采邑《さいゆう》、岩倉村に身を潜め、つぎの戦略を探し求めた。ここで、かれは西郷隆盛、大久保利通《としみち》、小松帯刀《たてわき》といった薩摩の過激派の活動家と組み、挙兵討幕の陰謀をめぐらすようになった。そして、明治政府が発足するや、新政権内部の各勢力のパワー・バランスに意を用い、公卿政治家の本領を発揮して、薩長両勢力の均衡の維持に努めることになった。

岩倉は明治十六年に五十六歳で没した。岩倉の生前、かれに向かって、太政大臣三条実美《さねとみ》が、「御身亡きあと、だれが御身のあとを継ぐのか」と尋ねたことがあった。三条もまた公卿政治家の一員だったが、岩倉の支えがあってこその太政大臣だった。三条が懸念したとおり、公卿社会には優秀な人物が育たなかった。五条、烏丸、正親町《おおぎまち》、東久世、徳大寺、四条、壬生《みぶ》、久我、さらに西五辻、柳原、長谷、坊城と拾いあげてみたところで、政治、軍事、経済、いずれの領域でもトップに立ちうる人材は見あたらなかった。これはと見込んだ有望な人物を相当な地位につけてみたところで、やがて立ち枯れという有様で、大久保利通が、いずれもとるに足らずと嘆じたものだった。

こんなことから、貴族院議員の華族連中を指して、原敬が「錦を着た乞食」と悪罵をはなったのも無理からぬところがあった。しかし、これはもうすこしあとの明治末のことになる。

さて、「だれが御身のあとを継ぐのか」という三条実美の問いに岩倉はなんと答えたのか。かれは即座に答えて、「我があとを継ぐ者は西園寺と近衛だ」と述べた。

岩倉が西園寺の存在を認めるようになったのには、有名な話がある。鳥羽伏見の戦いがはじまろうとしていたときだった。臆病な公卿たちは逃げ腰となり、薩摩と長州を見捨て、素知らぬ顔をしようとした。ひとり西園寺が、この戦いを薩長と徳川の私闘としたのでは天下の大事は去ると説き、徳川慶喜を朝敵として討つべきであると主張した。「小僧、よく言った。これを私闘にしてたまるか」と大声をあげたのが岩倉だった。「西園寺さん、よく言った」とかれは言い直した。そのとき西園寺はまだ頭ばかり大きい、痩せた十六歳の少年にすぎなかった。

岩倉が自分の後継者として西園寺と並べて挙げた近衛とは、文麿の父の篤麿《あつまろ》のことである。西園寺より十三歳年下の近衛は、野性味をもった熱血漢だった。西園寺のあとにつづいて、政治の中心舞台に立つ第一級の公卿政治家になるとだれもが思っていた。だが、篤麿は道半ばにして、明治三十七年に没した。四十歳だった。文麿はそのとき十二歳だった。

岩倉具視が見通したように、西園寺公望は岩倉のあとを継ぐ公卿政治家となった。井上馨、大山巌、桂太郎、山県有朋、松方正義といった元老が没したあと、大正末からは西園寺はただひとりの元老であった。そして、かれは内閣首相を定め、内閣の後見人としての役割を果たした。

昭和七年に首相犬養毅《つよし》が過激派の海軍士官に暗殺されたあと、西園寺は衆議院第一党の総裁を首相に推薦するというこれまでのやり方を断念した。かれは国際協調派の人びとを首相と宮廷高官に据えることによって、過激勢力が政治を支配し、政権を握るようになるのを阻止しようとした。またかれは、海軍の後押しをして、強硬派の陸軍と張り合わせようとした。さらに海軍内の穏健勢力に梃入れをすることで、海軍内の攘夷勢力の拡大を抑えようとした。

そこでかれは犬養毅のあとに斎藤実《まこと》、そのあとには岡田啓介を首相に推した。その二人はいずれも、ロンドン条約締結に賛成し、国際協調を求めた退役の提督だった。またかれは内大臣に牧野伸顕《のぶあき》、つづいては斎藤実を選んだ。

そして、西園寺はかれの構想の総仕上げとして、近衛文麿を自分の後継者にしようとした。かれは近衛に特別の関心と愛情をそそぎ、つねに近衛のために心配し、近衛の政治家としての成長に配慮した。だが、近衛は西園寺の考えをそのまま踏襲するつもりはなかった。かれは西園寺と牧野の政治路線を「漫然たる国際協調主義」と非難した。そして、西園寺が国内問題にしっかりとした認識をもっていないと批判した。

この頃、経済不況、とりわけ農村のひどい窮乏が、既成勢力、そして体制そのものに対する青年の憤りを引き起こしていた。青年たちは西園寺や牧野、かれらと結ぶ政財界上層部の人びとに憎しみを抱き、機能を喪失した議会政治を軽蔑していた。

世界を襲った経済恐慌のなかで、青年たちのある者は、ソ連がその成功を宣伝した計画経済に傾倒し、べつの者は組合主義と統制経済を支持した。いずれもが既成秩序を否定し、「現状打破」を合言葉とした。その意味でかれらはすべて革新主義者であり、だれもが輝かしいものを求め、なにかすばらしいことの実現を願った。

こうしたなかにあって、近衛は大きな自負と自己主張をもっていた。相対立する革新勢力と現状維持の勢力を手中に捉えることができるのは自分以外にないと考えた。そして、そのさなか、昭和十一年二月の反乱が起きた。西園寺が選び、支持した首相と内大臣が殺され、あるいは殺されようとした。近衛は自分の構想が正しく、西園寺の見通しが誤っていたことが証明されたと思った。

かれはもはや疑うことはなかった。権力と責任をしっかりと自分の肩に担い、外交・国防政策をはっきりと定め、そうすることによって陸軍を囲いのなかに入れることができると考えた。国家と国民の活力を組織化し、日本の威信と影響力を拡大することができるとかれは信じた。

こうして、岩倉、西園寺につづく第三の公卿政治家として、かれは悠々たる出発をした。

ところが、近衛が首相となってから、やろうとしたことはすべてうまくいかなかった。かれは相争う勢力を巧みに操ることに失敗した。それぞれの力を相殺して、かれの力に重みをつけることができなかった。

それどころか、かれがおこなったことは重大な結果さえもたらした。最初の一年七カ月の首相のあいだ、かれは中国で起きた戦いを抑えることに失敗した。次に首相であった一年三カ月のあいだ、かれはアメリカとの戦いを阻止することができなかった。

　昭和二十年のこの一月、いまや日本は大波に翻弄され、転覆を待つばかりの小舟と同じだった。この状態をもたらした原因のひとつに触れるためにも、ここで近衛がおこなったことを少々詳しく見なければならない。

近衛声明の闇の部分

　話は昭和十二年にさかのぼる。その年の七月、北平郊外の蘆溝橋で日本駐屯軍と中国軍が小ぜり合いを起こした。その戦いは拡大した。八月には上海に飛び火し、十二月には国民政府の首都南京の占領となった。そして昭和十三年には戦場はさらにひろがり、この戦いはいよいよのっぴきならないものになってしまった。

　この間、近衛は第一次近衛内閣を率いて首相の座にあった。あとになって近衛は、中国との戦いをずるずると引きのばしたことについて、自分には責任はないのだと語った。かれの弁解によれば、「『統帥権の外にある首相』にはなにもできはしなかったのだ」ということになった。また、のちには、このあとで述べることにもなろうが、「すべては陸軍部内に潜んでいる共産主義者の一団の陰謀だったのだ」という言い方で弁明につとめることにもなった。

　しかし、かれにはほんとうになんの責任もなかったのか。

日本と中国のあいだの戦いがはじまったとき、戦争の終結を望み、調停をかってでたのがドイツだった。日本側も中国との全面戦争を回避しようとし、ドイツに仲介を頼んだ。そのときドイツは、中国に軍事顧問団を派遣しているただひとつの国だった。ドイツ国防軍の将校は上海防衛の指揮をとり、塹壕内で直接指図をした。そればかりかドイツの軍需会社は、厖大な武器を香港経由で中国に送り込んでいた。

陸軍は、これではドイツとの戦争ではないかと憤慨したが、ドイツ側は反論して、このような繋がりがあってこそ、ドイツは国民政府に大きな影響力をもち、和平調停ができるのだと説いたのである。

たしかに蔣介石はドイツに大きな信頼をおいていた。だが、かれはドイツだけを頼っていたわけではない。これに加えてアメリカと英国を味方にしようとしていた。そのために、かれは一か八かの賭けに打ってでた。上海を戦場としたのである。全世界の注目を、アジア最大の都市である上海の戦いに引きつけ、日本の侵略に対する中国の抵抗を宣伝しようという狙いがあってのことだった。

だが、かれのもくろみに反して、アメリカも、英国も、日本に対して経済制裁をしてはくれなかった。もちろんのこと、武力介入をしてくれる気配もなかった。昭和十二年十一月はじめには、上海は日本軍の占領するところとなってしまった。ドイツ駐華大使のオスカル・トラウトマンが、調停に乗りだしたのはそのときだった。外務大臣の広田弘毅《こうき》が呈示した日本側からの和平条件は、まずまず寛大なものだった。満洲の承認や賠償を求めず、華北を特殊地域にする意図もなかった。国民政府の高級幹部たちは、その和平提案を受諾すべきだと主張した。

ところで、ここに国民政府を援助するもうひとつの国が現れた。昭和十二年十一月の末、ソ連の新武官ミハイル・ドラトウインが漢口に着任したのである。やがてソ連の軍事顧問団の団長になる予定であるかれは、軍用機の第一陣が西安、蘭州まで来ていると蔣介石に告げ、大砲と戦車も送りだしていると語った。

十二月一日の午前には、スペイン内戦に派遣されたことのあるソ連の航空義勇隊の隊長が率いる戦闘機二十三機が南京に到着した。そしてその日の午後には、日本の飛行機の攻撃を迎撃するために五度《たび》舞いあがった。爆撃機二十機も到着し、その翌日には、上海に碇泊する日本の艦船を爆撃した。

だが、蔣介石はソ連のその軍事援助を心から喜んでいたわけではなかった。というのも、その軍事援助はかれの手を縛るものだったからである。国民政府は、その援助と引き替えに中国共産党との戦いをやめることを約束させられていた。もし、日本と妥協し、もういちど共産党と戦うことになれば、ソ連は国民政府への武器援助を断ちきり、逆に共産党に武器を供与するかもしれないという不安を蔣介石はもつことになったのである。

蔣介石と同じ不安を抱いていたのが、日本の参謀本部だった。蔣介石の軍隊と戦っているあいだに、共産軍は華北全域にその勢力をひろげようとしていた。そして日本が中国で戦っているあいだに、ソ連が満洲に軍事的圧力をかけてくる恐れがあることを参謀本部は懸念していた。このため、参謀本部の主だった者はいずれも一日も早い和平交渉による解決を望んだ。

ところが、陸軍は和平か否かで二つに割れた。参謀本部の主張に対して、陸軍省と現地軍が強硬態度をとった。かれらの主張によると、やがて蔣政権は一地方政権に転落するだろう、だから、蔣政権を否認し、新しい中央政府をつくるべきだというのであった。ソ連のことなど心配するにはあたらない、戦いはすぐに終わると楽観的だった。十二月十三日には、日本軍が南京を占領した。この結果、いよいよ強硬勢力が勢いを増して、和平条件はさらに厳しいものになってしまった。

外相の広田弘毅はその和平条件をそのままドイツ大使に手交するのをためらい、あいまいなかたちにして渡した。それでも国民政府はその新しい条件に衝撃を受けた。

昭和十三年一月十四日、国民政府からの回答がようやくもたらされた。この回答は、昨十二年十一月に示された和平条件を国民政府は受け入れる用意があると述べ、十二月に示された条件については表現があいまいなため、さらに具体的な説明をしてほしいと述べていた。

回答を受けとった日本政府では、だれもが、これを国民政府の遅延策にすぎぬと言い、閣議は戦争継続を決議した。しかし、参謀本部はその決定に反対だった。翌一月十五日、大本営・政府連絡会議が開かれた。政府と参謀本部は激しく対立したが、結局は政府の意見が通り、和平交渉の中止を決めることになった。

政府は和平交渉を打ち切っただけではなかった。その会議の翌日の一月十六日、国民政府を否認する声明を発表した。のちに近衛の名を冠して呼ばれることになるその声明はつぎのように述べていた。

「……帝国政府ハ、爾後《じご》国民政府ヲ対手《あいて》トセズ、帝国ト真ニ提携スルニ足ル新興支那政権ノ成立発展ヲ期待シ、是ト両国国交ヲ調整シテ、更生新支那ノ建設ニ協力セントス。……」

ところが、それから四カ月あと、近衛はすでに国民政府否認策を捨てていた。近衛は広田弘毅にかえて宇垣一成を外相とした。宇垣は近衛に向かい、国民政府とふたたび和平交渉をおこないたいと述べた。必要に迫られたら、「対手トセズ」の声明を取り消したいともかれは語った。これに対して、近衛は「あの声明は、余計なことだった。うまく取り消してもらいたい」と言ったのである(4)。

「対手トセズ」の声明を「余計なことだった」と思う人は当時も数多くいた。そしてあとになればなるほど、そのとき和平交渉を打ち切ってしまったのは誤りだったと人びとは悔むことになった。

さまざまなルートを通じて、国民政府に対する和平の提案や講和の打診は、今日まで数えきれないほどあった。この昭和二十年一月にも、首相小磯国昭と国務大臣の緒方竹虎はひとりの中国人が説く構想に期待をかけ、国民政府との講和ができるかもしれないと考えていた。

だが、そのいずれも実体は、浮かんでは消える泡のようなものだったといっていいだろう。和平達成の可能性があったのは、やはり、ただひとつ、トラウトマンの調停による和平交渉だけだった。近衛はそのときすべてを人任せにせず、粘り強く努力をつづけるべきであった。

当時、外務大臣の広田弘毅は平和解決を望んでいた。かれが最後になって交渉の打ち切りを主張したのは、閣僚たちがよってたかって和平条件を苛酷なものにしてしまったからには、交渉をつづけても無意味だと判断したからであり、いうなれば、首相の近衛に失望したからである。

近衛は広田の味方をして、和平条件の緩和を説くべきであった。そして、戦争終結を望む参謀次長の多田駿《はやお》、あるいは参謀総長の閑院宮《かんいんのみや》に向かい、和平条件を寛大なものにせよと説得すべきだった。参謀次長は、政府側を和平交渉に引き入れようとして、心ならずも和平条件を厳しいものにしていたのである。ところが、近衛は何もせず、それどころか、海軍大臣の末次信正を内務大臣にするといった余計なことまでした。この結果、南京が陥落し、大本営・政府連絡会議で和平条件を再検討しようというまさにそのとき、だれよりも強硬な末次をその会議に出席させることになってしまった。

それが近衛の狙いだったわけではなかろう。それより二カ月前、近衛は末次を内閣参議にした。ところが、海軍大臣の米内《よない》光政が待ってましたとばかりに、軍事参議官だった末次を予備役に編入してしまった。このため、たまたま内務大臣の馬場鍈一《えいいち》が病気で辞任したとき、近衛はその後任に現役を失った末次を据えてやり、米内の仕打ちの埋め合わせにしたのである。

末次の抜擢はそれだけの理由だった。だが、近衛が戦争終結を真剣に考えていたのなら、内務大臣には平和解決を望む者を選ぶべきであった。要するに近衛はまるっきり真剣ではなかったのである。

たしかに近衛が懸命に努力をしても、政府は和平条件を緩和することができないまま、中国との戦いを終わらせることに失敗したかもしれない。しかし、その努力だけは怠るべきではなかったのだ。さらにまた、次のようなことはいえるだろう。かれがそのとき戦争終結のための努力をし、その経験をふまえたうえで、昭和十六年にふたたび首相の座にいたのなら、アメリカとの戦争を回避するためのかれの方策は違ったものになっただろうということである。

避戦勢力のうちのだれを味方につけたらよいのか、味方にみえても実際に役に立たないのはだれなのか、主戦論者のなかでほんとうの推進力はだれなのか、どうやってそれを無力にすることができるのか、昭和十二年に陸海軍と議会、国民を相手にして真剣に和平の努力をしていたのであれば、おそらくかれはその判断と結論を過たなかったはずである。

それにしても、昭和十三年一月にかれはどうして「対手トセズ」の声明をだしたのであろうか。

東京日日新聞の林三郎は、昭和十三年当時、首相官邸づめの記者だった。当時二十八歳のかれは、どうして政府がそのような声明を出したのかと疑問に思ったひとりだった。かれはその夜の内閣書記官長の定例会見に赴いた。風見《かざみ》章の記者会見は、その巧みな話術で記者たちに人気があったが、話術に引きこまれて、いいようにいいなされるのがしょっちゅうだった。だが、その夜ばかりは、風見のいつもの大きな身ぶり、手ぶりは見られなかった。あれは非常に苦労したのだから、なにも聞いてくれるなと風見は答えただけであった。⑤

この昭和二十年一月、林三郎は毎日新聞大阪本社の外国通信部にいた。近く大規模な動員があることをかれは知っており、まもなく自分も召集されるだろうと覚悟していた。かれは過去を振りかえり、あの声明こそが国民政府との和協を不可能にしてしまい、この未曾有の破局へとつづくことになったのだと思いにふけることがしばしばあった。そんなとき、考えるのは、なぜ、あのとき風見が記者会見において一切のコメントを拒否したのかということだった。そして、どのようないきさつでこの声明がつくられたかということだった。

昭和十三年一月十六日、近衛声明が発表されたとき、多くの人びとはその執筆者を書記官長の風見章だと推測した。

たとえば、そのとき法制局長官だった船田中《なか》もそのひとりだった。船田は、閣議において風見ひとりががんばってそれを通したのだと、のちに語ったものである。

ところで、船田は、その背後には尾崎秀実《ほつみ》の陰謀があったのではないかと疑っていた。(6) 風見のがんばりの背後には、のちにスパイとして逮捕された尾崎と、そして、日本を是が非でも蔣介石と戦いつづけさせようとするクレムリンの謀略が存在したのではないかというのである。

尾崎秀実は、昭和十九年十一月に刑死していた。近衛声明が発せられた昭和十三年には、かれは三十六歳だった。中国専門家として知られ、有能な政治評論家として評価が高く、広く顔の知られた人物だった。かれは風見章に薦められ、内閣嘱託となった。首相官邸の地階に専用の部屋をもらい、その真上にある秘書官室に自由に出入りし、書記官長の風見の部屋も木戸御免だった。

尾崎が朝日新聞社を辞め、内閣嘱託となったのは、昭和十三年一月の近衛声明のあとのことで、その年の七月だった。しかも近衛声明がでたときには、かれは東京にはいなかった。昭和十二年十二月から翌年三月まで、かれは上海、香港に出張していた。

それから三年あと、風見が第二次近衛内閣の法相を辞めた直後のことになるが、ある雑誌の企画で、かれは尾崎と対談した。尾崎は近衛声明について風見に尋ねた。

「僕は、近衛内閣の対支問題でのハッキリした転機がね、一月十六日の声明と三国同盟の場合だと思うのですがね。あの当時、僕は船の中で大公報の張季鸞《きらん》に逢ったのです。香港への船で、残念だ、残念だと、あの点を頻りに残念がっておられました。……僕は、あれは相当近衛内閣としては苦しかった問題だろうと想像している。風見先生の胸中は如何でしたか」

尾崎がこんな質問を風見にしたところから察しても、船田の尾崎秀実陰謀説は思いすごしであったと考えてよいのであろう。

風見は尾崎の問いになにも答えなかった。司会者がとりつくろい、風見に向かって、訪中したのは昭和十一年が最初かと尋ねた。「あれは夏から秋にかけて」と風見が短く答えた。かれが尾崎を知ったのはその旅行中でのことだった。そして、風見は思い直したように、問題点をぼかしながらも、つぎのようにつづけた。

「俺たちは歴史に何も加えんよ。しょっちゅうあっちの路次に潜ってみたり、また大通りへ出たかと思うと、また路次へ入って……」[7]

近衛声明の背後の事情を思いだしてのことか、それとも、このあと述べる機会もあろうが、新体制運動の失敗を苦々しく思い浮かべてのことか、風見の心には挫折感と無力感が居坐っていたようであった。

それからずっとあとに、風見は近衛声明についてあたりさわりのない説明をしている。

「この声明をかきあげたのは、わたしだと、とうじ、もっぱら、うわさされたものである。しかし実際はそうではない。これは、外務省で原案をつくり、それを、わたしが中心となって、陸海外関係事務責任者とともに、二、三、重要でない字句の修正をしただけである。『あいてにせず』の文句は、原案にあったままである」

そしてその声明が発表されるまでの経緯について、風見はつぎのように語った。

「一月八日にいたると、にわかに、和平方針はすてられて、国民政府を無視して、時局を処理してゆくという方針が、とられるにいたったのである。

かくて、一月九日には、政府・大本営の連絡会議が本式にひらかれて、これには、とくに閑院宮参謀総長、伏見宮軍令部総長も出席して、その席上において、政府統帥部と

もに、和平うちきりを、よろしいということにしたのである」(8)

事実は少々違っている。前に触れたとおり、その六日あと、一月十五日にもういちど連絡会議が開かれたのである。ここで政府と統帥部のあいだで険悪な論議がつづき、政府側が総辞職で統帥部を威しあげることになったわけである。

それはともかく、このなかで風見は、声明文には外務省の原案があったことを強調している。

たしかに、それは存在していたようであった。この原案は外務省東亜局第一課長上村伸一によってつくられた。もっとも、これは口述を受けた課員の中島嘉寿雄の記憶である。当の上村は自分にはそのような記憶はないと述べている。かれにとってその口述は、おそらく毎日の散文的な仕事のひとつにすぎなかったのだろう。

いずれにせよ、そのあと、陸軍側から軍務局軍務課の佐藤賢了《けんりよう》、海軍側から軍務二課の藤井茂、それに外務省の上村伸一が顔を揃えて、その原案を推敲したはずである。さらに外務省東亜局長の石射《いしい》猪太郎、それに陸海双方の軍務局長が寄り集まっての三局長会議で、その声明案は本決まりとなったはずだった。

だが、佐藤賢了がのちに語るところは、風見の記憶とはやや異なっていた。風見は、二、三の字句を修正しただけで、原案どおりに決まったと述べているが、佐藤はつぎのように語った。

「あの声明の起案には私も参与している。……しかし、あの声明はあんな声明じゃなかった。もう少し委曲を尽した声明だった……」⑨

風見と佐藤のどちらの言うことを信じていいのかはわからない。

ところで、声明が発表される前に、外務省、陸海軍の肩書つきの関係者のほかに、その草稿を見た人がもうひとりいた。中山優だった。その声明文の執筆者ではないかと噂されたこともある人物である。かれはこの昭和二十年の一月、満洲新京の建国大学の教授であり、満洲国外交部から駐華公使になってくれないかと誘われていた。

中山は昭和十三年のはじめには三十二歳だった。東亜同文書院をでて朝日新聞社に勤めたが、病気になって辞め、外務省情報部の非常勤の嘱託となっていた。

かれは近衛にかわれていた。かれが近衛にはじめて会ったのは、昭和十二年の夏のことである。近衛はかれの中国論を高く評価し、演説の草稿を依頼したことが数回あった。だが、昭和十三年一月の近衛の声明は、中山が書いたものではなかった。

ある日、中山のところに秘書官が訪れた。その秘書官は半枚たらずの覚え書き程度の原稿を示し、ドイツが仲介に立っている和平交渉がだめになったときの用意であると説明し、筆を入れてくれと頼んだ。

その覚え書きは、どうみても閣内限りの申し合わせにつくられたもので、総理大臣が正式に外に向かって発表するような文体のものではないと思えた。そこで、「あれが発表されたときはハッとした[10]」とかれは回想するのである。

　ところで、中山が見たという覚え書きとはなんだったのであろうか。中山のところへ来たという秘書官は、外相広田弘毅の秘書官であるはずがなく、総理秘書官の山内逸造か、牛場友彦だったにちがいない。そのいずれかが持参した覚え書きは、風見が述べたところの外務省原案に二、三、字句の修正を加えた決定稿と考えるのは少々おかしいように思える。

　外務省の課長が起草し、陸海軍の担当官を加えての審査を終え、内閣書記官長、外務次官、外相が目を通したものを、首相がわざわざもういちど、中山に推敲を求めたりするであろうか。それはまったくべつの草案ではなかったのか。

　こんなことをいうのも、じつは近衛声明にはもうひとつべつの原案があったからである。近衛が秋山定輔《ていすけ》に委嘱してつくらせた草案である。

秋山定輔、中溝多摩吉という男たち

　このもうひとつの草案について語るのは、青木保三である。青木はこのあとに述べる中溝多摩吉の一の子分で、そのとき三十四歳だった。八王子生まれのかれは、この昭和二十年一月、五百人ほどの朝鮮人労務者を集め、東部軍司令部が入る予定の八王子近くの浅川の地下施設工事の一部を請け負っていた。

青木は、近衛から声明文の草案づくりを依頼された秋山定輔が、どのようにして草案をつくりあげたかについて、つぎのように述べている。

依頼を受けた秋山は仲間の麻生《あそう》久、中溝多摩吉らと相談し、まずべつの仲間のひとりに執筆させた(11)。

ところが、秋山はその草案を読んで、左翼ばりだと批判した。だれかほかに執筆者はいないかという話になって、中溝多摩吉は思いあたる人物がいると言った。中溝は青木保三を伴い、八高線児玉駅から四キロほども離れた秩父山中の山小屋で休日を過ごしている阿部という人物を訪ねた。青木によれば、阿部は宮内省秘書課に籍を置き、漢学者として知られていたということであった。

中溝は阿部に文案の趣旨を繰り返し説明して、「近衛内閣の対華声明たるべき、国際的重大性」をもつものだと念を押した。二日あと、赤坂山王下の日の出旅館に集まった中溝、麻生、青木を前にして阿部が草稿を読みあげた。これならよかろうということで、中溝は秋山のところへそれを持っていった。

「そして『快心の出来である』との話があったので、赤坂の料亭中川に引きあげ、祝盃をあげた。一月十六日、中外に発表された〈近衛重大声明〉が、それである」

青木はこのように記し、さらにつぎのように述べている。

「最初少し訂正されたが、そのほかは、一言一句も相違しておらないので、実は私自身が驚いているほどだ(12)」

これはどういうことだったのか。草案は二つあったのであろうか。

こうした文書について、二つの草案がつくられることは格別めずらしいことではない。外務省の役人のひからびた頭脳にこんな大事を任せられるかといきまく威勢のいい連中が首相の周りに集まっていれば、こうしたことはよく起きた。たとえば、それから三年半ののちにも同じことが起きた。

いわゆる近衛メッセージを駐米大使を通じてルーズベルトに手渡したあと、アラスカ頂上会談の成功に近衛が最後の期待をかけた昭和十六年八月末のことである。

このときも、外務省を中心に頂上会談のための交渉計画の草案づくりがおこなわれ、関係各省の責任者が検討会を開いて政府案がつくられていた。そして、近衛もそれを承知していた。だが、かれはそれとはかかわりなく、自分の部下たちに独自の案をつくらせようとした。箱根の富士屋ホテルに近衛とともに集まったのは、松本重治、牛場友彦、西園寺公一《きんかず》といった朝食会のメンバーであり、それに井川忠雄が加わった(13)。井川は日米和解交渉の裏口外交をやろうとして渡米していたのだが、そのときすでに帰国していた。

ところで、近衛は箱根でつくった私案を、外相にも、陸海両相にも呈示しなかった。閣議で本決まりとなったのは、当然ながら外務省案だった。ではあったが、もし日米首脳会談が首尾よく開かれることになったら、近衛がその私案を胸の内ポケットに入れて、アラスカに向かったのは間違いないところであった。

話を前に戻すなら、昭和十三年一月の近衛声明はその二つの草案のうちのいずれだったのであろうか。だれの記憶が正しいのか、真実を語っているのはだれなのか。それを解明するためには、近衛の周辺にいた二人の人物、秋山定輔と中溝多摩吉について触れねばなるまい。

秋山定輔はそのとき七十歳だった。ぴんと張った鼻髭は真っ白だった。年若い新聞記者たちはその陰性な人物を訪ねるのが苦手だった。秋山邸の門を入って、玉砂利を踏む自分の足音だけが耳に響いてくると、真昼でもなんともいいがたい陰鬱な気分に襲われたのである。

秋山は若いときから政界の水を飲み、とりわけ桂太郎の参謀となって活躍した。日露戦争のときに首相であった桂は、このあと二度にわたって首相となったが、歴代首相のなかでも五本の指に入る政治手腕の持ち主であり、秋山はその桂にぴったりの謀臣だった。そのあとずっと政界の舞台裏にいた秋山がふたたび動きだしたのは、近衛待望論がそこここで聞かれるようになり、やがてこのさきには近衛時代が二十年にもわたってつづくと思われるようになったときだった。

秋山は近衛の父の篤麿と親しく、文麿をも知っていたことから、いつか霞山公近衛篤麿の嫡子の師であるといった噂がひろがり、近衛に接近したいと願う人びと、政治野心にあふれた連中、権力を握ることを望みながら、欲求不満を抱きつづけた男たちが、麴町五丁目のかれの邸を訪ねるようになった。

古風な黒門のその広い邸にしてからが、かつては近衛篤麿の住まいであり、どのような経緯があって秋山の所有になったのかはわからないながら、秋山と近衛家との関係の深さを人びとに信じさせたのである。

そこで近衛のほうだが、秋山を師と仰いだかどうかはともかく、かれを気に入っていたことは事実だった。人としての道を説く一方で、儲けにも高官との接触にも抜け目がなく、頭にはさまざまな情報や陰謀が詰まったその男を、近衛は「一筋縄ではいかない奴だ」と言いながらも高くかっていた。

蘆溝橋の事件が起きてまもなくの頃になるが、近衛は秋山と相談し、国民政府との和平のために宮崎滔天《とうてん》の息子の宮崎龍介を南京へ送り込もうとしたことがあった。秋山は国民党の幹部と接触があった。かつて秋山は孫文に目をかけ、かれに資金援助をしたことがあったからである。孫文がまだひょろひょろと痩せ、とても革命家とは見えなかった昔のことであった。もっとも、「孫《そん》が、孫《そん》が」と親しげに語るのは、秋山に限らず、右翼領袖が使うテクニックのなかでも、もっともありふれた手ではあった。

ところで宮崎龍介は、その使命を果たせなかった。神戸で憲兵隊に捕らえられたのである。近衛が陸相の杉山元《はじめ》を詰問し、杉山が言を左右にしているあいだに、戦火は上海に飛び火してしまった。

陸軍に向かい、上海への出兵をせきたてたのは海軍だった。それまで海軍は戦争の拡大に反対していたのだが、上海で二人の海軍軍人が殺されたことをきっかけに、くるりとその態度を変えた。北支事変は日支事変になったと閣議で述べたのは、海軍大臣の米内光政だった。前に述べたとおり、上海を戦場にしようと望んだのは蔣介石だった。日本の陸海軍がそれに協力したのだから、まったく話にもならなかった。そして近衛は、和平のためにいまひとつ努力が足りなかった。こうして対華問題では、近衛に協力できなかった秋山だが、かれは近衛を担いでおこなおうと、べつの計画を抱いていた。

つぎに中溝多摩吉だが、かれは南多摩郡鶴川村の生まれだった。父親の昌弘は三多摩壮士団の頭株のひとりだった。壮士団の流れを汲む三多摩青年団を率いたのが多摩吉だった。昭和十三年のその時期、「青年」という言葉には魅力的な響きがあった。それにひきかえ「壮士」のイメージは、恐喝だとか、ごろつきを連想させるだけのものとなり、みずから三多摩壮士と名乗る者はいなかった。中溝はまさにそうした壮士的な経歴の持ち主であり、壮士たちのボスとして羽振りもよかった。大杉栄との刃傷沙汰で収監され、二年の刑期を終えて出所した神近市子の面倒をみたのもかれだった。

昭和十五年に他界した中溝は、この昭和二十年、すでに世間からは忘れられていたが、生きていて、政府与党に与すれば、同郷の津雲《つくも》国利ほどにはなっていただろう。また半野党の陣営に居坐れば、三木武吉ぐらいにはなっていたかもしれなかった。

この中溝が「麴町老人」と呼ばれていた秋山定輔と組み、政党解消運動を開始したのが、昭和十二年十二月のことだった。二人が目指したのは、政友会、民政党、社会大衆党のすべてを解散させ、近衛を党首に一国一党の政党をつくることであった。秋山は久方ぶりに、主役のひとりとして表舞台に登場しようとしたのである。そして、この計画に参画したのが、内閣参議の秋田清と社会大衆党の指導者である麻生久だった。

麻生久についてはこのさき述べる機会もあろうから、ここでは秋田清について触れておこう。秋田はそのとき五十六歳だった。策士秋田と呼ばれ、「政治には舞台と楽屋がある」が口癖のプロの政治家だった。判事出身の秋田が、秋山定輔の主宰する二六新報社に入社したのが明治三十六年だった。それ以来、秋田は秋山に兄事し、かれに協力した。昭和九年に秋田は衆議院議長を辞任して、政友会から脱党した。その頃からかれは秋山とともに政友会と民政党の解体を図り、新政党の結成をもくろむようになった。秋田が内閣参議となったのは、秋山が近衛に推薦してのことだった。

秋田のそのあとのことについて触れておけば、かれは阿部内閣の厚生大臣となった。第二次近衛内閣の拓務大臣となったときには、近衛ではだめだと考え、外相松岡洋右を首相にしようとひそかに走り回ったが、これはひとつの挿話で終わってしまった。昭和十七年の総選挙では、かれは十度目の当選を果たした。このとき、かれの故郷の徳島二区の選挙区からは、三木武夫という新人が二回目の当選をしていた。この昭和二十年一月、秋田は没して一カ月がたったばかりであった。

防共護国団の圧力

話を前に戻そう。秋山定輔、秋田清、麻生久といずれも一癖も二癖もある、策略にかけては名だたる巧者が、この一群には揃っていたが、なかでも実行者としてぬきんでた力を発揮したのが中溝多摩吉だった。

昭和十三年一月十五日、この日は近衛の「対手トセズ」の声明発表の前日にあたるが、中溝は本拠の八王子で防共護国団の結団式をおこなった。この防共護国団が既成政党を叩き壊し、一国一党の大日本党部を創設するというかれらのもくろみの地ならしの荒仕事を受けもつわけであった。会場には、これも一国一党を唱える元首相林銑十郎の自慢の虎髭も見えた。

防共護国団の結団と同時に中溝は赤坂と麻布に三、四箇所の屯所を設け、三多摩各郡から血の気の多い若者たちを集めた。麻生久の率いる社会大衆党の若い党員もこれに加わった。中溝は、かれらにカーキ色の制服を着せ、町中を行進させ、電柱にビラを貼らせた。団員たちは団旗を掲げた車に乗り込み、議会の絶対多数を占めていた政友会、民政党の代議士たちの家を片端から訪ねた。かれらが居留守を使えば、門を乗り越えて家に入り込み、机を叩き、怒鳴り声をあげて威嚇し、政党解散に賛成の署名を迫った。代議士たちのなかには、この非常時に不毛な政争にあけくれる政党政治に焦燥感を抱いていた者が少なからずいたということもあって、多摩吉たちの恫喝に不本意ながらも従ったのである。

ところで、中溝はこうしたことをおこなうに足りる潤沢な資金を持っていたのが、不思議に思われるところであった。百人、ときには四百人の団員を動員し、かれらを屯所に寝泊まりさせていたというのもたいへんな負担であったろうし、赤坂の中川、長谷川、芳柳といった待合に遊んで、中溝が床柱を背負ってふんぞりかえっていられるというのも、よほどの資金力を想像させた。そして、そんなときには、いつも麻生久、秋田清が招かれ、日本橋の高島屋を威してつくらせた最高幹部用の上質の団服を着込んだ中溝配下の侍大将が顔を並べたのである。

じつは、中溝とその部下はその資金のいくばくかを財界から得ていた。財界には、右翼であり、反議会主義運動であれば、何がしかの資金を提供しておこうという新興成金が少数でもかならず存在した。これは日本でもどこの国でも同じである。もちろん、中溝は愛国主義の旗をふりかざして寄附の強要をはかるという手口も心得ていた。女性問題をたねに威しをかけ、相手の弱味につけ込むのは、かれらのような荒っぽい連中がよく使う手だった。秋山や中溝の懐にはそんな材料はいくらでもころがっていた。大日本製糖社長の藤山愛一郎から二万円せしめとったのも同じやり口だった。しかし、かれらは、それが卑劣な行為などとは露ほども思っていなかったというのが、壮士連中の精神的な特徴であった。

だが、注目すべきことは、この防共護国団への最大の資金提供者が近衛だったということである。護国団の幹部たちはいずれも口を閉ざしていたが、近衛の使いの比留間《ひるま》安治が中溝に金を届けているのを知っていた。このすこしあとのことになるが、中溝が取り調べの検事に資金の出所を聞かれ、「近衛公から聞いたらよかろう」とうそぶいたのは、はったりでもなんでもなかったのである。

その時期に近衛は豊富な機密資金を持っていた。結城豊太郎が財界人を誘って近衛に百万円の政治献金をしたのである。結城は昭和十二年七月に池田成彬《しげあき》に代わって日銀総裁となるまで、短命な林内閣の蔵相を務めたが、それ以前は日本興業銀行の総裁をやっていた。このため、金融界や事業界に大きな影響力をもっていたから、百万円の金を集めるのは造作もなかった。近衛の機密資金は主にこの政治献金によるところが大きかった。

当時、商工大臣だった吉野信次はこの資金の存在を知っていた。のちに、吉野はこの金がなにに使われたかについて、近衛は「政党を操縦する必要もなかったし、また政党の人々にカネをばらまくということはしなかった」と言い、「これ以上勘ぐっては悪いけれども荻窪の荻外荘という別荘もその頃出来たんでしょう」(14)とも言っている。たしかに、東大名誉教授、宮内省侍医頭の入沢《いりさわ》達吉のその住まいを、近衛が譲り受けたのは昭和十二年の秋だった。

荻外荘の一件はおくとしても、近衛には出費のかさむ選挙もなかったし、吉野の言うように政党に金をばらまくこともなかったのだから、少々の金を右翼団体に投げ与えるのはわけもないことであったにちがいない。

では、近衛はなんの目的で防共護国団に金をだしたのであろうか。かれは秋山や中溝が自分を担いで新党をつくろうとしていることを承知し、その計画書にも目を通していた。それは近衛だけではなかった。かれの協力者のひとり、後藤隆之助にしても、中溝のもくろみをつぶさに承知していた。

後藤と近衛は一高の英文科でいっしょだったが、当時は言葉を交わしたことはなかった。廊下の真ん中で二人が行き会ったことがあった。後藤がよけようとせず、近衛がゆずった。なにが公爵だと、後藤は近衛に反感を抱いていたのである。京都大学でふたたびいっしょになってから、二人は仲好くなった。近衛が鎌倉で静養していたとき、後藤は一晩か二晩泊まるつもりで遊びにいったのが、二カ月滞在することになった。こうして後藤は、もっとも早くから近衛系の一員となったのである。

後藤は防共護国団の血の気の多い兄貴株から「豪傑」の敬称で呼ばれていた。背は低かったが、貫禄充分な後藤はかれらに向かって、既成政党などすべて叩きだしてしまえと説いていた。ずっと全国の青年団運動をつづけてきたかれは、腐敗堕落し、金銭だけで動く国会議員たちを激しく嫌っていた。

中溝がやろうとしていることを詳しく承知していたのは、ほかにまだ内閣書記官長の風見章がいた。

むろん近衛と、風見、後藤といったかれの側近たちは、秋山と中溝の計画のすべてを支持していたわけではなかったのであろう。かれらは、秋山らがまだできてもいない新党のお手盛り人事をおこない、幕僚長、親衛隊長などと自分たちのポストを決めているのに苦笑いを浮かべていた。

昭和十三年の二月中旬に、防共護国団が四百余人の団員を動員して、政友会と民政党それぞれの党本部を占拠するという事件を引き起こしたが、このときばかりはかれらもやりすぎだと、表向きには言ってみせた。もっとも、そう言いはしたものの、厚生大臣となって近衛を支えていた木戸幸一が新聞記者に向かって、「愉快な話ではないか」とうっかり本心を洩らしてしまったように、だれもがけっこうおもしろがっていたというのも事実であった。

新党の結成という目的とはべつに、近衛が中溝を利用した真の狙いはもうひとつあった。

たとえば佐藤賢了は前に触れた回想のなかで、つぎのように述べているのだが、かれはここで風見章と同じように自分が関与したことを他人事のように語っている。

「あの声明は……もう少し委曲を尽した声明だったのであるが、当時近衛内閣は、やがて再開される議会で、非常な強い態度をとりたいというような気配があった」

そのとき佐藤は、四十二歳、軍務課内政班長の職にあり、中佐であった。かれは行政府と立法機関に圧力をかけるのが仕事の、張り切りボーイだった。かれを含めて、軍務課の幹部たちが近衛内閣の議会で「非常な強い態度」をとることを望んだのは、国家総動員法と軍力国家管理法の二つの法案を通過させるためだった。前者は主要な経済統制の権限をすべて政府に任せるといった立法であり、後者は全国の発電と送電の設備を一本化し、国家管理にするというものだった。重工業化を推し進め、軍需生産を優先化するためには、この二つの法案の実現が不可欠と考えられていた。

ところが、この二大法案はそのとき大きな反対に直面していた。国家総動員法に対しては、憲法を無視したあまりにも広範な委任立法だという批判があった。佐藤賢了が議会で「黙れ」と叫んだのは、この法案を審議する委員会での出来事だった。

また電力国家管理法案に対しては、東京電燈、日本電力、大同電力、東邦電力、宇治川電気の五大電力会社が反対していた。電力法案はファッショ的国家統制だと非難し、このような国家管理を推進する勢力の背後には赤の手があるとかれらは説いていた。そして財界がこの攻撃に同調、支援していた。つけ加えるなら、財界の指導者たちが近衛に百万円の政治資金を寄附したのも、近衛の行動にブレーキをかけようとしてのことだった。

大多数の代議士は財界を支持していた。政友会と民政党の代議士たちは水利権の問題やダム建設反対運動などで、地方住民と電力会社のあいだの調停に立つことが多かったが、そのことが機縁となって、いつしか毎日の塩を電力会社の食卓から受けるようになっていたからである。結局のところ、その法案を支持していたのは社会大衆党と小会派だけにすぎなかった。

こうして政府は議会を敵に回していた。陸軍省、海軍省、企画院、逓信省、商工省、内務省の幹部たちは、近衛を盛りたて、議会を支配している政友会と民政党の反対を蹴散らし、この二つの法案を通す決意だった。そこで政府は万事に強気の姿勢をとった。なによりも重要なのは、華北から華中へ拡大した戦いに政府が絶大な自信をもっていることを示すことだった。

自信のあるところを見せるのに無理をする必要はなかった。首都南京を攻略して、政府幹部は戦いの前途に楽観的だった。国民もまた戦勝気分にひたり、戦いはまもなく終わるとだれもが思っていた。国民のそのような明るい希望は株式市場に反映していた。昭和十二年七月に戦いがはじまってから、ずっと下がりつづけていた株価は、南京陥落と同時に高騰に転じた。国民世論の指標ともいえる新東株や鐘紡株の花形株はそれこそ猛騰といった有様になった。

政府首脳は、政府が国民政府との和平交渉にこだわることは、強気の態度をとらねばならないことをもって政治の第一眼目とする方針からはずれると考えた。ずるずると交渉をつづけてもなにひとついいことはなかった。そんなことをすれば結果は目に見えていた。日本の経済は戦争を続行する力をもたない、やがて日本の外貨準備は枯渇する、だからこそ講和を急いでいるのだと見ている英米両国は、戦いをつづけるようにと蔣介石に言い、蔣はもうすこしがんばろうと思うようになるはずだった。国内では、議会と国民が政府の弱腰を攻撃するようになるにちがいなかった。

はじめに見たとおり、外交交渉をつづけるか、打ち切るかの問題に最終決着をつけることになったのは、昭和十三年一月十五日の大本営・政府連絡会議でのことだった。政府と統帥部が対立し、中断がありはしたが、朝からの長い会議になった。

参謀本部は外交折衝の継続を求めた。政府が望むように、国民政府を一地方政権の位置にまで落としてしまえば、それは中国共産党の思う壺になるにちがいない。そして中国を混乱状態に陥れれば、ソ連、英国、アメリカの干渉を招き、日本は莫大な国力の消耗をしいられることになるだろう。統帥部はそれを恐れていた。

外相広田弘毅が、交渉をつづけてもその成果の見込みなしと言って、参謀本部の主張に水をかけた。陸相の杉山元は政府側に加担して、交渉の打ち切りを望んだ。海相の米内光政は「参謀本部は政府を信用しないというのか、それなら参謀本部が辞《や》めるか、内閣が辞めるかしなければならぬ(15)」と威しにでた。

参謀次長の多田駿は、「国家重大なるときに政府の辞職云々とはなにごとか」と言って、頬に涙を伝わらせた。

多田は相馬御風を敬愛し、良寛を研究する文人でもあった。こういう人物が軍人となったのは本人にとって人間的悲劇だと言ったのは楢橋渡《ならはし》だったが、これはいささかオーバーな評かもしれない。こののち、北京飯店をフランス人から買収し、オーナー社長となった楢橋が親交を結んだ相手が、北支那方面軍司令官になっていた多田だった。昭和十六年に予備役となった多田は昭和二十年のこの一月、千葉の館山に隠棲していた。六十二歳だった。

政府・大本営連絡会議は長時間つづいた。夕刻の休憩時に、陸軍省軍務局長の町尻量基《かずもと》が多田の説得にあたった。かれは「次長が諒承しなければ、内閣が倒れる」と迫り、多田に譲歩を求めた。ここで総辞職になれば、広田内閣、林内閣で陽の目を見なかった電力国家管理法案はまたもお蔵入りの運命となり、このさきの議会に提出できる見込みはまったくなかった。国家総動員法案も棚ざらしになるのは必定だった。まして近衛内閣のあとの弱体内閣では、法案の成立についていかなる期待ももてなかった。

その夜、再開された会議で、多田駿は、「統帥部としては同意できないが、内閣崩壊の不利を認めて、黙認し、あえて反対を唱えない」と述べた。

こうして、近衛と閣僚たちは、一月二十日に再開となる議会に対して、「非常な強い態度」で臨もうとして、国民政府との和平交渉を打ち切ったのだが、もうひとつ、かれらはべつの手だても用意していた。近衛とかれの部下たちは二大政党に直接の圧力をかけ、議員たちの足元を手痛くゆさぶってやろうとしていたのである。

それが防共護国団の利用だった。かれらが集めていた政党解散に賛成する百五十人にのぼる議員の署名簿が、ここで役に立つことになったのだ。なるほど人びとは防共護国団の荒っぽい振舞いに眉をひそめてはいた。だが、多くの人びとはそれにもまして、政友会や民政党に対して疑いと冷ややかな態度を持していた。既成政党の解消は当然のことだと思っていたのである。

こんな状況のなかで、その署名簿は、公表こそされなかったが、その存在だけで充分に、両政党の幹部たちを威嚇する時限爆弾となった。しかも、中溝の部下の一団が政友会と民政党の本部を占拠したのは、議会で電力国家管理法案の審議がつづき、緊迫していたときのことであった。

防共護国団の騒動は数カ月のあいだつづいた。わずかの期間ではあったが、中溝が嵐を巻き起こした裏には、背後で近衛が糸をひき、議会工作にかれを使ったという事情があった。

電力国家管理法が昭和十三年三月二十六日に成立し、国家総動員法が四月一日に公布となったのには、防共護国団の働きが大きかったのである。

こうして秋山、中溝らと近衛のあいだには深い関係が生じていたのだから、対華声明の草案づくりに際して、かれらがなんらかのかたちで近衛に協力していたとしても、すこしも異とするに足りない。近衛は秋山定輔に向かって、対華声明の草案をつくってくれと頼み、中溝がそれに協力することになったのであろう。

ところで、話はそれだけだったのであろうか。

本間雅晴中将が語った驚くべき話

それから約二年あと、朝日新聞の二人の幹部が近衛のその声明の背後に潜む奇怪な話を聞くことになった。

昭和十四年十二月、朝日新聞の主筆緒方竹虎と副主筆の嘉治隆一が中国を旅行した。かれらは福岡で鈴江言一に会い、上海で山田潤三郎、北京で中江丑吉、阪谷希一といった中国に一見識をもつ人びとを尋ねて回った。緒方と嘉治がきわめて強いショックを受けたのは、天津で本間雅晴から聞いた話だった。本間はそのとき第二十七師団の師団長だった。漢口作戦に参加したその師団は華北に戻り、河北省の防衛を担い、司令部を天津に置いていた。

つけ加えるなら、昭和二十年のこの一月、本間はすでに予備役の身だった。かれは昭和十六年に第十四軍を率い、フィリピンのリンガエン湾に上陸し、マニラを占領し、バターン半島を攻略した。ところが、十七年八月にかれは予備役編入となった。マレーを攻め、シンガポールを攻略した山下奉文は、それより前の七月に満洲へ転任となっていた。本間を退役させてしまい、山下をシンガポールからまっすぐ満洲牡丹江へと逐いやったのは、ひとりはアメリカ軍と、もうひとりは英国軍と戦った二人の凱旋将軍の人気があがるのをねたんで、首相兼陸相の東条がやったことだと、しばらくは情報通のあいだで噂されたものだった。現在、本間は首相小磯国昭の顧問となっていた。五十七歳だった。

本間は旧知の緒方竹虎に向かって、いきなり言った。

「世間では軍人が頑迷だというが、私からみれば、軍人もわるいが、政治家がもっと勇気をもって国務の処理にあたってもらいたいと思います」

本間は、中国駐在のドイツ大使トラウトマンが仲介した国民政府とのあいだの和平交渉について語るつもりだった。その和平交渉が進められようとしていたとき、本間は参謀本部の第二部長、すなわち情報部長だった。参謀次長の多田駿とともに、本間は早期講和を望んでいた。

かれは行政府や議会の人びとに会い、和平が必要なのだと説いて回った。陸軍省の交渉打切り派にとって、参謀本部第二部長のですぎた行動はおもしろくなかった。かれらが本間のことを本間軍務局長と呼んでいたのは、むろんのこと、皮肉を込めてのことだった。

トラウトマンの仲介工作がつづいているあいだ、本間はほとんど毎日のように駐日ドイツ陸軍武官オットーと連絡をとっていた。昭和十三年一月十五日の夜遅く、かれはオットーを訪ねた。オットーは、本間の表情がいつもとは違い、興奮しているのに気づいた。[16] たしかに本間は内心の怒りを隠しきれないでいた。その日の会議で取り返しのつかない決定をしてしまった。内閣を倒すか、それとも和平交渉を打ち切るかの二者択一を政府側から迫られ、参謀本部はついに後者を選んでしまったのだ。

本間にしてみれば、だれもが真剣さと洞察力を欠いていた。

たとえば、陸軍大臣の杉山元は陸軍省内の強硬派の言いなりになり、「蔣介石を相手にせず、屈服するまで作戦すべし」と主張した。かれは政府部内の多数派の安全につくだけの日和見主義的な態度をとったのだった。海軍大臣の米内光政はこともあろうに、総辞職するぞと参謀次長を威しにでて、議論に決着をつけようとした。海軍出身の内相である末次信正がさらに悪かった。右翼勢力の代弁者よろしく、ことあるごとに強硬論を説いていた。

各省の大臣は互いに横睨みをして、参謀本部の和平条件にそれぞれ自分たちの要求をつけ加えることしか頭になかった。外務大臣の広田弘毅もまた、参謀本部の側につこうとしなかった。行政府の外では、あらかたの議員が蔣など相手にするなと叫んでいた。そして首相近衛はそのような大勢のなかで、人心と進路を変えようとする努力を怠っていた。粘り強く、和平交渉をつづけようと説くべき立場の首相がその決断を示さなかった。

本間にとって、すべてが不快な経過であり、結末であった。かれはオットーに向かって、私見だがと前置きして、和平のために残されたただひとつの道は、外相からディルクセン駐日ドイツ大使に日本側の最終回答が伝えられる前に、中国側の回答が届けられることしかないと述べた。すなわち、明日一月十六日の午前中までに中国側からの回答が得られることしか望みがないと、オットーに向かって言い、最後の努力を要請したのだった。翌一月十六日、ついに中国側の回答はなかった。

それから二年あと、本間が緒方竹虎と嘉治隆一に向かって語ったのは、昭和十三年一月十六日に発表された近衛声明の裏話だった。かれ自身もあとになって知った話だった。嘉治は、本間が語ったことをつぎのように記した。

「日華事変が進行して南京陥落が目前に迫っているころ、トラウトマン独大使が仲介して、和平交渉が進められていたことは周知の事実であった。そのころ参謀本部の部長であった本間の観察では、参謀本部あたりでは、大体において交渉の条件を呑んでもさしつかえなかろうという空気が強かったらしい。もっとも、たとえ参謀本部が本当にそのような考え方に傾いていたとしても、陸軍省側が果してどう出るかは全く疑問であったろうが……と本間はいった。そして近衛内閣の方は、もちろんその方向に異存があろうはずはなかった」

本間が語った話を嘉治はさらにつづけた。

「交渉はかなり進められていた。ところがこれを知った浪人組や右翼団がただならぬ気配を示し始めた。そんなに簡単に事変がおさまっては、仕事の種がなくなる。

そこで右翼団はさっそく、近衛に直談判をしてこれを脅迫することになった。昔から右翼にも左翼にもよくあるやり方で、近衛の私行上の弱点の数々を調べ上げた。そして近衛に面会を強要して、今まで敵対関係にあった蔣介石を相手にして和平交渉をすることはけしからん話だ、一体、本当に和平交渉をするのかしないのか、もしもするにおいては当方にも覚悟がある、貴公の私行上の弱点を天下に暴露するつもりだが、それでもさしつかえないかというような話になった。

その実例を、一、二、本間も挙げていた。それはそれとして、かねがねとかくの噂の絶えなかった近衛は、いっぺんに震えあがってしまった。根が長袖者流であるから、同じでたらめな行動をしていても、長州の足軽出身であった伊藤博文のような図々しさを持合わせなかった近衛はたちまち閉口して、ねをあげた。そして、いや蔣介石を相手にする意図はないと公言した。それが暴力団の付け込みどころで、さらにかさにかかって、貴公一人が相手にしないというだけでは不十分だ、近衛内閣の国策としてこの際、蔣を相手にしないということをはっきり明言すべきであると迫った。さてこそ『蔣介石を相手にせず』というような不可解至極な政府声明が出された、というわけであったそうである」[17]

本間の話を聞いていた緒方と嘉治は、どういう思いであったろうか。本間をまじまじと見つめ、鉛を呑んだような気持ちになったのではないか。

緒方といえば、その話を裏づけるこんな話もある。昨年末、昭和十九年十二月半ばのことになるが、国務大臣になっている緒方竹虎が中村正吾と語り合ったことがあった。朝日新聞で緒方の部下だった中村は緒方の秘書官をやっていた。どうして日本はこの瓦解の道を歩むことになったのだろうかと中村が尋ねた。緒方は「日本の運命と興廃を賭けたものは実に日独伊三国同盟である」と答え、話は支那事変へとさかのぼった。中村は、緒方が述べたことを日記に記した。

「蔣介石を相手にせず、という声明、あれはやっぱり当時の政府が愛国団体に脅迫されたためではなかったかと今に疑っている」[18]

ところで、この二つの話には肝心なところが隠されている。緒方は中村に向かって、「愛国団体」と言ったのではなかったのだろう。さきの本間雅晴にしても緒方と嘉治に対して、「浪人組や右翼団」と語ったのではなかったのであろう。緒方と嘉治、そして中村は個人名をはっきりと聞いたはずである。

このような話は、だれしもにわかには信じかねる内容である。だが、この奇妙な話を、さきに述べた青木保三の話とつき合わせれば、割り符のようにぴたりとつながる。おそらくつぎのようなことが起きたのであろう。

それは昭和十二年十二月のことであったと思える。南京攻略のあと、十二月下旬であったにちがいない。近衛は秋山定輔と会見した。黒の詰襟服の秋山の隣には中溝多摩吉が坐っていた。秋田清、麻生久もいたかもしれない。

話し合ったのは政党の解散と新党の結成の問題だったのだろう。話の途中で、だれかが話題を変え、国民政府との和平交渉はどうなっているのかと近衛に問うた。政府はこんな中途半端なところで蔣と妥協するつもりか、そんな弱腰では蔣はおろか議会からもばかにされよう、新党はおろか二大法案も議会を通るまいと声を荒げ、室内の空気はたちまち緊張した。

中溝が九十キロの巨体をゆすり、ドスをきかせた声で、近衛を威したのはこのときのことであろうか。秋山が濃い眉をよせて、ゆっくりと中溝を制するといった役どころを演じ、制せられた中溝がいっそういきりたつといったおきまりの筋書きがあって、近衛は蒼白となった。上目づかいに天井を睨み、頭のなかであれこれ思いをめぐらし、「馬を殺して狼に与える」ほかはないと近衛の考えは行き着いたのであろう。

「狼に出会うごとに一匹ずつ馬を殺して与える近衛の性格」と日記にその怒りをぶちまけたのは東大教授の矢部貞治であり、それはそれから三年あとのことであった。そのとき、ふたたび新党運動は反対の怒号に囲まれていた。狼たちの非難攻撃にすっかりやる気をなくしたかに見える近衛は、造作もなく自分の構想を放りだし、自分の協力者たちを見殺しにしたのだった。もっとも近衛のそのときの重大な転換については、のちに触れることになろう。

昭和十二年十二月の中溝多摩吉の威しの話に戻れば、近衛は蔣政権との和平交渉をたかだか一頭の馬だとみずからに言いきかせようとしたのであろう。たしかにかれが努力をしないかぎり、国民政府との交渉は妥結の見込みがなく、そのままでは一頭の駄馬の値打ちもなかった。

蔣介石が中国の指導者としての地位を維持しようとするかぎり、かれは日本の過重な要求に従うことができなかった。戦いを終わらせようとするなら、蔣が受け入れることのできる和解条件を呈示しなければならなかった。

そのためには近衛は、閣員たちに和平条件の緩和を求めねばならなかった。賠償金の要求項目を取り下げよと蔵相の賀屋興宣に言い、華北の分離化と疑われる条項は削るようにと陸相の杉山元に向かって説かねばならなかった。

杉山を説くだけでは済まなかった。杉山が呆れ顔だったのが、逓信大臣の永井柳太郎と鉄道大臣の中島知久平《ちくへい》の強硬な要求や提案だった。この二人はそれぞれ民政党と政友会を代表して入閣していた。内務大臣の末次信正はこれまた強硬で、かれの主張は広汎な右翼勢力を代弁していた。

近衛はかれらを説得できなかったし、するつもりもなかった。そしてかれの面前には、外交交渉など辞めてしまえと威す秋山定輔、中溝多摩吉がいた。一頭の馬を投げ与えようと近衛は決意したのである。

右翼領袖と近衛公の関係

「馬を殺して狼に与える」やり方は、それから四年あと、近衛がまたも相似た場面にぶつかったときにも発揮されることになった。そのときかれは井上日召を荻窪の邸に住まわせていた。「血盟団」首領の井上は、昭和十五年十月に八年半ぶりで出獄したばかりだった。かれが近衛の邸に住むことになったのは昭和十六年三月のことで、頭山《とうやま》満の紹介だった。井上の弁護に立った天野辰夫は、自分が逮捕されたあとも、獄中から井上の弁護をつづけたのだが、かれもまた出獄して、井上を訪ね、近衛の邸に出入りしていた。

近衛の妻の千代子は、どうして夫はあんな恐ろしい男を邸内に住まわせておくのかと不安を抱いていた。また、近衛の周囲の人たち、さらには木戸幸一から宮廷の高官までが、井上のような男を抱え込んで、他の右翼に睨みをきかせるつもりであろうが、裏目にでるのではないかと懸念し、いずれにせよ穏当でないとだれもが批判していた。

そんな折から、昭和十六年八月十四日に国務大臣平沼騏一郎が狙撃され、九月十八日、近衛暗殺を計画していた四人の男が逮捕されるといった事件がつづいた。おそらくはその直後のことであったにちがいない。近衛は官邸に頭山満を食事に招いた⑲。

秋山定輔と同じく、頭山満も近衛の父の篤麿と親しかった。対中接近策をとり、ロシアとの主戦論を張った篤麿の協力者が頭山だった。篤麿の突然の死のあと、外交活動、北海道の開発、学校の建設に注いだ大きな借金が残った。昨日まで篤麿の支持者だった政治家や財界人が債鬼に変わった。このとき、近衛家に坐って、かれらを追い払ったのが頭山だった。そのとき文麿が十二歳だったことは前に述べた。

近衛は頭山と会った翌晩にも、自宅に数人の右翼の領袖を呼んだ。その二つの会合をお膳立てしたのが井上日召であり、かれはその双方に出席した。

対米開戦前の重苦しい圧力と緊張感が日本をおおっていたときだった。近衛がルーズベルトに直接の提案をしたのが八月二十六日だった。駐米大使野村吉三郎を通じて申し入れた頂上会談の開催を、かれ自身もういちど呼びかけたのだった。かれがルーズベルトにメッセージを伝達した事実は、たちまち外部に洩れ、新聞が報じ、その内容は伏せられてはいたものの、さまざまな噂が乱れ飛んだ。

しかも、アメリカ側からはなんの反応も寄せられない気配に、対米交渉などいまやまったく見込みはないのだと多くの人びとが思うようになっていた。不遜で、高圧的な態度をとりつづけるアメリカにいつまで膝を屈しているのか、戦争準備のためにルーズベルトは時間稼ぎをしているだけだと、人びとは政府の弱腰な態度を怒った。

あふれんばかりに高まっているこのような感情を代表していたのが右翼勢力だった。いつの世でも同じことだが、右翼勢力はひとつに団結してはいなかった。だが、真の敵は米国と英国であると説くことではかれらは一致していた。英米両国にオランダを加えての包囲陣が日ごとに強化されているときに、日米会談とはなにごとかと怒り、「ゆるふん近衛を倒せ」とわめきたてていた。

井上がのちに述べたところによると、近衛はこれら右翼の指導者たちに向かって、二度が二度、「十月一杯に準備完了、十一月初旬に開戦します」と断言したのだということである。近衛は九月三日の大本営・政府連絡会議、つづく六日の御前会議で本決まりとなった帝国国策遂行要領をかれらに洩らしたということであろう。

その要領は「十月上旬頃ニ至ルモ尚我要求ヲ貫徹シ得ル目途ナキ場合ニ於テハ、直チニ対米（英蘭）開戦ヲ決意ス」と定めている。近衛はそれを頭山満や井上日召に語ったようであった。だが、それは十一月には開戦しなければならないと意気ごむ参謀本部と軍令部の主張であり、うかうか決めてはしまったが、けっして近衛の主張ではないはずだった。

近衛は米大統領との直接交渉に希望を託し、どうにかして戦争を回避しようと望んでいた。かれはアラスカ会談の日取りを九月上旬にしたいとアメリカに申し入れた。つづいて九月二十一日から二十五日と繰り下げた。

そして九月二十七日には、外相豊田貞次郎が駐米大使の野村に訓令して、首相および随員はいつでも出発する用意ができていると告げ、十月十日から十五日までが好都合だと会談の期日をさらに繰り下げた。近衛は首脳会談に全期待をかけていた。そのかれが「十一月初旬に開戦する」などとなぜ言ったのか。

のちに井上日召は近衛と頭山のその会談を説明して、つぎのように述べた。「そこまで押し詰めていった頭山翁が、この近衛公の一言を聞くと静かに両手を膝下に垂れて、

『国家の為に、ご苦労のほど、ありがとうございます』と、ぴたりと頭を下げられた」[20]
そして井上は、その翌日、右翼の若手領袖の前で、近衛にもういちど同じことを確約させた。井上は居並ぶ右翼の面々を見回し、この開戦決意の表明によって、近衛公の周辺に間違いの起こる気遣いはなくなったと念を押せば、かれらは一斉に毬栗頭を下げたのである。

つけ加えるなら、その席に呼ばれていない右翼の頭株がひとりいた。児玉誉士夫である。児玉といえば、昭和十六年八月に平沼騏一郎を狙撃した男のピストルは、かれの懐からでたものだった。この時期、児玉は近衛の暗殺計画をたてていた。近衛が日米頂上会談に出発するのであれば、その途中で暗殺しようというのが児玉の計画だった。児玉の考えでは、近衛は横浜港の新港埠頭四号岸壁から乗船することになるから、随員を含めた近衛一行は特別仕立ての臨時列車に乗り、鶴見駅から分かれる高島線で四号上屋に隣り合う横浜港駅まで行くはずであった。その特別列車を六郷鉄橋で爆破してしまおうというのである。数十人の政府・軍首脳を一挙に殺害してしまおうというとてつもない荒仕事だった。そして、じつはこれを児玉に命じたのが辻政信だった[21]。
三十八歳の辻は、そのとき参謀本部にいた。作戦部長田中新一、作戦課長服部卓四郎《たくしろう》といった強硬派のラインに起用され、上司の主戦論に一点の疑念もはさまず、意見を衝突させることもない、これまた強気一本やりの兵站班長だった。米、英、蘭のアジア植民地に対する正面からの進攻計画をたて、かれは部隊集結の作業を進めていた。かれは迅速な勝利を確信し、十一月はじめに戦いを開始すれば、マニラを元旦に、シンガポールを二月十一日の紀元節に、ジャワを三月十日の陸軍記念日に、そしてラングーンを四月末の天長節に攻略できると大言壮語していた。

その自信満々の辻がもくろんだ近衛暗殺計画なるものは、実際には、他の一連の近衛暗殺予備事件といったお芝居とさほどの違いはなかったにちがいない。辻の狙いは、暗殺の噂を特定社会のアンテナに触れさせ、近衛とその周辺の人びとを震えあがらせ、どうあっても戦争を回避しなければならぬと説く声を抑え込むことにあったのであろう。

児玉誉士夫にしてもそれは同じだった。もはやかれは、向こう見ずで自己犠牲の熱情をもった青年ではなかった。かれのテロと入獄の経歴には、だれもが一目も二目もおいた。しかし、かれももはや、その経歴を富や名声を得るために利用しようという年齢に達していた。

辻と児玉の威しの仕上げをやったのが、ほかならぬ井上日召と頭山満といった連中だった。こうした舞台裏の出来事を知っていてのことか、「近衛の第三次内閣では近衛はまるで井上のとりこになってしまっていた」[22]と正味三カ月のその内閣をずばり一言で語ったのが亀井貫一郎だった。

これものちになってのことだが、児玉誉士夫は、当時の近衛についてつぎのように語っている。いささか事実と異なる点もあり、まことに自分の都合のよいように言い換えている部分もあるが、そこに一片の真実がないわけではなかった。

「もし近衛がほんとうに対米戦を避ける意志があったなら、……自己の目的達成に民間の協力を求められたはずである。……近衛氏ほど右翼勢力と関係の多かった人は少ないが、しかし、対米問題について近衛首相が民間側に協力を求めた事実は全然なかったのである」[23]

話を昭和十二年末の中溝多摩吉が近衛を脅迫した酒席に戻す。そこで、近衛は和平交渉の打ち切りを迫る秋山定輔と中溝多摩吉に向かって、おそらく政府声明をだそうと答えたのであろう。ひとつ草稿をつくってはくれまいかと、依頼まですることになった。これを聞いて中溝が畳に手をつき、自分の無礼を詫び、このさき国のため、近衛公のために粉骨砕身の覚悟であると述べた。私は近衛親衛隊長となって闘うと約し、秋山らがこれまた協力を誓った。いってみれば、すべてのことが筋書きどおりに運ばれ、芝居の幕はおりたのである。

ここまでは想像できる。だが、関係者たちの記憶が正確ではなく、真実を語っていない者がいるために、「爾後国民政府ヲ対手トセズ」の近衛声明が、ふたつの草案のうちのいずれであったのか、どちらをもとにして、どのように修改したのかは、霧に包まれたままとなっている。

ところでこの一月一日、もちろん、昭和二十年の元旦のことだが、近衛は七年前のその出来事を忘れてしまっているのであろうか。近衛は秋山定輔と絶交していた。なにか仲たがいのようなことがあって、かれを遠ざけていたのである。秋山は阪急宝塚の紅葉谷へ疎開していた。それより前、平沼騏一郎や秋田清が秋山に対する近衛の勘気を解こうとして二人のあいだを往き来したが、近衛はまったく取りあおうとはしなかった。かれは木舎《きや》幾三郎に向かって、「名をかたられてはたまりませんから」(24)と言葉少なに語ったのみであった。声明文の発表からこの昭和二十年の現在までのあいだに、秋山が近衛の名を騙《かた》るようなまねをしたということだろう。どんなことだったのだろうか。

木舎は四十八歳だった。以前には政界雑誌を発行し、それより前には時事新報の記者だった。だぶだぶのフロックコートを着込み、やがては紋付羽織袴に変え、毎日、議会の議員控え室に顔をだし、政友会や民政党の長老の邸を訪ね、野心的な新進政治家のあいだをこまめに走り回った。

この十年、木舎が仕えてきたのは近衛だった。近衛の側近に収まったかれを妬んで、他の政界雑誌が「今様曾呂利新左衛門」と呼んだのは昭和十五年のことだった。その年、近衛が首相になる直前、近衛新党を結成しようとする動きが最高潮に達したときには、新党創設のために活動していた風見章や有馬頼寧《よりやす》は、近衛との直接の接触を避けるようにしていたから、木舎が連絡役となり、一カ月以上、毎晩、近衛邸へ報告に通ったこともあったのである。

近衛は木舎に向かって、秋山についてはさきのように語っただけであった。絶交するほどに腹の立つ秋山の悪事を、なぜ明らかにしなかったのであろうか。近衛はけっして口は堅くなかった。それどころか、かれを信頼し、かれの胸ひとつに収めてもらえるものと思って率直に語った秘密の話を、近衛はそっくりそのまま当の相手方に喋ってしまい、話し手を手痛く裏切ったことが再三あった。

近衛は木舎に説明できなかったのではないのか。かれが秋山と絶交したのは、七年前のお茶屋での取り引きが秋山の口から洩れていると知ったからだと推量するのは、間違っているだろうか。近衛を脅迫した中溝多摩吉は昭和十五年一月に没していた。同年九月には麻生久が死んだ。さらに秋田清が昨十九年の十二月に鬼籍に入ったあと、ただひとりの生き証人が秋山だった。

このあと述べる機会もあろうが、近衛はいま、かつて抱いた希望と構想をきれいに捨ててしまっていた。かれはこの十数年の歴史を解明して、恐るべき陰謀の組織と計画があり、その実行が進められてきたのだと説いていた。中国における戦争を拡大したのは、陸軍陣営内に潜む右翼的な装いをこらした共産主義者とその同調者だという話であり、かれらは戦争をおこなうことによって、日本の赤化を進めてきているのだといった論旨だった。

政府首脳と宮廷高官がこの陰謀の存在に気づき、早急に対応策をとれば、たとい敗戦を迎えることになっても、日本の国家体制の破壊を防ぐことができるとかれは考えてきた。

だが、秋山定輔が洩らした話が人びとのあいだにひろまれば、これまたのちに説明を要するが、近衛の説得も、引証も、引用も、たちまち影が薄くなるはずであった。かれは自分がやったことを忘れてはいなかったのではなかったか。

第2章

東条の苦悩（一月一日）

東条邸建設にまつわるスキャンダル

東条英機はこの正月を玉川用賀の自宅で迎えた。玉川線の用賀駅から南へ歩いていくと、右手に松林の小高い丘があった。人びとは亀甲山《かめのこやま》と呼んでいた。東条の邸はその松林を背にしてあった。家は二年前に建てられたばかりだった。新築するには建坪三十坪までの制限があったから、十畳一間、六畳二間、応接間、それにあとから納戸を建て増ししただけの小さな家だった。家の周りの庭木もひょろひょろと幹が細く、たいして金をかけたものでもないことは明瞭だった。

ところが、東条の首相時代、そこここに畑があり、空地がある新開地に建てられたなんの変哲もないその小さな家が、高級官吏や政治家たちのあいだで、あれこれささやかれるスキャンダルめいた話の種となった。ベルリンの日本大使館でその家のことが話題になり、南京の支那派遣軍司令部で司令官の畑俊六がその家の話に耳を傾けることになった。

そうした話のひとつに、国会議員の中野正剛が昭和十八年十月に自殺したのも、もとはといえば、東条のその家に原因があるのだというものがあった。

中野正剛はきわめて闘争的な政治家で、政界ではひとり孤立していた。それでいて、かれは根っからのショーマンであった。大衆の心をとらえる弁舌の才をもち、議会内でも指折りの煽動家でもあった。権力を握る以前のムッソリーニのファシスト党をまねた東方会をかれは率い、三国同盟を締結せよと叫び、アメリカと戦うべしと説いた。かれは最初は東条内閣を支持したが、昭和十七年四月の総選挙に際して、政府に袖にされてからはその敵に回った。

かれは東方会を圧迫する政府と対決して、父祖伝来の家業を捨てざるをえなくなった人、手慣れた長年の仕事を失った人たちの代弁者になりすまし、政府の統制経済と官僚政治を攻撃した。

かれが取りあげたとおり、中小商工業者の整理統合は、多くの悲話や哀話を生みだしていた。政府が注目したのは、昭和十七年四月の総選挙における無効投票だった。司法省刑事局は無効票となった投票用紙への書き込みを仔細に調べた。商工相岸信介に対する呪咀を書いたものがいちばん多かった。

もともと無効票はごくごくわずかだったし、そのなかで岸に対する非難がいちばん多いといったところで、その数はたかがしれていた。それでも「岸様おかげでるんぺん」「岸を倒せ」「岸を屠《ほふ》れ」の言葉は[1]、家業を失った者、店を閉じざるをえなくなった者の不平不満がどれだけ大きいかをうかがわせるものだった。

その年の十二月、中野は日比谷公会堂で演説して、転廃業させられた中小商工業者の窮状を取りあげた。かれは、中小商工業者に犠牲を求めた岸信介が、「営利主義はユダヤ主義だ」と説いた言葉を引用して、このようなときに宰相たる者が家を新築するのはなにごとかと批判した。煽動政治家の面目躍如たる演説だった。東条が怒った。中野は倒閣しようとして動きだした。その結果、中野は自殺に追い込まれたのだった。

こうして東条の邸はいつか銅《あかがね》御殿といわれることになった。三千坪の広さの邸なのだと、まことしやかにささやかれもした。

また、その邸は三菱重工業のボスの郷古《ごうこ》潔から贈られたのだという噂もあった。そんな噂がひろまれば、こんどはべつの話もでてきた。「三菱から贈られたというのは悪質なデマだ。三井が喋って回っているのだ。阿片商売を摘発されての逆恨みだ」というものである。

三井の逆恨みとはつぎのような話だった。昭和十八年九月、三井物産の太原《たいげん》出張所長が山西省に駐屯する第一軍に逮捕され、禁固十年の刑を受け、三井物産の山西省における商売が中止を命じられるという事件が起きた。

しかし、この事件は阿片とはなんのかかわりもなかった。経済統制に違反しただけの小さな事件だった。普通なら摘発されることはないはずだった。曰くありげではあった。第一軍参謀長と太原出張所長の、ひとりの女性をめぐっての恋の鞘当てが原因なのだという噂も流れた。月並みだが、いかにもありそうな話だった。

その事件が起きて、三井総元方議長の三井高公が陳謝文を発表し、向井忠晴以下、三井物産の重役が総辞職した。小さな事件にしてはずいぶんと大袈裟な対応だった。三井のこんな対応にはじつはわけがあった。三井の一族は過重な相続税の負担に耐えかね、三井合名と三井物産の全機構を変えようとしていた。三菱と住友は全面改組をおこなったが、三井では、上層部内で抗争がつづき、これまでそれができない状態にあった。三井はこの事件を理由に物産重役の総辞職をおこない、三井本社の新機構の設立に道を開くチャンスとしたのである。

だからといって、三井が山西事件に感謝するはずはなかった。三井の幹部は陸軍に恨みを抱いていた。そこで三井から金をもらっている連中が、東条と三菱の結託といった嘘っぱちの話をつくりあげ、それをもって回ったのだというのは、これまた、いかにもありそうな話であった。

こうして中野正剛の演説、そして三井の側のだれかがつくった話が、東条の銅御殿のつくり話を生みだし、時価数十万円の邸といった噂をつくりあげることになった。だが、噂話の出どころはそれだけではなかった。これだけひろく語られたところをみると、おそらくある政治的な意図をもち、東条の家の噂をひろめようとする人たちがいたのであろう。内大臣木戸幸一をはじめとする、宮廷内における首相東条への信頼を傷つけようとの策謀だった。これら一連の噂話は、近衛勢力のだれかれがやった中傷のキャンペーンだったことは間違いない。

こうして多くの人びとの話題になっている東条の家であったから、はじめてここを訪ねる人は、近くにある佐賀の鍋島一族の鍋島直庸の邸の門前に車を乗りつけてしまうことが多かった。間違いに気づいてようやく東条邸の前に立った訪問客は、その地味なたたずまいになにかはぐらかされたような気持ちになった。

その家を訪ねた南京政府幹部の周仏海は、「副官あたりが住むようなお粗末な家ではないか。あんな家を建てたからといって、わいわい騒ぐ日本人の気がしれない」と笑った。庭の広いのがせめてもの取り柄だと思った人は、裏の松林が東条家のものではないことを知らなかったのだった。

東条は首相在任中に、この家で日曜日を過したことはあったが、正月を過ごすのは、今年がはじめてだった。陸相、つづいて首相であった時期、一家は永田町一丁目の陸相官邸に住んでいた。妻の勝子は、この家へ移ってきた日が陸相官邸に入った日と同じなのに気づいて、不思議な感慨に打たれた。夫が首相を解任されて以来、ずっとつづいていた胸のなかの重い鉛がいつかなくなったように思った。これまで、誠心誠意努力をつづけてきた夫を裏切った人びとに対して、彼女は憎しみに近い感情を抱いてきたが、それが薄れたように感じた。彼女は夫に二つの日付けの暗合を語り、佐藤賢了、星野直樹、四方《しかた》諒二といった夫の部下たちにも同じ話を繰り返した。

「四年前の七月二十二日、陸軍大臣官邸へ行ってまるまる四年、同じ日に戻ってくる、因縁というのはなんと不思議なものでございましょう⑵」

東条は妻に教えられるまでもなく、そのことを承知していた。陸相に任命されたとき、航空総監だったかれは満洲に出張していた。帰京命令がでた。天候が悪く、平壌で一泊した。翌日、一面に白波が立つ朝鮮海峡を二度飛び、二度、大邱《たいきゅう》に引き返した。三度目にやっと玄界灘を渡った。それが昭和十五年七月十八日のことだった。

首相近衛が外相松岡を放逐し、第三次近衛内閣を発足させたのが、その翌年の同じ七月十八日だった。それから三年のちのまたも同じ日に、東条内閣は瓦解したのだった。

それから半年あとのこの正月は、東条にとってこれまでついぞ経験したことのないのんびりした正月であった。この戦争下の一般家庭と同様、正月らしい雰囲気がないのはかれの家もまた同じだった。それでもかつての協力者や部下たちが年賀に来て、多少の賑わいをみせた。来客たちはいずれも小磯内閣が無為無策でとてもだめだという嘆きを口々に語った。東条に向かって、再出馬をうながす者もいた。しかし、そんなことを語る人たちにしても、東条が首相に復帰したところで、それこそ「狂濤を既倒にめぐらす」ことができないことを承知していた。東条がはたしてもういちど政治舞台に立つことがあるだろうか、あるとしたら、それはどういうときなのであろうかとかれらは考えた。

おおかたの人びとにとっては、東条はすでに過去の人だった。だれもが東条のことを忘れてしまっていた。日本軍がまたたくまに東南アジア全域を席捲し、ドイツ軍がコーカサスと北アフリカを進撃していた勝ち誇った輝かしい日々は、いまは遠い記憶にしかなかった。

昭和十六年十二月八日の朝早く、内閣閣員たちは電話でたたき起こされた。外は深い霧だったが、ぼんやりと明るかった。満月から三日あと、西の空には下弦の月が隠れていた。首相官邸に車をとばす閣僚たちは、だれもが胸を締めつけられる思いだった。書記官長星野直樹は、踏みだす足が奈落に落ちていくかのような錯覚にとらわれていた。商工相岸信介が、緊張した蒼白な面持ちで首相官邸の玄関に入った。前夜は、床に入りはしたものの、一睡もできなかったのである。それは岸ばかりでなく、ほかの閣僚も同じだった。海相の嶋田繁太郎は朝六時に海軍省で戦況の報告を受け、その足で首相官邸へ来た。農相井野碩哉《ひろや》は官邸の廊下で嶋田といっしょになった。嶋田の口から、ハワイ奇襲が成功したよと聞かされたとき、井野の両眼に涙が玉を結んだ(3)。

閣議は午前七時にはじまった。嶋田が真珠湾攻撃の模様を静かな声で語った。閣僚たちは万歳を叫んだ。だれもが隣に坐る人の肩をたたき、手をさしのべた。

そして、開戦三日目、英国東洋艦隊の新鋭戦艦を撃沈したというニュースが東京日日新聞社に入った。居あわせた記者たちは躍りあがり、総立ちになり、叫び、笑い、しばらくのあいだはだれひとり椅子に坐る者がいなかった。開戦八日目には、貴族院本会議、つづいて衆議院本会議が開かれた。壇上へ進む海相嶋田に向かって、すべての議員が一斉に立ちあがった。そして長身、提督然とした風貌の嶋田が議員たちに顔を向けたとき、歓声と拍手は高い天井に反響して、大きく砕け散る大波の叫びとなった。ついに行動が開始された、われわれは我慢に我慢を重ねてきたが、ついに刀を抜いたのだとだれもが思った。

開戦十日目には、日比谷公会堂で徳富蘇峰が演説した。入場できない人びとは第二会場の日比谷音楽堂へ向かった。「今度の戦さは、先方から押売りされたもの、いかに嫌いでも、これでは起たざるをえない。かねて米国が横車を押すことは百も承知していたが、あまりにその押し方がひどすぎるのに驚いた」と蘇峰の力強い声が会場に響いた。「然るに皇軍一度起つや、われわれがつねに信頼していた以上に強いのに驚いた。私はなんだか、米国政府に対して、ざまを見ろと言ってやりたい」とつづける言葉にすべての人が手をたたき、演説する者と聞き手は完全にひとつになった。

翌昭和十七年二月十六日にシンガポール陥落のしらせが入った。ホテル・カイザーホーフにある朝日新聞のベルリン支局に電話がかかってきた。「茂木君……」と低いしわがれた声で呼びかけの声がしたまま、沈黙がつづいた。ベルリン郊外に住んでいる笠信《りゅう》太郎だった。言葉がでる前に涙で喉を詰まらせているのが茂木政にはわかった。かれも無言だった。やがて受話器をおろす音が聞こえた(4)。

東京では雪どけの朝だった。だれもが人に会えば、自然とおめでとうの挨拶がでて、天地のあいだが目をぱちぱちするほど明るい感じ、いま生きていることはなんとすばらしいことかと人びとは思ったのだった。

いまになってみればこうしたすべてのことは、はるかな遠い日の出来事のように思えた。人びとはいまでは自分たちが奈落の底に落ち込むのではないかとの恐れを抱いていた。そんなとき、自分たちのかつての歓喜や興奮を思いだしたくはなかった。あるいは、忘れてしまっていたといったほうが正確かもしれない。そして人びとは、赤色のオープンカーに乗っていた首相、かれの特徴ある節回しの大演説、胸間を勲章で埋め、胸をいくらか反らし気味にしたかれの映像を、自分たちの記憶から振るい落とそうとし、事実、忘れてしまっていた。

そして七カ月前に東条を政権の座からひきずり降ろした人びとも、ときがたつにつれ、いつかかれに対する警戒心を解き、いまはかれのことを気にかけるものもいなくなっていた。だが、東条内閣崩壊の直後は、そうではなかった。かれらはいずれも東条への警戒心でピリピリしていた。

小磯が後継首相に決まったと聞くや、いつもながら抜け目なく立ちまわる鈴木貞一が、さっそく近衛の邸を訪ねた。開戦時に企画院総裁だったかれは、そのとき貴族院議員だった。東条を東京に置いておくことは禍根を残すことになると鈴木は説き、首相の座をおりた東条をマニラにいる寺内寿一《ひさいち》と入れ替えに外地に送り出してしまえばよかったのだと語った。

東条を現役として残さず、一挙に予備役に追い込んでしまい、まずはよかったと思っていた近衛は、これを聞いて、不安になった。

ほかの重臣たちもそれぞれの立場から心配した。東条が退いて一週間あと、翼賛壮年団の支部長会議で軍務局長の佐藤賢了が大声を張りあげた。倒閣を画策した重臣や政界上層部の人びとを激しく非難したのである。佐藤は陸軍大学校の学生のときから東条に目をかけられた東条直系の一員だった。かれの演説は口から口へと伝えられた。佐藤が今度の内閣は二カ月以内に倒壊すると広言したという内容であり、その背後では東条が糸をひいているのだという話が人びとのあいだでささやかれた。

陸軍次官の富永恭次が、近衛と岸信介一派を弾圧するといきまいているという噂も流れた。さらに東京憲兵隊長の四方諒二が、「いまに岡田啓介と岸信介を殺してやるからみておれ」と酒に酔った勢いで口をすべらせたという話も伝わっていた。

四方は、東条が関東軍憲兵司令官だったときにかれのもとで高級副官をやったことがあり、事情通ならだれもが知る東条の腹心のひとりだった。中野正剛も自刃に追い込んだのは四方の仕業だという噂は人びとのあいだで語り伝えられていたし、近衛や岡田啓介の邸の出入りを監視し、外出すればあとをつけてくるのが四方の部下たちであることを、近衛や岡田は承知していた。

だが、東条自身は岡田や近衛を脅かすような発言をすることはなかったし、巻き返しを匂わすようなことを語ることもなかった。次官の富永恭次も、現実には巻返し工作といった類のことはなにもしなかった。八月にかれは第四航空軍司令官となってフィリピンへ旅立っていった。

東条についての新しい話、古い物語もしだいに消えてしまった。十一月には、東京憲兵隊長の四方諒二が上海憲兵隊長に転任となった。十二月には、軍務局長の佐藤賢了が支那派遣軍参謀副長となって南京に赴任していった。

もはや東条を恐れる人はいなかった。情報に通じた人びとが語るのは、近衛の噂であり、宇垣一成の動静だった。そうでなければ、山形の鶴岡に引退している石原莞爾《かんじ》の噂、伊豆長岡にいる松岡洋右《ようすけ》の話となった。とはいっても、東条の存在が完全に忘れ去られたわけではない。かれがいまなにをしているのか、なにを考えているのかといった話は、相変わらず人びとの関心を集めていることも事実だった。

東条と近衛、列車内の邂逅

二カ月たらず前、東条と近衛が旅の道連れになったことがあった。名古屋の大学病院で没した汪兆銘の柩を各務ヶ原飛行場に見送っての帰りであり、十一月十二日のことだった。敵B29の偵察飛行がはじまったばかりのときだった。

東京に戻る首相小磯国昭、外相重光葵、蔵相石渡《いしわた》荘太郎、南京政府の大使、元首相たちのために一等寝台車が増結された。四人用の個室に東条の相客となったのが近衛だった。

東条と近衛の二人が余人を交えずに顔を合わせたのは、昭和十六年十月十四日、首相官邸で話し合って以来のことであった。三年前のその日のことを近衛は忘れなかったし、東条もはっきり記憶しているはずであった。

その日は決定的に重大な日だった。対米開戦の危機を外交によって解決するか、それとも開戦を決意するのか、最終的に決断しなければならないのがその日だった。その決断の最終期限の日を定めたのはほかならぬ近衛内閣だった。その日が近づいて、その取り決めは内々のものだったのだと近衛は無責任な泣き言をこぼし、外相の豊田貞次郎は軽率な取り決めだったと嘆息したのだが、決めたことは決めたことであり、その決定には従わざるをえなかった。

九月六日の御前会議で、「外交交渉ニ依リ十月上旬頃ニ至ルモ尚我要求ヲ貫徹シ得ル目途ナキ場合ニ於テハ、直チニ対米（英蘭）開戦ヲ決意ス」と定めた。この「十月上旬頃」とは正確には何日なのかをしばらくして統帥部は政府に伝えてきた。九月二十五日に参謀総長の杉山元と軍令部総長の永野修身が政府に向かい、「遅クモ十月十五日マデニ政戦ノ転機ヲ決スルモノトス」と申し入れたのである。

前に述べたし、のちにも触れることになろうが、近衛は日米首脳会談の開催に大きな期待を抱いていた。ルーズベルトと話し合い、すべての問題を一気に解決しようとかれは望んでいた。

アメリカ側ははじめ首脳会談に乗り気なところをみせた。だが、まもなくその態度を変えた。首脳会談を開く前に具体的な問題を解決したいと言いだしたのである。アメリカは中国からの撤兵の約束を迫り、三国同盟の事実上の解消を求めてきた。近衛はルーズベルトとの直接交渉で、それらの要求を入れるつもりだった。

かりに首脳会談が開かれたとして、はたして近衛は中国からの撤兵を約束できたであろうか。かれがアメリカ側にそれを約束したとして、国内でその重大な譲歩がすんなりと受け入れられたであろうか。この点についてはなんともいえない。はっきりいってわからなかったというしかないであろう。だが、前もって閣議に中国撤兵問題をもちだし、大本営・政府連絡会議にそれを提出したのでは、うまくいかないことははじめからはっきりしていた。陸軍側が簡単にうなずくはずはなかったからである。

だが、首脳会談開催の見込みが消えてしまえば、近衛はそうするよりしかたなかった。十月七日と十二日の二回、陸相の東条と近衛は話し合った。予想したとおり、話し合いは不調に終わった。十月十四日、近衛と東条が最後に会った日だが、近衛は東条に向かって最後の訴えをした。

「一昨日以来種々熟考し、昨日外相の意見も聞いたが、外交交渉で他の諸点は成功の見込みはあるが、中国からの撤兵問題は難点だ。名を捨てて実を取るという態度で、原則としては一応撤兵を認めることにしたい。……この際は一時屈して撤兵の形式を彼に与え、日米戦争の危機を救うべきである。又この機会に支那事変に結末をつけることは、国力の上から考えても、国民思想の上から考えても、必要だと考える」

東条は反駁した。

「撤兵は軍の士気の上から同意できない。この際米国に屈すれば、彼は益々高圧的となって、停止する所がないであろう。その様な状態での事変の解決は、真の意味の解決とはならない。二、三年で又戦争しなければならぬ⑤」

二人の主張は対立したままだった。そのあと開かれた閣議でも、東条は中国から撤兵しないと繰り返し、日米交渉の打ち切りを主張した。その日一日、政府の幹部たちは局面打開のために駈けずり回った。どうにもならなかった。近衛は総辞職を決意した。

その四、五日あと、東条と近衛はもういちど会った。もっともこれは儀礼的なものだった。近衛のあとを継いで首相となった東条は、荻窪の近衛の邸へ挨拶に赴いた。近衛は東条を激励し、日本刀を贈った。いずれにしてもこの二人の邂逅は首相官邸での話し合い以来であり、三年ぶりのことだった。

東京への車中で東条が語った話は、近衛が会う人ごとに喋ったから、たちまち人びとのあいだに語り伝えられることになった。

細川護貞が聞いたのは、東条が首相時代を回顧し、戦争を遂行するうえで南方の資源をそのまま使えると思ったのは誤りだった、と語ったという話だった。

情報局総裁緒方竹虎の秘書官中村正吾が聞いた話は、つぎのようなものであった。自分は二つの間違いをやった。そのひとつは、南方占領地区の資源を急速に戦力化しうると思ったこと、その二は、日本が負けるかもしれないと思い及ばなかったことだと東条が語ったというのである。

中村は日記に書いた。

「近衛が自分のコンパートメントに入ると、すでに東条は寝台で横になっていた。二人は挨拶を交わさなかった。やがて東条が本をとりだして読みはじめたので、近衛も所在ないままに本を手にした。しばらくして、話しかけるともなく、独語でもないというふうで、東条は大きな声で喋りだしたというのである(6)」

実際に東条が近衛に話したことはもうすこし詳しく、具体的な内容だった。木舎幾三郎がさらに詳細に近衛から聞いている。

東条と近衛はしばらく互いに口をきかなかったが、隣のコンパートメントから首相小磯の秘書官が果物を届けてきたことがきっかけで、東条が口を切った。

「私は参謀総長を兼任すれば、海軍の作戦までも知ることができると思っていたことが失敗でした。海軍のことはいかに参謀総長でも一切知らせてくれないので、どこでどういう作戦をやっているのやら、どういう損害を受けたのやら、皆目知ることができなかったのにはすっかり弱りました。これがそもそも失敗のもとだったと思います(7)」

おそらく東条は、岡田啓介らと策謀して自分を倒した張本人の近衛に向かって、みずからの失敗をあれこれ弁解するつもりはなかったにちがいない。そうは思っていても、やはり口にだしてしまえば、どうしても喋らずにはいられなかった。かれは、あらぬ非難を浴びせられ、倒閣に利用されることに終わった参謀総長兼任の問題を釈明することになり、海軍に対しての批判を繰り返すことになったのである。このとき東条が語った話には一面の真実があったし、また偽りもあった。そしてかれがわざと語ろうとしなかった部分もあった。

バルチック艦隊邀撃戦法の幻想

昭和十八年から振りかえってみよう。

その年の五月末、陸海軍双方の作戦担当者が軍令部総長の官邸に集まったことがあった。日比谷公園の脇にあるその官邸は貴族院議長の官邸を借用したものであり、軍令部の主要メンバーの宿舎となっていた。

昭和二十年の現在は、総長の及川古志郎、次長の小沢治三郎、作戦部長の富岡定俊、作戦課長の山本親雄《ちかお》と部員が寝泊まりしていた。

昭和十八年五月末のその日、陸軍側の幕僚たちはいずれも沈痛な表情だった。アッツ島の守備隊の戦いが終わりに近づいていた。敵軍がアッツに上陸してから二週間のあいだ、かれらは小田原評定に日を送るだけで、兵器資材も、増援部隊もアッツに輸送できなかった。すでに敵がその海域の制海権と制空権を握っていたからだった。アッツ守備隊を撤収することも不可能だった。

アッツの二千五百人の将兵は、すでに百五十人が残るだけとなっていた。守備隊長の山崎保代《やすよ》が訣別電報を寄せ、最後の総攻撃を決行することになるのは、おそらくこの一両日のうちと思われた。

二カ月前に終わったガダルカナルの戦いが、アッツの戦いと同じだった。ガダルカナルでは二万五千人の将兵を戦死させてしまった。それでも、やっとのことで一万人を救いだすことはできた。細い首に青ぶくれの顔をのせ、歩くのがやっとの痩せ衰えた将兵だった。

軍令部総長の官邸に来た陸軍の幕僚たちの意気があがらねば、海軍の幕僚たちも冗談ひとつでず、笑い声もなかった。かれらは一カ月あまり前に連合艦隊司令長官をブーゲンビル島で失い、さらにこのときアッツに反撃や救援のための艦隊を派遣できないでいた。

もともとアッツ島の占領を主張したのは海軍だった。アッツの陸軍の守備隊が肝心の陣地構築を後回しにして、まず滑走路と掩体壕をつくっていたのも、海軍の要求があったからだった。それが、飛行機一機も送りこむことができないまま、いま、その島の守備隊を見殺しにしなければならなくなっていた。

陸海双方の作戦担当者が顔を揃えたこの席で、どうあっても海軍の本心を聞こうと決意を固めていたのは参謀本部作戦班長の高瀬啓治だった。高瀬は三十八歳だった。対米戦のはじまる以前からかれは参謀本部にいた。かれは硬い表情で語りはじめ、ただちに最重要点に入った。

「……お尋ねしますが、ミッドウェー海戦以来の帝国海軍に、はたしてニューギニア、ソロモン、ギルバート、マーシャル、ウエーク、西部アリューシャンを外郭防衛線として、真面目なる決戦を指導するだけの実力があるのでしょうか。失礼ながら、こちらの実力に比して、土俵が大きすぎるのではありませんか(8)」

緊迫した空気が流れた。藤井茂が立った。連合艦隊司令部の政務参謀だった。藤井は松岡洋右に目をかけられ、「海軍は藤井だ」と指名されて、昭和十六年春の訪欧使節団の随員に選ばれたことがあった。三国同盟の締結を求める急先鋒だったし、活発な主戦派の一員でもあった。海軍の若手を代表する活動家だったかれも、昭和十八年には四十三歳になっていた。

かれは土俵はけっして大きすぎないと説いた。「局地を守るものは千早城戦法でいき、洋上戦力はバルチック艦隊邀撃戦法でいけば充分自信があります」と言った。

藤井が語った話は、連合艦隊の公式主張であり、同じ五月の上旬に新長官の古賀峯一が内南洋防備会議で述べたことと同じだった。三日間、最悪でも一週間がんばってくれればわれわれが駈けつける、と古賀は約束したのだった(9)。

藤井茂や古賀峯一だけではなかった。大本営・政府連絡会議で軍令部総長の永野修身が語った言葉を、そのとき内閣書記官長だった星野直樹ははっきり記憶していた。

「敵がマーシャル群島にきてくれれば、それこそしめたものであります。あそここそ、海のタンネンベルクであります。けっして心配はありません(10)」

タンネンベルクは東プロイセンにある。第一次大戦が勃発した一九一四年にドイツ軍は侵攻してくるロシア軍をそこで包囲、殲滅した。ドイツは第一次大戦に敗れはしたものの、戦争がつづく四年間にわたってロシア軍の脅威から免れることができた。それは、緒戦のこの輝かしい勝利のおかげだった。

こうして多くの人がタンネンベルクの地名を記憶していたのだが、陸軍の軍人にはとりわけ親しい地名だった。武官補佐官としてヨーロッパに派遣された若手軍人は、きまってその戦場跡を訪れたものだった。

有末精三もその地を訪れたひとりだった。森林と湖沼がひろがる旧戦場を歩いて回り、司令部の宿舎だった小さなホテルに泊まり、自決したロシアの敗将の墓に手を合わせたのだった。

のちに有末は新宿新田裏に住む陸軍大将の阿部信行の邸を訪れたことがあった。かれは応接間に掲げてある油絵を見て、心が躍った。それは三人のドイツ軍人が作戦を検討している絵だった。まさしくタンネンベルクの戦場だった。この三人の軍人が司令官ヒンデンブルグ、参謀長ルーデンドルフ、高級参謀ホフマンであることは、有末には一目でわかった。かれだけではなかった。ヒンデンブルグの帽子のかぶり方をまねる者、ルーデンドルフのマントの着方をまねる者、かれらを尊敬する者は、陸軍軍人のなかに数多くいた。阿部もそうしたひとりだった。かれがドイツに留学し、つづいて武官補佐官としてウィーンに勤務したのは、第一次大戦がはじまる直前のことだった。

陸軍軍人がルーデンドルフに敬意を払い、タンネンベルクの絵を部屋に飾るのも、かれらがその戦いを理想の戦いと考えていたからだった。しかし、実際にはタンネンベルクの戦いは第一次大戦のなかでは、例外的な戦いだったのである。第一次大戦の戦訓は、ナポレオン以来、百年にわたって軍人が抱きつづけてきた殲滅戦略がついに役に立たないことを明らかにしたことであった。戦いは消耗戦ではじまり、消耗戦で終わったのである。ほんとうは、これこそ特急組の陸軍将校が学ばねばならない第一次大戦の戦訓のはずだった。戦争はもはや消耗戦の時代に入っていたのである。

ところが、陸軍は、日本の国力ではそうした戦いはできないと、消耗戦を恐れていた。相も変わらず速戦即決と包囲殲滅が陸軍の戦略の二大原則となっていた。こういうわけで、タンネンベルクの戦いは、指揮官と参謀将校たるものが学ばねばならない理想の戦いとなっていたのである。

そして、これは海軍の場合も同じだった。海軍が信じてきた艦隊決戦の思想も、速戦即決と包囲殲滅を説く殲滅戦略と基本的にはまったく同じものだった。永野修身が「海のタンネンベルク」と言ったのも、けっして偶然ではなかった。四十年にわたってかれが信じ、説いてきたことなのである。

では、どうやってタンネンベルクの戦いをマーシャル群島の水域で再現するのか。第三艦隊と第一航空艦隊によって、敵侵攻部隊を粉砕するのだと藤井茂は参謀本部員に説明した。

第三艦隊はミッドウェー作戦の失敗のあとに新たに編成された艦隊であり、空母を主体としてつくられた航空主兵の艦隊である。瑞鶴《ずいかく》、翔鶴《しょうかく》をはじめとする六隻の空母を主要戦闘力とし、それら空母は第一航空戦隊と第二航空戦隊の二つに分けられていた。新たに完成する空母も、どちらかの戦隊に編入する予定だった。

第三艦隊が海上に浮かんだ航空部隊であるのに対し、もうひとつの第一航空艦隊は基地航空部隊だった。軍令部作戦課員だった源田実の構想にもとづいて、それはつくられた。敵艦隊が基地航空部隊の威力圏に侵入してきたとき、各陸上基地に置いた航空隊を迅速に集中して、敵艦隊を邀撃することを意図していた。

この第三艦隊と第一航空艦隊が敵艦隊を迎え撃つ決戦場となるのが、トラック島の東方にひろがるマーシャル群島の水域だった。そこは昨日今日に決まった決戦場ではなかった。戦争がはじまるずっと前から、アメリカ艦隊を邀撃する予想海面だった。

ところが、いよいよアメリカとの戦いを準備する段になって、連合艦隊司令長官の山本五十六はその邀撃作戦を採らなかった。ハワイ攻撃を計画し、それを敢行した。つづいてはミッドウェーを攻撃した。だが、その戦いはハワイでは成功したものの、ミッドウェーでは惨敗に終わった。飛龍、蒼龍、赤城、加賀といった四隻の空母と精鋭の航空機搭乗員を失って、攻撃行動はそれで終わりとなった。連合艦隊は邀撃作戦に戻らざるをえなくなった。

その伝統的な戦略方策のための作戦発起点となるのがトラック島だった。トラックを安全なものにするためには、トラックの真南一千三百キロのところにあるラバウルを確保しなければならなかった。そしてラバウルの航空施設と兵站基地を維持するためには、その南のブーゲンビル、ニューギニア東部を外郭防衛線としなければならなかった。

もし中部ソロモンの島を放棄すれば、ラバウルが敵の航空威力圏に入る。ラバウルを失うことになれば、トラックの大泊地に碇泊する空母と戦艦は危険となる。引きさがるとなれば、はるか後方にさがらねばならない。そうなれば、第三艦隊はパラオまで撤退しなければならなかった。

そしてパラオまで後退すれば、日本本土の横腹が敵の水陸両用攻撃に曝されることになり、ボーキサイト、鉄鉱石、石油を運ぶ生命線が脅かされることにもなる。戦線の収縮はできない。後退はできないのだと海軍側は説いた。現在の防衛線を維持することが最善の行動方針であり、これが、土俵はけっして大きすぎないと説く海軍側の論理であった。

たしかに理屈はそのとおりだった。そこで肝心なことは、第三艦隊と第一航空艦隊が「バルチック艦隊」を邀撃し、殲滅するだけの力をもっているかどうかということだった。高瀬啓治をはじめ、陸軍側の幕僚たちはそれを疑っていたが、「この邀撃地帯に敵空母が入って急襲をかけるときは、帰りは一隻も逃さない」と藤井茂が断言するのを聞いては、それ以上の質問はできなかった。

しかし、その戦力が問題だった。実際には第三艦隊は「バルチック艦隊」と戦う以前に消耗しつづけていた。連合艦隊司令部はこのすこし前に第三艦隊第二航空戦隊、いわゆる二航戦の空母機二百機をラバウルの陸上基地に進出させた。昭和十八年四月はじめのことだった。そのとき一航戦は内地で再建中だった。二航戦はガダルカナルと東部ニューギニアのポートモレスビーの敵空軍基地を叩き潰しにかかった。戦果はあがったが、二航戦の空母機も大きな損害をだして、引き揚げることになった。山本五十六が戦死したのはその作戦中のことだった。

第三艦隊はともかくとして、問題は第一航空艦隊、いわゆる一航艦のほうだった。藤井茂が大見得をきったときに、一航艦はまだ正式には発足していなかった。母艦航空部隊だった初代の一航艦はハワイを襲い、ラバウル、ポートダーウィン、さらにコロンボを叩き、最後にミッドウェー海戦で致命的な打撃を受けて、その後解隊していた。二代目の一航艦は前に触れたとおり、基地航空部隊だった。それが発足するのは、もうすこしさき、昭和十八年七月一日のことだった。

だが発足とはいっても、横須賀海軍航空隊に将旗を掲げるだけのことであった。紫電、彗星、銀河の新鋭機を揃え、搭乗員を錬成するためには、最低一カ年の歳月が必要だった。九個航空隊、五百数十機の航空戦隊を三組つくり、総計一千六百機の航空艦隊が完成するのは、昭和十九年八月の予定だった。

そしてそのときには、マーシャル群島に十箇所の航空基地をつくり、六十機ずつを配置し、六百機を揃えたいというのが軍令部作戦課長山本親雄の計画だった。しかし、敵はそのときまで待ってくれるであろうかというのがだれもが抱く不安だった。はたして空間を時間と交換できるのだろうか。

航空機の生産はまどろっこしい限りだった。昭和十八年三月の海軍の航空機生産は、練習機を除いて四百機、七月が五百機だった。戦闘機はそのうちの半分で、三月が二百機、七月が二百五十機にすぎなかった。

つけ加えるなら、それぞれの月産機数が昭和十八年五月の二倍になったのは昭和十九年の十月、十一月だった。このときは月に一千機を生産し、戦闘機はその半分の五百機を占めた。そのときがピークだった。

月に四百機から五百機の生産では、空母飛行機隊と既存の基地航空隊を補充するので手いっぱいだった。一年と見こんだ一航艦の編成の期間を十カ月、八カ月に縮めることはどだい不可能だった。

敵軍はソロモン群島をじりじりと北上し、東部ニューギニアにもとりついた。戦いは味方の兵站線を確保し、敵の兵站線を分断することにあった。

制海権を維持するためには、制空権を手中にしなければならなかった。勝敗の決定的な要因は航空機の多寡だった。練達の戦闘機乗りと有能な指揮官をつぎつぎと戦死させ、連合艦隊司令長官までを失って、戦いはいまや苛烈な消耗戦となっていた。

それでも、この戦線の崩潰を防ぐために、補充のつかない搭乗員となけなしの航空機を投入しつづけねばならなかった。そこでこんな状態のなかで、新たに一千六百機の基地航空部隊を建設することは不可能に近いというのが実状であった。

陸海航空統合の計画

古賀峯一や藤井茂は大言壮語をしたものの、袖の下になんの仕掛けも隠していなかった。ただひとつ解決方法があった。八月末、昭和十八年のことだが、軍令部の佐薙毅《さなぎさだむ》が陸海軍の航空兵力を統合する案をつくった。そのとき四十二歳の佐薙は航空出身であり、作戦課の首席部員だった。

まず海軍と陸軍の航空機の生産を統一する。航空関係人員の教育機関を統合する。そして海陸軍の航空部隊の作戦指揮を統一する。第二段階として、軍事体制を改変し、海陸軍の航空兵力の合一を図るといった構想だった。

それは空軍を独立させる計画なのか。そうではなかった。「海陸航空兵力ノ合一　及ビコレト海軍トノ統合ヲ行ウ」がこの計画の核心だった。

霞ヶ関、つまり海軍省と軍令部のすべての部局員が佐薙の構想に賛成した。それ以外にないとうなずいた。アルミニウムの半分を陸軍に分け、陸軍機をつくり、陸軍航空を置いておく余裕などいまはないのだとだれもが思った。

それというのも、かれらは陸軍航空を役立たずと軽蔑していたからである。かれらのだれもが知り、何度か喋ったことのある話があった。昭和十三年のことだった。次官会議が開かれて、そのとき陸軍次官だった東条英機が陸軍新鋭機の自慢をはじめた。かれは陸軍航空本部長を兼任していた。坐っているひとりに海軍次官の山本五十六がいた。かれはかれで海軍航空本部長を兼ねていた。

じつは陸海双方の航空本部が民営の航空機工場を自分の管理工場にしようとして取り合い、最大の大物、中島飛行機の発動機工場、武蔵野製作所を陸軍が自分だけで押さえようとし、海軍がそうはさせじと喧嘩の真っ最中というときだった。

だからこそ陸海両陣営のそれぞれが航空本部長に闘争心旺盛なニュースを先頭に押し立て、一歩も引かぬ構えでいたのだが、海軍の士官たちがおもしろがったのは、東条が語り終えて、山本が放った言葉だった。「ほほう、えらいね、君のとこの飛行機も飛んだか。それは偉いね」

たしかにそれから五年ののちも陸軍航空の劣勢は変わりなかった。海軍の幹部は、魚雷攻撃はいわずもがな、爆撃、航法、通信、いずれをとっても海軍機の搭乗員のほうが優れていると思っていた。事実、陸軍機は洋上を飛ぶことができなかったのである。

そして太平洋正面でアメリカ軍の反攻を阻止しているのは海軍航空だった。陸軍航空を海軍航空に合併するのは当然のことだと海軍軍人は思っていた。全航空機工場で海軍機をつくらねばならないとかれらは考えた。

だからといって、佐薙の計画をただちに実行に移すことは不可能だった。陸軍が容易にうなずくはずがなかった。資材均分主義を打破し、外濠を埋めることから取りかからねばならなかった。海軍がアルミニウムを多く取り、二対一の配分にする。つぎに陸軍航空隊を合併する。霞ヶ関の部局員はこんな具合に考えた。

だが、二対一の配分の要求を陸軍に突きつけるとなれば、それは昭和十九年度のアルミニウムの分配を決めるときを待たねばならなかった。その交渉がはじまるのは十八年末から十九年のはじめにかけてだった。これまた悠長な話だった。もっとも、お任せあれと勇ましいことを喋りたてていた手前、すぐにそれを切りだすのもはばかられた。それに危機に直面してからでなければ、陸軍を説得することはできないだろうという考えもあった。

ハワイには昭和十八年六月はじめに、新空母エセックスが到着した。二万七千トン、三十二ノット、九十機を搭載する大型空母だった。つづいて就役したばかりのエセックス級の空母、アイオワ級の戦艦がつぎつぎと真珠湾に入港してきた。八月はじめには第五艦隊が編成され、機動部隊司令官、上陸作戦海軍作戦部隊司令官らがつぎつぎと決まった。空母機の訓練や海兵隊の上陸演習はつづき、参謀たちはマーシャル群島侵攻の検討を重ね、作戦計画をたてるようになった。

ところで、海軍が陸軍航空の吸収合併を意図していたとき、陸軍はなにを考えていたのか。航空戦力を一体化しようといった考えをもってはいなかったが、航空機の生産を一元化し、機種を統一しなければならないとはかれらもまた考えていた。

航空機生産の実状を知っている者なら、だれもが呆れ、嘆いていたのが、その生産をめぐっての陸海軍の激しい争いだった。総力を結集して航空機を増産しなければならぬと叫びたてながら、その本家本元の陸海軍が互いに背を向け、まったくの秘密主義のなかで航空機を生産していた。

もちろん、そういってしまっては正確ではなく、陸海軍が直轄の航空工廠でつくる飛行機の数は全体の一、二パーセントにすぎず、ほとんどすべての飛行機は三菱重工業、中島飛行機を中心とする民間会社でつくっていた。しかし、内実は、陸海軍の秘密主義に支配されていた。前に触れたように、陸海軍はこれらの会社を厳しい管理のもとに置いていた。

ひとつの会社で陸軍機と海軍機をつくっていれば、研究、開発、試作、生産までが別々であり、会社のなかにさながら鎬《しのぎ》を削る競争会社が二つあるかのような観を呈していた。優れた航空機ができれば、海軍と陸軍の共用機とすることで、あらゆるむだがはぶかれるばかりか、大量生産が可能となるはずだった。だが、そんなことは陸海双方が面子《メンツ》と意地にかけてやらなかった。

部品の規格統一、試作機の共同研究、機種の整理統合が、大量生産に不可欠であることはだれもが承知していながら、陸海軍のあいだで横の連繋はまったくなかった。

ところが、陸海軍の軍人にとっては、横の連繫を持たないことこそ、生活の知恵というものだった。硫黄島、あるいは八丈島、占守島《シュムシュ》といった狭小な島ですら、わずかな陸海軍守備部隊がいがみあっていた。かれらが仲好くする一番の方法は、できるかぎり没交渉でいることだったのである。

だが、まったくの没交渉で済むはずがなかった。海軍が中島に命じて、海軍機をつくる工場を拡張させれば、陸軍は陸軍で、中島に陸軍機製造工場を拡充させ、陸海双方は協力工場を取り合い、原材料、設備機械、労働者を奪い合った。ばかげた争いだった。資材の割当て配給を綜合調整するための中央機関がどうしても必要だった。こうして創設されたのが軍需省だった。同省内に航空兵器総局がつくられ、陸海軍がそれぞれの航空生産業務機関である陸軍航空本部と海軍航空本部をそこへ移した。

軍需省ができると、まずは陸海両軍が新機関の椅子を争った。軽金属局長の椅子を陸軍が取れば、鉄鋼局長の椅子を海軍が押さえた。肝心かなめの航空兵器総局の長官のポストには陸軍の遠藤三郎が、そしてその下の総務局長には海軍の大西滝治郎が据えられた。

遠藤三郎と大西滝治郎はともに少将だったが、大西のほうが二歳年長だった。どうして遠藤が長官で、大西が総務局長なのかと海軍側が怒った。遠藤はなんだ、飛行有資格者か。出身は砲兵ではないか。それにひきかえ、大西は生粋の飛行機乗りだ。こんなことから、また新しいごたごたがはじまることになった。こうして軍需省ができはしたものの、これは陸軍航空本部と海軍航空本部をそのままひとつの袋に押し込んだ状態と同じだったから、大臣にも、航空兵器総局長官にも、絶対の権限といったものはなく、やはりすべてのことは陸海両軍の話し合いで決めるしかなかった。

そして肝心なことがあった。航空機の実験、研究、試作を軍需省の管轄下に置けば、軍需省内でいかに陸海軍が争っていても、部品の共通化と機種の統一への道は自然と開かれるはずであった。ところが、航空機の研究開発部門は軍の統轄下に置いておかねばならぬと海軍側ががんばったため、このことが実現できなかった。海軍は最初から陸軍が主導する軍需省創設の計画には反対だった。海軍航空本部があれば充分なものを、軍需省などをつくり、屋上屋を架すのはまるっきり無意味だと霞ヶ関の部局員たちは不平満満だった。

それも当然だった。陸軍航空を海軍航空に合併吸収してしまう予定をたてていたかれらは、やがてそれが実現できるだろうと考えていたからだ。そしてそれが実現のあかつきには、陸軍が管理する航空機工場も海軍航空本部の管轄下に置くつもりだった。そんなかれらが軍需省の創設をおもしろく思わなかったのは当たり前だった。

会計検査院の建物を借りて、昭和十八年十一月一日に軍需省が発足してしばらくあと、霞ヶ関と連合艦隊司令部の首脳から幕僚たちまでが恐れていた事態がとうとうやってきた。昭和十八年十一月二十日、ギルバート諸島のマキン、タラワの両島が敵の大艦隊に襲われたのだ。

敵の艦隊は正規空母六隻、護衛空母八隻、戦艦十七隻、その他の艦艇百隻の大規模な陣容だった。第五艦隊主力のすべての出撃だった。親指でとめることのできる鋲に振りかざした大槌だった。

わがほうの第三艦隊はどうしていたのか。ラバウルで戦った二航戦はまだ再建できていなかった。しかも虎の子の一航戦飛行機隊のほうは潰滅してしまっていた。

それはこんな次第だった。昭和十八年十一月はじめに連合艦隊司令部は一航戦の空母機をラバウルへ進出させた。山本五十六の戦死をもたらした半年前の作戦の再版だった。

だが、二度目は最初のようにはうまくいかなかった。敵空母機に攻撃をしかけられてやられ、敵空母を襲ったところを待ち伏せにあい、三度戦っただけで、そのほとんどを失ってしまった。あっというまの出来事だった。

こうして、第三艦隊は出そうにも出せなかった。結局、海軍は、千早城の戦いをつづけるマキン、タラワの海軍守備部隊を見殺しにするしかなかった。マキン守備隊は十一月二十二日に全滅し、タラワ守備隊は十一月二十五日にこれまた全滅した。マキン、タラワから足を延ばせば、つぎはマーシャル群島だった。いよいよ敵はマーシャル水域に侵攻してくるものと思えた。

昭和十八年十二月一日、軍令部員の山岡三子夫《みねお》が「海軍ノ空軍化」の提案を部内に回した。四十三歳の山岡は空母加賀の分隊長、飛龍の副長をやり、ずっと航空畑を歩き、軍令部の第三課長だった。「艦船及び航空機充実計画」がかれの仕事だった。

いよいよ佐薙計画に取り組まねばならず、それに先立ち、海軍側の準備を整えねばならなかった。山岡はつぎのように述べた。

「海軍自体ノ急速ナル空軍化ハ……戦力増強ノ根本対策ノ一タル陸軍航空ノ海軍航空ヘノ統合工作ト　統合後ノ航空諸般ノ施策運営竝ニ　用兵作戦ニ対スル海軍ノ実質的指導力強化上　絶対緊要トスルモノニシテ　航空統合問題表面化ニ先立チ　速ニ着手スルノ要アリ」(11)

それから四日あとの十二月五日、海軍空軍化の計画についての会議が開かれた。次官の沢本頼雄と次長の伊藤整一が出席した。二対一のアルミニウム配分の要求を貫徹することがいよいよ本決まりとなった。海軍の空軍化を図り、航空統合を陸軍に提案することも決まった。軍令部第一課の朝田肆六《しろく》が討議の要点のメモをとっていた。

「何故ニ統合ヲ要スルヤ

(一)現代ノ作戦様相

日米ノ戦争ハ航空基地ヲ推進スルコトニヨリ航空機ヲ進出サセル

航空機ハ敵来攻部隊ヲ洋上ニ於テ撃滅ス　大型機ニテ我ガ枢要地ヲ爆撃ス　潜水艦、

大型航空機ニテ交通破壊作戦ヲ実施スル
㈡陸軍ノ航空ハ後方ニ於テ潰滅スル方ガ多イ　但シ陸軍ハ海軍ト均等ノ資材ト人材ヲト
リツツアリ
資源ノ不経済
統合セル場合ノ利点
㈠資源、人員ノ経済　㈡教育ノ単一化　㈢兵術思想ノ統一　㈣基地通信施設ノ容易……
十九年度航空機製産分割（海／陸＝2／1）ノ交渉ヲ行ウコト……」
次長伊藤整一が最後に述べたことを、朝田はつぎのように記した。
「Xトナッタ時、海軍ナル語ヲ何時頃如何ニシテトルカ[12]」
Xとは、陸軍航空を海軍航空に合併吸収することの部内での略号だった。十二月二十六日、大臣官邸に大臣、総長が出席しての会議で、X計画に全力を集中することを定めた。

昭和十九年に入って、陸海双方の軍務局長、作戦部長、つづいては次官、次長の話し合いがはじまり、アルミニウム配分の交渉は本格化した。双方は戦略、軍事計画を論じ合い、陸軍機と海軍機の優劣、功罪を言い争った。どちらの側も相手の言うことなどまったく聞いてはいなかった。
陸軍次長秦彦三郎は、陸軍は三万機を必要としており、その分のアルミニウムが要るのだとがんばった。海軍次長の伊藤整一は、海軍対陸軍の配分を二対一にすべきだと言い張った。昭和十九年度のアルミニウム生産予定量二十一万トンのうち、海軍が十四万トンを取るということだった。

話し合いは喧嘩わかれに終わった。

喧嘩わかれとなって陸軍はいっこうにかまわなかったが、海軍側はそうはいかなかった。伊藤整一は重ねて秦を訪ねた。話をこじらせぬために懇談に来たのだと下手にでた。開戦を決意したときに、海軍は航空に切り換えねばならなかったのだと伊藤は悔やみ、頭を下げながら言った。「そのときに永野総長は二年さきの戦況が心配だと述べ、自分はとくに航空機が心配だと考えていた。現実に予期したとおりの危機に直面している。どうか海軍航空を援助して欲しい」

海軍作戦課長の山本親雄も陸軍作戦課長の真田穣一郎を訪ねた。山本はそのとき四十七歳だった。飛行機乗りだった。霞ヶ浦航空隊教官、空母赤城の分隊長、霞ヶ浦空の飛行隊長とずっと航空畑を歩いてきた。海軍兵学校の同期には高田利種がいた。二人はクラスを代表する秀才だった。高田は現在、連合艦隊の参謀副長だった。

山本は真田に向かって、個人的に訪ねたのだと言い、考えつくかぎりのありとあらゆる訴えをした。

「私のように凡庸な者が作戦課長になっているのは、私が飛行機出身者であるからにすぎない。陸軍参謀本部の課長のなかには、ひとりも飛行機出身者はいないではないか。作戦課内でも陸軍では航空班参謀の発言は弱いようだが、海軍では航空担当者が中心になっている。この事実だけみても、いかに海軍が飛行機を重視しているかがわかると思う。ぜひとも両軍を超越した公正な立場から、海軍の主張を認めてもらいたい(13)」

しかし、伊藤や山本から、いくら理を説かれても、情に訴えられても、秦、真田ともにうなずくことはできなかった。アルミニウムの海軍への割り当ての増量を認めたりしたら、部内は蜂の巣をつつく騒ぎとなろう。陸軍が戦っているニューギニア、ビルマ、中国の前線では、喉から手がでるほど飛行機を欲しがっていた。南方軍をはじめ、支那派遣軍、関東軍の怒りが爆発することは目に見えていた。海軍に余分に与えることなど、とてもできない相談だった。

とにかく、陸軍はうんと言わず、海軍側もあとへ引こうとしなかった。そこで、軍需省航空兵器総局長官の遠藤三郎が行司役をかってでて、陸海均分で妥結するようにと海軍側に働きかけた。しかし、新設の軍需省にはなんの決定権もなく、海軍は遠藤が言うことなど相手にしなかった。あとは、大本営・政府連絡会議を開くしか方法はなかったが、それでも結着がつくとはとうてい思えなかった。

こうなると、陸海軍が相争う問題に裁定をくだすことができるのは、もはや天皇しかいなかった。

ところで、天皇の軍事問題の顧問はかたちのうえでは侍従武官長だった。しかし、侍従武官長は陸軍の軍人であることがしきたりだった。昭和に入ってからも、奈良武次、本庄繁、宇佐美興屋《おきいえ》、細俊六、そして現在の蓮沼蕃《しげる》にいたるまで、五人が五人、陸軍の将官だった。

そこで世間では侍従武官長を、陸軍が宮廷へ送り込んでいるスポークスマンと見ていた。事実、侍従武官長は陸軍と宮廷のあいだの連絡係を務めているといってよかった。それゆえに侍従武官長は陸海両軍が争う問題について調停に立つことができなかった。

通常、陸海軍のあいだの仲介に立ち、天皇の助言者となるのは内大臣の務めだった。だが、海軍側は内大臣が首相兼陸相の東条の側に立つものと警戒していた。木戸の支持、かれの公然の好意を当てにすることはできないと海軍側は見ていた。

一月二十三日の日曜日、高松宮が参内した。三十九歳の高松宮は軍令部作戦課にいた。熱海に引きこもる伏見宮を除いて、宮は海軍ただひとりの皇族だった。高松宮はアルミニウム配分をめぐる陸海軍対立の状態を天皇に説明し、正面衝突となる前に御処置を願うと述べた。陸軍側が説く均分主義は不合理、不経済だと高松宮は主張した。

同じ一月二十三日の朝、ハワイの真珠湾とマウイ沖の泊地を埋めつくしていた第五艦隊の艦船は残らず姿を消していた。夜のうちに大艦隊は出航した。七百機の航空機を搭載した空母群と多数の護衛艦船、そして五万三千人の攻撃部隊といくつかの島に駐留させる予定の三万一千人の部隊を乗せた四百隻に近い船舶は西進していた。攻撃目標はマーシャル群島だった。

翌一月二十四日の朝、木戸は天皇からアルミニウム配分についての高松宮の提言を聞いた。首相と協議し、善処させるようにすると木戸は答えた。午後、木戸は東条と相談した。そのあと東条は参謀総長杉山元と話し合った。二日あとの一月二十六日、杉山は軍令部総長永野修身を訪ねた。永野が二対一の配分問題をもちだしたが、杉山は拒絶した。そして最後に、双方の大臣、総長の四首脳会談でこの問題を検討することが決まった。

一月二十九日の未明、マーシャル群島のウォッゼ、マロエラップ、クェゼリンの航空基地が一斉に襲われた。マーシャル群島に置いた日本側の可動機は合わせて五十機しかなかった。一桁も数の違う敵機にいきなり攻撃されて、夕刻までに味方の飛行機は一機もなくなった。代わって敵戦艦群が近づいてきた。

敵の戦術はなんのけれんもなかった。まず、圧倒的な航空部隊で襲いかかる。一機残らず叩いたあと、戦艦が近づき、滑走路を砲撃し、日本側が航空部隊を増援できないようにさせる。こうして目標の島とその周辺水域の制空権と制海権を握ったあと、地上に一物を残さないほど砲爆撃を繰り返す。

そしていよいよ兵員を乗せた上陸用舟艇や上陸用の装軌車が海岸へ向かう。そのあいだにも駆逐艦の群れが榴散弾を猛射する。地上五十メートルの高さで炸裂するその砲弾は、灼熱の鉄片の雨を地上に降らせ、まだ破壊されていない壕に潜む兵士たちを身動きできないようにさせる。

最高指揮官を乗せた第五艦隊の旗艦は、砲撃をつづける戦艦や巡洋艦の群れを避けながら、爆煙と砂塵が絶えまなくあがるその島のまわりをゆっくりと回る。そして昼食の時間ともなれば、アイロンのきいた軍服を着た司令長官は司令部食堂へ行き、開かれた舷窓から聞こえてくる砲音や機関銃射撃の音のなかで、センターピースを置いた真っ白なテーブルクロースの食卓を前にして食事をとるのだった。

一月三十日は一日中、マーシャル群島のこれらの島は爆撃と艦砲射撃に曝された。一月三十一日も同様だった。そして敵の上陸がはじまった。二月二日、マーシャル群島の中心基地、クェゼリン島からの連絡が杜絶した。

同じ二月二日の正午すぎ、木戸は天皇に呼ばれた。天皇は高松宮からの手紙を木戸に示した。宮はそのなかで「速やかにお手許にて御指導あいならざれば、ますます紛糾の恐れあり」と述べていた。木戸はその意見には反対であるという見解を示した。かれは天皇が積極的役割を果たすのは策の得たるものにあらずと説いた。不偏中正の立場をとるのが望ましいと述べた。いってみれば、海軍の主張を支持すべきでないという助言だった。

翌二月三日の朝、木戸は高松宮を訪ね、お上がこの問題に介入するのはよくないと説いた。両者の意見は対立し、木戸は木戸、高松宮は高松宮だった。二月五日の朝、今度は高松宮がもういちど木戸を説得しようとした。海軍航空の増強は一日も遅らせることができないと説き、海軍は空軍化しなければならないのだから、航空機の割り当てはどうあっても海軍に重点をおかねばならないのだと宮は力説した。

これに対し、木戸は陸海大臣、総長の四首脳会談の結果を待つと答えただけであった。二月九日、天皇が今度は杉山元、永野修身を呼んで、それぞれに向かって語った。「航空機分配の問題で陸海軍首脳部がついに意見一致せず、ひいては政変を起こすようなことになれば、国民はそれこそ失望して、五万機が一万機もできないことになるだろうと思う。真にこの点を心配しているから、よろしく互譲の精神をもって速やかにとりまとめるようにすることを望む(14)」

この天皇の意思表示があったあと、霞ヶ関の怒りは沸騰した。

陸軍は、総辞職するほかはないと言って回っていた。これを受けて木戸が、そんなことになっては大変と慌ててみせた。そして、とどめは天皇の言葉だった。すべては木戸と東条が仕組んだ奸計にほかならないと、海軍側は憤激したのである。

藤井茂がいきまき、「お上の総長へのお言葉は木戸の内奏に基いて仰せだされたことだ、お上の真意ではない、明日は総長は既定の所見を述べるべきだ」と説いた。すこし前まで連合艦隊司令部にいた藤井は、このとき軍令部の作戦部員となっていた。

どうしたらよいか。海軍省の局課長が集まって対策を考えた。その結果、かれらはつぎのような提案を大臣嶋田に提出した。

「一　本年度割リ当テ飛行機数ヲ海軍一〇　陸軍五ノ割合ニ変更スルコト
二　本年度物動ヲ全部改変シ　主要物資ニ於テ　海軍一〇　陸軍七ノ割合トスルコト⑮」

もともと、一機当たりのアルミニウムの所要量は陸軍機より海軍機のほうが多かった。機数を二対一とするのは、アルミニウム全量の三分の二以上を海軍が取るということだった。それはともかく、ここに及んで、主要物資の配分を海軍十、陸軍七にせよという要求は無茶にすぎた。喧嘩となるのを承知しての口上だった。

こうすれば、おそらくは閣内不一致で内閣総辞職となろう。それでいいではないか。こうなったら内閣のひとつやふたつがなんだ。国の興亡がかかっているのだと霞ヶ関の部局員たちは声を張りあげた。

陸軍側も対策をたてた。二対一案に対し、対抗案をぶつけることにした。陸海軍合同案である。海軍がもっとも嫌っているのは、陸海軍の統合であることを陸軍側は承知していた。

たしかに海軍は、陸海軍の統一に絶対反対だった。海軍はその理由をあれこれ挙げていたが、ほんとうの理由はただひとつにすぎなかった。陸軍と同格対等を維持していてこそ、人員の少ない海軍は豊富な物資と資金を享受できるということなのである。

そうした例を挙げればきりはなかった。陸軍が乾燥野菜を運ぶのが精いっぱいのとき、海軍は自分たちのためのビールとサイダーを運んでいた。小さな島に陸軍と海軍の部隊がいて、船着き場がひとつしかなければ、陸軍と海軍との明らかな差を陸軍の兵士たちは知ることになった。

海軍の兵士たちが捨てる煙草の空箱が桜や光といった高級煙草であることを知って、陸軍の兵士たちはびっくりした。かれらが吸っているのはいちばん安い金鵄《きんし》だった。しかも海軍の兵士が気軽につぎの箱をとりだし、煙草を吸いだすのを見て、陸軍の兵士たちはもういちど驚いた。かれらの配給は月に五、六本にすぎなかったのだ。海軍の兵士が捨てた吸いさしを、陸軍の兵士が荷物を投げだして、拾いに駈けだすこともあった。

こうしたわけで、陸海軍合同案をもちだせば、海軍を黙らせることができると陸軍側は知っていた。さっそく、参謀本部の戦争班長が陸海両首脳会談に提出するための草案をつくった。

海軍だけで洋上撃滅はできないとまず最初に述べ、陸上戦闘を重視し、陸海軍の協同作戦をおこなわねばならないと主張し、最後に陸海軍を統一しなければならないとその草案は説いていた。年月のところは参謀次長秦彦三郎の判断に任せて空けておき、つぎのような説明文が用意された。

「一　……陸海軍省ヲ一本ニ統合スルコトニ努力致シタイト存ジマス　モシ急速ニ実現困難デアリマスレバ　某年月ヲ目途ニ実行スルニ努メタイモノデアリマス

二　次ニ陸海軍両大臣及ビ両総長ヲコノ際各一人宛ニ統合スルコトヲ研究致シテミタイモノデアリマス……(16)」

四首脳会談で、海軍側がアルミニウム配合比を二対一にせよとがんばりつづけるなら、参謀次長の秦はこの爆弾を投じるつもりだった。

陸海両軍の大臣と総長が顔を合わせての会談は、二月十日の午前十時にはじまった。永野も、嶋田も、いまさら論議をしてもどうにもならないことを承知していた。陸軍首脳と膝詰め談判をおこない、相手をなだめすかし、訴えることを丸一日やってみたがついにだめだった、と部下たちに告げるために開く会談だった。

それでも議論がつづけば、陸海両首脳は互いの苦々しい感情をぶちまけることになった。杉山元が言った。

「それでは海軍に航空機を全部あげたら、この戦勢を挽回できますか(17)」

永野の顔が怒りで朱に染まった。かれは、自分が以前に語った豪語のかずかずを杉山にからかわれたと思ったのである。むろん、杉山も、星野直樹と同じく、永野が語った

「海のタンネンベルク」の科白を忘れてはいなかった。かれらだけではなかった。多くの人びとがマーシャル水域で早晩起きる決戦と勝利の話を海軍の軍人から聞かされていた。

東条首相、参謀総長を兼任する

存亡を決する大海戦が、いま起きているのではないかと多くの人びとは思っていた。いや、すでにはじまっているのではないかと臆測し、どうしてなんの発表もないのだろうと考えてあれこれ想像をすれば、息苦しさに耐えられず、肩で息をする者もいたのである。たとえば貴族院議員の大蔵公望は昭和十九年二月五日の日記につぎのように書いた。

「……去年二十九日以来、南洋のマーシャル群島に敵艦及敵機来襲に付き、去三日予算総会秘密会にて一応岡海軍軍務局長より戦争経過の説明あり。大きな島への敵の上陸は一応撃退したとの事であったが、其の後の情報は全くなく、今や日米海軍の間に大海戦進行中のことも予想せられ、議会に於ても家庭に於ても又た友人相会する毎に此の問題に付き大なる憂色漂いおる有様にて一日も早く其の結果が公表されることを熱望している⑱」

大蔵公望やかれの仲間の議員たちはそのときまだなにも知らなかったが、すでに太平洋の情勢は一変していた。かれらがなにも知らなくて当たり前だった。陸海軍首脳でさえ、肝心なことをなにひとつ知ってはいなかった。軍令部総長の永野や海軍大臣の嶋田は、敵の第五艦隊がハワイに戻ることなく、マーシャル群島に居坐りつづけていることを知らなかった。かれらが知らなくて、参謀総長の杉山と陸軍大臣の東条がその事実を知るはずはなかった。知らないといえば、連合艦隊がトラック島を見捨ててしまっていることを、東条も、杉山も知らなかった。

敵第五艦隊の主力部隊はマーシャル群島内のメジュロ環礁を泊地とするようになっていた。霞ヶ関がまだそのことを知らなかったのは、海軍がそこに守備隊を置いていないからだった。長さ四十キロ、幅八キロの礁湖は、目の前からはるか彼方まで、あらゆる型、あらゆる大きさの暗青色の軍艦で埋まっていた。

そして数多くの輸送船とタンカーがメジュロ環礁の沖合いにいて、環礁内に入るのを待っていた。島には滑走路がつくられ、早くも輸送機の発着がはじまっていた。病院、倉庫、酒場もすでにできあがっていた。すべては魔法の杖を一振りしたかのような信じがたい景色であり、アメリカ人が見ても溜息がでそうな、アメリカの巨大な工業動員力を如実に示す光景だった。

アルミニウムのすべてを提供したら、海軍は戦争に勝つと約束できるのかと杉山が言ったのに対し、永野は杉山を見据えて答えた。

「そんなことは確約できない。それはあなただって同じでしょう」⑲

感情的なやりとりがちょっとのあいだつづいたあと、ふたたびまだるっこい、間延びのした議論に戻った。午後六時にやっと会議は終わった。やはりそれまでどおりのしきたりに従うほかはなかった。結局、海軍は均等配分を受け入れた。そして、折半と決めたうえで、陸軍は三千五百トンを海軍に譲ることにした。陸海軍の差は七千トンだった。ほんとうなら、二対一の比率として、海軍は陸軍に七万トンの差をつけるはずだったのである。

海軍省と軍令部の部局員は失望した。かれらの陸軍に対する鈍いうずきのような怒りは、一挙に激しい敵意に変わった。その敵意は、陸軍と妥協してしまったかれらのボスである嶋田繁太郎と永野修身に向けられることにもなった。

四巨頭会談から五日あとの二月十五日の午後のこと、連合艦隊旗艦の武蔵がトラック島から横須賀へ戻ってきた。司令長官の古賀峯一は参謀長福留繁を伴い、ただちに霞ヶ関へ向かった。

二人の顔は暗かった。かれらはギルバート諸島とマーシャル群島で六カ月はもっと考えていた。空間を時間と交換したかった。少なくとも昭和十九年の中頃まではもちこたえたかった。そのあいだに、一航艦一千六百機態勢が完成するはずだったのだ。それが二カ月で二つの群島を失ってしまった。

敵の攻勢にははずみがつく気配だった。だが、こちら側にはなんの対応策もなかった。

二人は軍令部総長に会った。マリアナ諸島、カロリン群島、小笠原諸島の防衛強化を急がねばならない、と古賀は説いた。三月中旬には、敵はマリアナ、カロリンに来襲しようと予測を述べた。

永野修身と古賀峯一が意気消沈した顔で話し合っていたとき、メジュロ環礁を埋めていた第五艦隊はふたたび姿を消していた。魔法の杖はもう一振りされたかのようだった。メジュロ環礁の静まり返った入江にはブイだけが浮かび、数隻の工作船、貨物船、曳船が残っているだけだった。

永野修身とかれの部下たちは古賀の警告を聞いて、慌てた。マリアナ諸島は無防備に等しかった。カロリン群島も同じだった。かれらはただちに参謀本部の作戦担当官と協議をした。

マリアナ、カロリンの防衛強化をはかるには、まず必要なのが輸送船だった。しかし、余っている船などもちろんどこにもなかった。ボーキサイト、鉄鉱石、石炭を運んでいる船を徴発するしか手はなかった。そこで、翌二月十六日、陸海軍合わせて三十万総トンの船舶の徴用を政府に申し入れた。

これを聞いて、東条が怒った。四カ月前に二十五万総トンの船舶を徴用したのは、マリアナ、カロリンの防衛強化のためではなかったのか。これらの貨物船を陸海軍はどこに使い、兵器資材をどこへ運んだのか。東条が怒るのも無理はなかった。じつはこれらの船は別のところに送られていた。ソロモン群島へ資材を運び、ラバウルへ送られたのだった。東条は星野直樹にぽつりと洩らした。

「なけなしの物資をせっかく配分しても、本来の目的外に使ってしまって、肝心な時に、肝心な場所に回すものがない。そんな統帥部ではいくさはできない[20]」

参謀総長の杉山元がみずから乗りだしてきて東条を説得にかかった。東条はボーキサイトと鉄鉱石の輸送量が減少をつづけていることを告げた。さらにかれは増大をつづける貨物船喪失量の数字を挙げた。むろん、杉山も委細承知していた。昭和十八年十一月の船舶喪失量が三十一万総トン、十二月が二十万総トン、昭和十九年の一月が三十三万総トンと記録を更新し、容易ならぬ情勢となっていた。

杉山は言った。

「減産については覚悟している。しかし、問題は戦いに勝つことである。敵の大反攻が目前に迫っている今日、必要な対策を怠り、万一手遅れになれば万事窮する」

だが、東条は唇をひきしめたままだった。

「統帥部の苦衷はわかる。しかし、この一戦で戦争の結末をつけるというなら話は別だが、ただ作戦上必要だからといって統帥部の要求どおりに船は出せない。今後戦争はなんとしても戦局の永続を願わねばならぬ。一か八かの作戦をやり、国力をこの一戦に消

尽してはならぬ。この意味で不満であろうが、政府案に御同意願いたい」(21)

メジュロ環礁を出撃した敵第五艦隊がトラック島を襲ったのは、その翌日の二月十七日の日の出直前だった。巨大な蜜蜂のような唸り声が聞こえてきたかと思うと、金属音をたてて敵機が上空をかすめ、炸裂音が轟き、壕へ駈ける人びとはしたたか地面に叩きつけられた。

敵の戦法は、日本軍が真珠湾を攻撃したのと同じやり方だった。空母部隊は前日二月十六日の夕刻までに日本の哨戒機の行動圏すれすれまでに近づいた。夜に入ってトラック島めがけて最高速で接近し、黎明時に攻撃機を飛ばしてきたのである。

この波状攻撃は日没まで繰り返された。トラック環礁内の竹島、楓島の基地に火柱があがり、大火災となった。環礁内の艦隊錨地から外洋へ脱出しようとした巡洋艦と駆逐艦は、敵戦艦と巡洋艦の待ち伏せをくった。一面炎に包まれたこれら艦船は、砲撃をつづけながら波間に沈んだ。

夜に入るのを待って、雷撃隊が出撃し、敵空母を大破させた。歯がみをしての反撃だったが、戦果はそれだけだった。翌日も夜明け前からふたたび敵空母機の攻撃を受けた。邀撃できる戦闘機はもはやなかった。月明のなか、そして正午近くまで、思うがままの銃爆撃を受けることになった。

二月十八日の午後には、トラック環礁内の夏島と秋島のあいだの艦隊錨地に味方の軍艦の影はひとつもなかった。竹島沖の商船錨地からも船影は消えていた。夏島の軍需倉庫は焼かれ、三基の重油タンクが黒煙を天に向かってあげ、波打ち際には死骸がそこここに繋がって揺れていた。

那珂、香取、阿賀野の巡洋艦三隻と駆逐艦四隻、そしてタンカー五隻を含む三十隻を超す輸送船が沈められた。撃墜され、飛行場で破壊された航空機は三百機を超した。敵に与えた打撃はわずかだった。二十機たらずの飛行機を撃墜し、空母一隻を大破したにとどまった。

軍令部と海軍省、そして横須賀にいた連合艦隊司令部の幹部たちは第一報を受け取って、狼狽した。市谷台の部局員たちも慌てた。敵艦隊は上陸部隊を引き連れているのではないか、トラック島が奪われるのではないかと心配した。つづいて電報がつぎつぎと入り、戦いの結果が明らかとなってだれもが愕然とした。「太平洋のジブラルタル」「難攻不落の要塞」は完膚なきまでに叩きのめされてしまっていた。

首相兼陸相の東条は怒りを抑えながら、おおよそのことを知った。武蔵の横須賀入港が連合艦隊のトラック島からの撤収だったことにかれは気づいた。連合艦隊司令部がパラオへ移ることも聞いた。大和はすでに一月に呉のドックに入っていた。昭和十八年十二月に横須賀からトラックへの航行途中に魚雷をくらって、修理中だった。

深傷を負っている第一、第二航空戦隊を抱えた第三艦隊、要するに連合艦隊の主力がどこにいるのかを知り、その基地がどこにあるのかを教えられたら、東条はさらにびっくりしたはずだった。

連合艦隊はリンガ泊地にいた。パラオ諸島のなかではなかった。セレベス海よりさらに奥、シンガポールから百九十キロ南にあるスマトラ沿岸の小島に囲まれた秘密泊地だった。そこなら敵飛行機と敵潜水艦に対して絶対安全だった。しかもパレンバンの油田から二百五十キロ離れているだけだった。タンカー不足のときだけに、小型タンカーで間に合うのが利点だった。

だが、リンガ泊地からパラオまで三千七百キロ、サイパンまで五千五百キロもあった。東京からトラックまでの距離が三千三百キロ、ラバウルまでが四千六百キロなのである。二月十八日の午後、トラック環礁に対する二日目の空襲が終わった。敵軍の上陸はなかった。午後遅く、東条はずっと思案にふけっていた。一挙に容易ならぬ事態となってしまった。マーシャル水域で敵を殲滅するのだといった大決戦の話は嘘っぱちだった。連合艦隊が逃げ隠れしているなら、敵はここぞとばかりサイパン、テニアンの攻略をめざすかもしれなかった。

どうしたらよいのか。東条は海軍戦力の実態を知らなかった。連合艦隊司令部がどんな作戦を考えているのかもわからなかった。こうなれば、自分が参謀総長を兼任するしかないと東条は思った。

そして軍令部とのあいだで作戦打合せ会を週に最低二回ほど開き、戦況、今後の見通しと作戦計画、軍備について、充分な意見交換をおこなうようにすれば、しっかりとした戦争指導ができるだろうと考えた。海軍大臣の嶋田繁太郎が軍令部総長を兼任すれば、さらに望ましかった。

統帥権

だが、参謀総長を兼任するのは頭のなかで考えるほど簡単な問題ではなかった。統帥権の独立という原則があることが障碍となっていた。

用兵作戦上の指揮、命令権は参謀本部と軍令部がそれぞれ握り、これら統帥事項について、文官は勧告、助言ができないというのが統帥権の独立という規定だった。文官だけではなかった。陸軍大臣、海軍大臣といえども統帥事項には口をはさめなかった。そこで陸軍大臣が参謀総長を兼任したりすれば、それこそ統帥権独立の侵害となるわけだった。

もともと統帥権独立の原則は、あいまいをきわめた権限であり、ばかばかしい慣行にすぎなかった。だが、ばかばかしいなどと、口にだして言う勇気のあるものはだれひとりいなかった。統帥権の言葉には不気味な響きがあり、恐ろしさがあった。そんな威圧感のあるものにしてしまったのが政治家たちだった。犬養毅、鳩山一郎らがその言葉をもちだし、無謀な政争に利用したのがはじまりだった。

昭和五年四月に議会でかれらは政府を弾劾して、ロンドン条約の締結には統帥権の干犯があると騒ぎたてた。つづいては過激勢力がそれをとりあげた。そして対外危機を叫び、政府、議会の腐敗を叩くようになった。首相浜口雄幸《おさち》が昭和五年十一月に狙撃され、そのあと死亡したのもこの問題からだった。統帥権問題をもちだして倒閣に利用しようとした政友会総裁の犬養毅も、首相となってから、昭和七年五月に射殺されてしまった。

統帥権をめぐっての騒ぎは陸海軍内部にも災厄を惹き起こした。海軍内部はロンドン条約に賛成、反対の二つの勢力に割れることになった。結局、条約に反対した加藤寛治、末次信正の勢力が実権を握った。昭和八年から九年にかけて、この強硬勢力はロンドン条約の成立に尽力した幹部たちの一掃を図り、かれらを現役から逐い払ってしまった。

昭和十年八月には、陸軍軍務局長の永田鉄山が殺害された。かれの失脚を狙った真崎甚三郎、小畑敏四郎の勢力が、永田は統帥権を干犯したのだと攻撃し、その宣伝を信じた者が凶行におよんだのであった。そしてその半年あとに二・二六事件が起きることになった。

こうして統帥権の言葉には血腥さが漂うようになり、陸海軍の幹部が統帥事項に容喙《ようかい》を許さないといきまき、統帥権の干犯だと怒鳴れば、だれもが黙り込むことになった。そして統帥権は軍人たちによって好き勝手に拡大解釈されるようになった。

昭和十二年七月に中国との戦いがはじまった。政府機関と統帥部のあいだに連繫機構が必要となった。参謀本部と軍令部も連繫関係をもたなかったから、これまた協力機構を必要とした。こうして昭和十二年十月に大本営が設置され、同じ十月に大本営・政府連絡会議が設立された。

大本営・政府連絡会議はこれまでに重大な決定を数回おこなった。昭和十三年一月十五日の連絡会議では、中国との戦いをつづけることを決めた。統帥部が無理押ししたのではなかった。前にも述べたとおり、政府側が国民政府との和平交渉の打ち切りを求め、外交関係を断絶せよと説いてがんばり、戦争の終結を望む統帥部の主張を押さえたのだった。

よりいっそう重大な決定、運命的な決定をしたのは、いうまでもなく昭和十六年十月二十四日から十一月二十七日までのあいだの連絡会議だった。その一カ月のあいだ、連絡会議はかつてないほどに頻々と開かれた。アメリカに経済封鎖の解除を求め、外交交渉をつづけるか、交渉を断念して隠忍自重策を採るか、それとも戦うかの検討を繰り返し、ついにアメリカと戦うことを決めたのだった。

たしかに和戦を決する最重要の問題について、態度決定をおこない、国の進路を定めたのは連絡会議だった。だが、それからの長い戦いのあいだ、連絡会議はたいした働きを示さなかった。統帥権独立の原則があるために、戦略と作戦をこの会議の席上で検討したことはいちどもなかったからである。

そこで大本営のほうだが、大本営も軍事指導の中心機関となっていなかった。陸軍と海軍のあいだに対立があり、反目があったからだが、陸海軍が犬猿の仲なのはどこの国でも同じだった。問題は陸海軍統帥部が会議を開いたとしても、この会議には主宰者もいなければ、行司もおらず、最終的な裁定者がいないことだった。陸海軍のあいだの意見の一致と協力は、その場かぎりで終わるか、かたちばかりのものとなった。これもまた統帥権独立がもたらした災いだった。

こうしたわけで、首相であり、陸軍大臣でもある東条が、海軍戦力の実態と今後の作戦、戦備計画のほんとうのことを知らされていないというおかしな事態にもなったのである。

当然のことながら、どこの国でも、政治指導者は最高司令官を兼任してきた。ヒトラーやスターリンといった独裁者はいわずとしれた最高の軍事指導者だった。たとえばヒトラーは国家元首、そしてナチス党首であったばかりでなく、国防軍最高司令官、陸軍総司令官を兼任し、いっさいの軍事権力を自分の手中に収めていた。

かれは、戦いをするか、しないかをみずから決めた。戦略計画をたて、「あらゆる時代を通じてもっとも偉大な軍司令官」と称えられたこともあった。かれは戦いのすべての指揮をとり、小さな戦術の問題にまで口をはさみ、かれの要求を満たすことのできなかった指揮官を降等処分にした。

英国首相のチャーチルにしても同じだった。かれはすべての戦略は自分が決定してきたのだと自慢し、一流の戦略家なのだと威張ってきた。しかし、じつのところは「花から花へと飛びまわる蝶」のように、つぎからつぎへと生半可な思いつきをひねくり、参謀総長がそれを拒否するのに苦労しつづけてきたというのが実状であった。それにしたところで、「私に同意できないような参謀本部はいつでも首をすげ替えてやる」とチャーチルはいきまいたのであり、かれが英国最高の軍事責任者であることは間違いのない事実であった。

軍事問題に子供のような熱意と好奇心を抱いてきたのは、ルーズベルトも同じだった。かれは最高司令官という名称を好んだが、まさしくかれは最高司令官であった。かれは国務長官、陸軍長官、海軍長官の三人を軍事会議に出席させないような決まりをつくった。

統合参謀本部と呼ばれる最高統帥部は、参謀総長と陸軍航空総司令官、それに海軍作戦部長が構成メンバーだった。国務長官、陸軍長官、海軍長官は統合参謀本部の文書の配布リストからも除外されていた。それこそ統帥権の独立が見事に守られているといいたいところだが、もちろん日本の場合とは意味が違っている。統合参謀本部のメンバーは大統領と直接接触していた。しかも統合参謀本部のもうひとりの構成員は大統領付きの首席補佐官だった。

たしかに日本では天皇が大元帥だった。天皇が統帥権の保持者だった。そして参謀総長と軍令部総長はすべての軍事問題を天皇に報告していた。天皇は疑問点を質問したし、意見を述べもした。だが、それはひとつの儀式だった。陸海軍にとっては大切な儀式だった。軍隊が必要とする忠誠心、名誉、服従の価値体系はこの儀式を通じて維持されてきたからである。

それゆえに、参謀総長や軍令部総長が天皇に向かい、作戦命令、軍隊の移動の上奏をして、裁可を仰いだところで、あるいはまた、侍従武官を通じて書類上奏をして、裁可を得る手続きをふみ、あるいは陸海総長が戦果を申し述べたところで、明治宮殿の一室や御文庫はけっして最高統帥部ではなかった。

もちろん、首相官邸が最高統帥部の所在地であるはずがなく、だからといって、陸海軍二本立ての大本営も最高統帥部とはいえなかった。最高統帥部は存在しなかったのである。

最高統帥部が必要だと考えたのは、ほかならぬ首相の東条だった。戦いの規模がいよいよ大きくなり、軍の要求が増大するようになって、だれかが文官の側の必須の要求を擁護しなければならないようになっていた。その最初は、南方全域の作戦が終わった昭和十七年五月のことだった。

スマトラとボルネオを占領し、油田と製油所の復旧は終わったが、タンカーが不足して、日本への石油の輸送ができなかった。全タンカーの七〇パーセントを徴用していたのが海軍統帥部だった。海軍側にタンカーの徴用解除を求めた。軍令部は首を横に振った。

海軍統帥部はフィジー、サモア、ニューカレドニアを攻略する作戦計画をたて、それとはべつにミッドウェー攻略作戦をやろうとしていた。タンカーはその作戦のために必要なのだと主張した。そんな作戦は日本の国力を超えると東条は思った。

大本営・政府連絡会議で東条はこう言った。

「そういう大規模な作戦をやることになれば、それはもはや……国策として大本営・政府連絡会議において決定を要すべきものである[22]」

しかし、そのときには政府側は海軍が持っているタンカーを手放させることができなかった。また大規模な作戦計画は大本営・政府連絡会議で検討するといった原則も確立できはしなかった。だが、その半年あと、参謀本部がガダルカナルへの輸送確保のために輸送船の徴用を求めたときには、東条はそれを突っぱねた。ガダルカナルを確保しなければならぬと説く参謀本部を押さえつけ、かれはガダルカナルからの撤兵という案を呑ませることに成功した。

また昨昭和十九年一月、参謀総長の杉山元が作戦用の船舶を要求したときにも、東条はそれを拒けた。もはや統帥部も統帥権を振りまわすことはできなかった。

そしてトラック島の惨敗が起きた。軍令部の首脳はうろたえ、意気消沈していた。参謀本部も意気はあがらなかった。かれらにはもはや、統帥権の独立を叫ぶことはとてもできまいと東条は考えた。

かれは次官、軍務局長、ほかのだれとも相談しなかった。その夜、二月十八日のことだが、午後十時、木戸幸一を訪ねた。参謀総長を兼任するほかはないと、かれは木戸に説いた。それから三日あとの二月二十一日、東条は参謀総長を兼任した。嶋田繁太郎もまた軍令部総長を兼ねた。最高統帥部がはじめてできることになった。

市谷台と霞ヶ関に勤務する者たちはびっくりした。恐ろしいことをやったとだれもが思った。統帥権をめぐっての騒ぎがもたらした災いをかれらは忘れてはいなかった。首相は不退転の決意を固めているのだと皆が思った。天皇が首相を支持しているのだと理解することで、ようやく納得するしかなかった。

霞ヶ関赤煉瓦の部局員が一転怒りを爆発させたのは、翌二月二十二日の朝刊一面に載った東条と嶋田の写真を見たときだった。明治神宮を参拝した二人はともに金モールの参謀肩章をつけていた。参謀総長と軍令部総長の資格であった。ところが、東条が前を歩き、嶋田はそのうしろにいた。

どうして横に並ばないのだ。これではまるっきり、東条の副官としか見えないではないかとだれもが怒った。そして陸軍が、もうひとつの狙いを隠しているのではないかと警戒する者もいた。東条が総長を兼任したのは、海軍を陸軍に合併しようとする布石なのかもしれないと猜疑心を燃やすことになった。

なんであれ、こうして東条は最高の戦争遂行者となった。かれは懸命だった。参謀総長を兼任した翌日、かれは閣議でその決意を明らかにした。閣議で語ったかれの言葉、閣議の雰囲気はすべての新聞が大きく報じ、社説で論じた。たとえば、毎日新聞はつぎのように報道した。

「凄愴の気漲《みなぎ》る閣議であった。万感胸に迫るとはまさに二十二日朝の閣議に列した東条首相はじめ閣僚の心中を指している言葉であった。

『今やまさに帝国は文字通り隆替《りゅうたい》の岐路に立っている』と開口一番、一億の上に降りかかっている大国難を大胆率直に認めた首相は……」

東条と嶋田が統帥部を兼任して四日あとの二月二十五日、政府は決戦非常措置要綱を発表した。待合、芸妓屋、高級料亭、バーの営業を停止させ、歌舞伎座、日本劇場をはじめ、東京、大阪、京都の高級劇場の閉鎖を命じた。芝居好きが不満を洩らし、料理屋や待合を利用していた金持ち連中が不平を鳴らした。

首相がじきじきに料亭や劇場の閉鎖を指示したのだと聞けば、東条に好意をもたぬ人びと、それこそ東条は豪邸を建てたと触れてまわった連中が、いよいよかれは独裁者としてふるまいだしたと説くようになった。そして吉田茂、小畑敏四郎、真崎甚三郎らが東条内閣を倒すチャンスが来たと判断した。このさき述べることにもなろうが、かれらは退役提督の小林躋造《せいぞう》を担ぎ、倒閣へと動きだした。

三月三十日、そして三十一日に今度はパラオ島が襲われ、ふたたび大きな損害を受けた。それだけではなかった。敵軍が上陸するのではないかと思い違いをして、連合艦隊司令長官の古賀峯一がパラオからダバオへ脱出しようとし、その搭乗機が行方不明になるという大事件がつづいた。

情けないかぎりだ、敵にやられ放題だと悔しがる海軍軍人が改めて無念に思ったのは、アルミニウムの配分を二対一にするのに失敗したこと、そして海軍航空化の構想が烏有《うゆう》に帰してしまったことだった。かれらはなにもかもうまくいかないのを、海軍大臣兼軍令部総長の嶋田のせいにした。

嶋田に対して敬意をもたない部下たちは、かれが統帥部の責任者を兼ねたことを怒り、東条の副官、東条の腰巾着めがと言って、うっぷんをはらした。

まもなく海軍部内に、米内光政を海軍大臣、末次信正を軍令部総長にしようという動きが起きた。末次は海軍第一の作戦家とされていた。この世評も一昔前の話ではあったが、末次であれば大胆不敵な戦略を編みだすと、かれの支持者は思ったのだった。

米内を海軍大臣にと推したのは、三国同盟の締結に反対して、陸軍と真っ正面から争い、一歩も引かなかったのが、海相だったときのかれであり、そして首相だったときのかれだったからである。そのとき、早く三国同盟を結ぶべきだ、なにをもたもたしているのだ、ほんとうにぐずな男だと米内を罵倒したことなど、米内を推す海軍軍人たちはきれいさっぱり忘れてしまっていた。

そこで東条だが、かれは自分についてあれこれ言われているのを知っていた。東条幕府と非難され、独裁者を気どっていると陰口をたたかれ、かれの最大の協力者である嶋田繁太郎に対しても、口汚い悪口が投げかけられていることを承知していた。

東条は図太い性格ではなかったから、このような悪口や非難は気になった。だが、そんな雑音を気にするどころではなかった。海軍が説いていた洋上撃滅はもはや当てにはできなかった。侵攻してくる敵は陸軍の手で水際で撃滅しなければならなかった。そして、そのためには無防備の太平洋の島々に陸軍部隊を送り込まねばならなかった。敵部隊に上陸される以前に、こちらの戦闘部隊を派遣できるかどうかという競争だった。

サイパンの失陥

サイパンに第三十一軍の司令部が発足したのが三月十日だった。小笠原諸島からマリアナ、トラック、パラオまでを管轄下に置いた。そして陸軍は、これら十五の島と群島に兵員と資材を送りはじめた。百六隻、四十八万七千総トンの輸送船を動員し、これらの島に三個師団と独立旅団、連隊、合わせて五万人を送り込むのに成功した。

もし、杉山が参謀総長をつづけていれば、東条がやったこととまったく同じことを杉山はしたであろう。そして陸相の東条は、総長の杉山につぎのように尋ねることになったはずだった。

〈補給と支援は海軍に任せることになるが、はたして大丈夫であろうか。ガダルカナル、アッツ、ソロモンの陸軍部隊と同じ運命になりはしませんか〉

ところが、参謀総長になった東条は兵站の問題を忘れてしまったかのようであった。作戦部長の真田穣一郎、作戦課長の服部卓四郎も同じだった。東京湾から数千キロ離れた小さな島々に、このさきつづけていかねばならない糧食、弾薬の補給のことなど深く考えようとしなかった。

四月二十八日、作戦課長の服部は東条の問いに、「マリアナは確信があります」と答えた。五月七日、作戦部長の真田は、サイパンの要塞化は進捗していると語り、戦車は百輛ある、六個師団の攻撃を受けても大丈夫だとつづけた。

だれもがマリアナは難攻不落だと自信たっぷりだった。沖縄などに地上兵力を置く必要はない、飛行場でもつくっておけばよいとだれもが語った。事実、市谷台はそんな命令をだした。サイパンに第三十一軍の司令部がつくられて一カ月あと、沖縄に第三十二軍の司令部が設立された。第三十二軍に与えられた命令は、沖縄本島、徳之島、宮古島に飛行場をつくることだけだった。

五月十九日、陸海軍の作戦連絡会議に出席した東条は上機嫌だった。かれは、第四十三師団がサイパンに安着したとの電信を一時間前に受けとったばかりだった。かれは軍令部作戦部長の中沢佑《たすく》に目礼して、海軍の護衛の労を謝し、つぎのように言った。

「マリアナ諸島はもう大丈夫です。弾薬糧秣の輸送はまだ残っておるものもあるけれども、予定の兵力は全部入りました。……これでサイパンは絶対大丈夫です。御安心下さい(23)」

それから数日あとのこと、同じ作戦連絡会議で軍令部作戦課長の山本親雄が陸軍側に尋ねた。

「連合艦隊主力がマリアナ水域に到達するのに一週間かかるが、それまで陸軍部隊が独力でこの地域の飛行場を確保してもらえば、艦隊の作戦はやりよいが、十日間、せめて一週間、敵に飛行場を使わせないことができますか」

そのとき、九州の佐伯港とスマトラのリンガ泊地で訓練していた連合艦隊は、ミンダナオ島とボルネオのあいだにあるタウイタウイの泊地へ集結しつつあった。連合艦隊司令部は、敵機動部隊が護送船団を伴い、マリアナか、西カロリンへ侵攻してくるのであれば、ギルバート、そしてマーシャル水域でおこなうことのなかった決戦、トラック、パラオで回避した決戦を、いよいよ決行する覚悟であった。陸軍側の作戦課長の服部が口を切ろうとするのを東条が制した。かれは答えた。

「一週間や十日は勿論のこと、一カ月でも大丈夫です。いや、これだけの兵力と装備があれば、ニューギニアやマーシャルとは地形もちがう。絶対にサイパンを占領されるようなことはありません。これには充分自信があります。いくら米軍でも、サイパンに一度に十個師団ももってこられるものではない。せいぜい三個師団から五個師団のものと思います。味方はこれだけの島に二個師団の兵力があります。しかも装備をよくしてあるから大丈夫です」

山本は安心したが、会議のあと、陸軍側の作戦課員の晴気《はるけ》誠に重ねて尋ねた。

「参謀総長は非常に自信があるようなことを言われたが、大丈夫ですか」

「今度サイパンへ送った師団の装備は、部内で最優秀装備である満洲の第一級師団の二倍にしてあるから充分自信があります」(24)

同じときであった。木更津沖に碇泊する旗艦大淀の艦上で、連合艦隊司令長官に就任したばかりの豊田副武《そえむ》と参謀長草鹿龍之介の二人が、連合艦隊専属の陸軍参謀である島村矩康《のりやす》に陸軍側の成算のほどを尋ねた。島村は答えた。

「敵がサイパンへでも上陸してきたならば、それこそ思う壺です。今度こそおもしろいいくさができますよ。みんな追い落してみせます」(25)

陸軍側はだれもが努めて楽観的にふるまっていた。陸軍部隊を送り込んだメレヨン、ヤップ、パラオのどこにも連合艦隊の影はなかった。いったい、どこに潜んでいるのかと思い、はたして海軍に決戦の意図があるのかどうかと市谷台の部局員は疑っていた。海軍を力づけ、海軍の士気を鼓舞しなければならないとかれらは考えていた。

もちろん、かれらは言葉どおりの自信を抱いてもいた。呑気といえば呑気な話だった。わずかな火力をそれが当たり前と馴らされ、火力をまったく無視してきた長い習慣から、だれもが抜けきれないでいた。

一キロ当たりの火砲三・三門が普通のところを、一キロ当たり五門配置したとかれらは自慢した。アメリカやソ連の将軍たちが少々の法螺《ほら》を交えて威張ってみせるときには、一キロ当たり百門の火砲と言ったものだった。火力についての認識がまったく違っていた。当然ながら、敵の火力への対応策も甘かった。兵力の分散、遮蔽といったことが不徹底だった。

正直な話、市谷台の幹部たちはソロモン、東ニューギニアの戦いの実態を知らなかった。かれらの確信に満ちた態度は、戦場ではなく、軍規で鍛えあげられたものだった。参謀総長の東条がみずから兵を率いて戦ったのはただの一回、昭和十二年の張家口《ちょうかこう》攻略戦だけだった。

東条がサイパン島は絶対大丈夫だと語った二週間あとの六月六日、フランスのノルマンディに米英軍が上陸した。一日目、二日目、三日目、ドイツ軍は敵軍を海中へ突き落とせなかった。米英軍がノルマンディにあっさり橋頭堡を築いてしまったことは、市谷台に衝撃を与えた。

ドイツ軍の海岸防衛陣地を徹底的に破壊したのは米英海軍の艦砲射撃だった。いっそう肝心なことは、米英軍が戦場の制空権を完全に握っていることだった。

米英空軍はノルマンディ東のセーヌ河と南のロワール河のすべての橋を破壊してしまい、ドイツ軍が予備部隊をノルマンディへ送り込むことができないようにしてしまった。こうしてドイツ軍は強力な反撃をおこなうことができず、侵攻軍を海に叩き込むことができなかった。

むろん、これは目新しい戦略でもなんでもなかった。戦域における制空権を獲得し、維持することが敵の基本戦略だった。ガダルカナル、アッツ、タラワ、クェゼリン、東部ニューギニア、どこの戦場でも、敵はまず制空権を確保した。海上輸送路を遮断し、こちら側の孤立を図り、戦力の枯渇を図った。つづいては艦砲射撃と爆撃によって航空基地と防衛陣地を破壊した。攻略部隊を上陸させるのはそのあとだった。

サイパン、テニアン、グアムが敵空母機に襲われたのは、六月十一日の午後一時だった。それまで夜明け前と決まっていた奇襲が昼すぎとなったのは、これも不意打ちの効果を狙ってのことだった。空襲は夕刻までつづいた。この攻撃が空母十五隻を基幹とする機動部隊による攻撃であることを、その夜には霞ヶ関と市谷台は知った。

太平洋正面の守り神であるはずの第一航空艦隊はどうしていたのか。一航艦は訓練期間を一年と見込み、そのあいだは戦場にださない方針だった。しかし、そうはできなかった。二月に武蔵でトラックから横須賀に戻った古賀峯一の要求で、一航艦は戦場にだされていた。搭乗員の訓練は足りなかった。飛行機も足りなかった。この結果、二月からすでに七百人以上の搭乗員を戦死させてしまっていた。

消耗をつづけ、補充がつづかず、計画予定の一千六百機が揃うことはまったくなかった。六月はじめに一航艦の戦力は五百三十機だった。しかも搭乗員の練度が低く、集団攻撃も満足にできない状態だった。そして六月十一日に敵空母機がマリアナ諸島に来襲したとき、サイパンとテニアンには、百機がいただけだった。

翌六月十二日にも、敵空母機がサイパン、テニアン、グアムに襲来した。二日間の戦いでマリアナ各基地の航空兵力はすべて潰滅した。

翌六月十三日も、夜明け前から敵機が押し寄せた。六時すぎに水平線に駆逐艦、そして戦艦が現れた。

午前十時、轟音がとどろき、地面が揺れ、敵の艦砲射撃がはじまった。サイパン、テニアンの飛行場に十六インチの砲弾が炸裂し、岬の崖を切り崩し、埠頭を吹き飛ばした。数組に分かれた敵戦艦と巡洋艦は海岸数千メートルの距離まで近づき、護衛の戦闘機を上空に舞わせ、観測機を配しての砲撃をつづけた。そして六月十四日も砲爆撃はつづいた。

六月十五日、夜明け前から五日目の砲爆撃がはじまった。砲撃と爆撃はサイパン島の西海岸に集中した。水平線に輸送船が現れ、やがて海は艦船でいっぱいになった。午前七時四十分、激しい砲爆撃がつづくさなか、水陸両用の装軌車と水陸両用戦車が海岸に近づいてきた。四日間の責め苦をじっと耐えていた洞窟のなかの砲手たちはこのときを待っていた。臼砲弾は上陸用舟艇を破壊した。だが、所在を明らかにした砲台はたちまち集中砲火を浴びた。第二波は九時四十分に上陸した。

市谷台では、だれもが気が気でなかった。なにをしているのだと声を荒らげ、どうして攻撃しないのか、いまが決戦のチャンスではないかとだれもが大声をあげた。そして、わが軍は日が暮れるのを待ち、夜襲を敢行して、敵を海に叩きこむのであろうと期待した。

だが、夜襲はできなかった。水際の第一線部隊は大きな打撃を受け、戦線の再建と整理で手いっぱいだった。そして夜襲をしようにも、状況は昼間と同じだった。敵が築いた長さ十キロ、幅数百メートルの海岸堡の周辺は、間断なく打ちあげられている照明弾で白昼のようだった。

そして翌六月十六日、夜明けとともに敵は絶え間のない艦砲射撃と航空機の掩護のもとで、さらに地上戦闘部隊を揚陸させた。市谷台では、憤懣は第三十一軍の首脳に向けられた。パラオを巡視中だった司令官の小畑英良《ひでよし》はサイパンへ戻れなくなっていた。留守役の参謀長がだらしがないからだと怒号がとんだ。

霞ケ関でも、だれもが怒っていた。すべてが思いどおりにいかないことで、かれらは腹を立てていた。次長の伊藤整一、作戦部長の中沢佑、作戦課長の山本親雄は、いずれもサイパン島は大丈夫かとこれまで何度も陸軍側に念を押していたが、実際には敵のサイパン侵攻はないとかれらは思っていた。

五月二十七日にマッカーサーの部隊がビアク島に上陸した。赤道の南、西ニューギニアにある島である。軍令部と連合艦隊は、敵第五艦隊がマッカーサーのその攻略作戦に策応するだろうと判断した。

というのも、その水域を決戦場にしたいと軍令部と連合艦隊は考えていたからである。決戦場をそこにすれば、燃料の心配はなく、タンカーの不足に頭を悩ますこともなかった。そして、敵の主力部隊を日本本土からはるかに遠い南太平洋にひきずり込みたいという願いがあった。

そこで一航艦の二百機をビアクを取り巻く基地に投入した。サイパン、テニアンに百機しかいなかったのはこうしたわけからだった。軍令部は大和、武蔵をもその決戦場に出撃させようとしていた。敵第五艦隊がマリアナ諸島を襲ったのはそのときだった。虚をつかれ、戦いの準備ができていなかった。

一航艦の手で敵空母の三分の一を沈めてやろうといったもくろみは夢と化した。マリアナに残った劣勢な一航艦はたちまち潰滅してしまった。赤道南の戦場へ送り込んだ一航艦の二百機のほうは、搭乗員のあらかたがマラリアあるいはデング熱にやられてしまった。

そしてサイパンは、たちまち敵軍に上陸されてしまったのである。第三艦隊が敵第五艦隊と戦う前に、サイパンの飛行場は敵に奪取されることにもなりかねなかった。参謀総長や陸軍第一部長の広言はなんだったのかと、海軍側の怒りは陸軍に向けられることになった。海軍に戦う意欲があるのか、士気が沮喪していると数カ月来の陸軍の陰口を耳にしてじりじりしていただけに、かれらの怒りは大きかった。

大本営発表の文案をめぐって

市谷台と霞ヶ関はそれぞれ怒っていたが、なんであれ、サイパンに敵軍が上陸したことを発表するという仕事が残っていた。陸軍報道部の係官が発表文案を持って海軍報道部へ赴いた。サイパン地区の最高指揮官は中部太平洋方面艦隊司令長官の南雲《なぐも》忠一だった。それゆえにサイパンの戦いの報道は陸海両軍の協定発表であり、陸軍だけで勝手に発表できなかった。

軍令部の幹部が陸軍のその発表文案を見て、怒った。問題は、敵の上陸を二回まで撃退したが、三回目には上陸を許すにいたったと述べたくだりだった。軍令部にはテニアンの一航艦の司令部から詳しい報告が入っていたから、二回撃退が事実でないことを知っていた。

海軍側がひどく怒っていると知って、陸軍報道部長の松村秀逸《しゅういつ》が海軍省へ駈けつけた。海軍報道部長の栗原悦蔵と折衝したが、どうにもならなかった。その発表の文章に作戦部が異議を唱え、軍令部次長が二度の撃退の部分を削れと要求しているのだと松村は告げられた。

あるいは軍令部の言うことが正しいのかもしれないと松村は考えた。敵の陽動作戦を撃退と思い違いしたのかもしれず、水中障碍物の爆破作業隊の後退を撃退と見誤ったのかもしれなかった。それにしても海軍側は、どうしてこんなにこだわるのかとかれはかれで怒った。

松村は参謀総長に向かって、正式発表文から二回撃退を削ってはどうかと進言した。東条は聞き入れなかった。夕刻、松村は参謀本部第二部長の有末精三に同行を頼み、もういちど首相官邸へ行った。二回撃退の発表は本文に入れなくてもよいではないかと有末が言った。東条が首を横に振った。

「それはいかん。あれだけ功名手柄をたてたものを、公式の大本営発表にのせないということがあるものか。俺には海軍の言い分がわからぬ」

有末と松村は引き下がった。玄関で長靴をはいていると、「有末、待て」と声がして、東条がでてきた。

「君たちの戦友は、いまサイパンで死闘をつづけているのだぞ。いまも斃れつつあるのだぞ㉖」

このとき、参謀総長の目に悲痛な色が浮かび、それを隠そうとしなかったことを松村はそのあとずっと記憶していた。

発表文については、海軍側ともういちど話し合うしかなかった。軍令部次長ががんばるのなら、こちらも参謀次長をださねばならないということになった。そこで、就寝したばかりの次長の後宮《うしろく》淳に起きてもらった。後宮は永田町と霞ヶ関のあいだを何回も往復し、発表文をまとめた。二回撃退したのは陸軍だとは書かないことにして、大本営の発表に入れることにした。やっと新聞社に発表できたのが午前五時だった。

六月十七日の各新聞に大本営の発表が載った。つぎのとおりだった。

「敵はサイパンに上陸を企図せしも前後二回之を水際に撃退せり　敵は同日正午頃三度来襲し今尚激戦中なり」

それから一週間あと、六月二十三日の朝のことだった。市谷台の会議室に総長以下幹部たちが集まっていた。松村秀逸がその部屋に入った。かれはあ号作戦の海軍側の発表文案を持っていた。かれがそれを読み終わるなり、次官の富永恭次が「同意しがたい」

と言った。

「ミッドウェーのときと同じように、こちらの損害を恐しく過少に書いている。アメリカの短波放送はすぐひろがっていく。いくら隠してみたところで隠しおおせるものではない。海軍もつらいことであろうが、なぜ真実をそのまま発表しようとはしないのだろうか。こんなことでは到底世論の指導はできない。陸軍側としては、絶対にこの発表文案には賛成いたしかねる」

だれもが黙っていた。海軍が絶望的な状況にあることは知られていた。六月十九日と二十日の決戦で、三隻の空母、四百人以上の搭乗員と五百機に近い飛行機を海軍は失っていた。惨澹たる結末であり、最後の希望は消滅したといってもよかった。ややあって総長の東条が言った。

「マリアナ沖の海戦は陸海軍の協同作戦ではない。連合艦隊のみの作戦だ。こちらから発表はこうしろと強く主張するわけにもいくまい。……まあ海軍の責任で発表することだから、言う通りにしておいたらどうだ[27]」

東条内閣が総辞職したのは、それから一カ月たらずあとのことだった。五カ月前に東条が参謀総長を兼任することに賛成した木戸が言った。

「此の際統帥の確立は最も必要なりと信ず。敵を玄関先に迎えて片手間の作戦にては国民は安心せず。之では敗けても敗けきれぬと言う気持なり[28]」

それが倒閣のはじまりだった。木戸とかれの仲間がなにをしたかについては、このさき触れる機会もあるだろうが、ここではひとつだけ述べておこう。

もし東条が昨十九年の二月に参謀総長を兼任しなかったなら、かれはこの正月にまだ首相官邸にいたことであろう。あるいは昨年七月のサイパン失陥のあとではじめて、かれは杉山元に辞任を求め、参謀総長を兼任することになっていたにちがいない。

たとえそうであったとしても、連合艦隊は潰滅してしまい、B29の東京空襲ははじまっていたであろうし、戦況にはなんの違いもなかったであろう。霞ヶ関の赤煉瓦内では、東条に対する憤懣の声はいよいよ大きくなっていたにちがいない。そして、東条内閣を倒さねばならぬと説く人びとはさらに増えていたであろう。政府を打倒しようとする陰謀はつづき、それに対抗して、陸軍は戒厳令施行の準備をすすめていたはずであった。

東条が近衛と東海道線の車中で話し合ってすこしあと、昨十九年の暮れのことであった。高宮太平が東条の家を訪ねた。京城日報の社長のかれは、以前は朝日新聞の記者だったことがある。

いわゆる陸軍記者であったかれは杉山元や岡村寧次《やすじ》にかわいがられ、東条ともずっと親しかった。世田谷太子堂の家、次官時代の深沢二丁目の家、そして永田町一丁目の陸相官舎へ通い、夫人や娘たちとも遠慮のない口をきく間柄だった。

東条は内蒙古の指導者である徳王から贈られたという毛皮を羽織り、高宮と庭へでた。淡い青色の空に富士山と丹沢の山々がくっきりと浮かんでいた。庭の落葉を集めて焚火をしながら、東条は語った。

「開戦の責任者として、戦争終結の責任を痛感していた。それでガダルカナル以来一度でもよいから敵に痛打を与えて、それを契機に終戦に持ちこみたいと苦心して参謀総長を兼ねてみたんだが、完遂できなかった。この点は不明と非力を責められても仕方がないと覚悟している[29]」

第3章

木戸の回想㈠

（一月二日）

内大臣の眠れない夜

一月二日、木戸幸一は赤坂新坂町の邸にいた。

冴えわたったラッパの音が朝夕に高く低く聞こえ、それが鳴りやめばふたたび静けさに包まれる邸町だった。このラッパの音は新坂町を南と西に囲む兵営から聞こえてきた。南側には、乃木坂を隔てて檜町《ひのきちょう》があり、歩兵第一連隊の兵舎と練兵場があった。西側は電車通りを越えて、第一連隊よりはるかに広い第一師団司令部と第三連隊があった。北側は表町、そして電車通り、その向かい側には青山御所がひろがっていた。木戸の邸は、かつては五千坪あった。木戸の邸のすぐ南にある乃木神社は大正半ばにつくられたのだが、その一千坪を超す境内は木戸の邸の一部が譲られてできたものだった。

木戸はこれまで元旦には拝賀のために参内し、そのあと各宮家、親戚を回礼し、二日と三日には埼玉の朝霞へゴルフに行くのが長いあいだの習慣だった。だが、内大臣に就任してからは、この両日は家にいることにきめていた。

この日、かれは一冊の本をひろげていた。もともとかれには休みの日に書斎に閉じこもるといった習慣はなかった。小説は少年時代に漱石や鷗外を読んだ程度で、のちの白樺派の作家たち、学習院高等科でいっしょだった文学少年たちと学生時代に芸術論を交わしたりしたことはなかった。初等科から高等科まで同じクラスにいた作家の長与善郎は、木戸のことを、教科書以外の本はほとんど読まず、青春時代に知的懐疑の時期を経験したことのない、ひたすら教師に教わるとおりを几帳面にやる平凡な模範学生だと軽蔑していた。(1)

内政外交の全般に通じていたが、読まなくても済ませるものは、読もうとしないのがかれの流儀であった。そのかれが珍しいことにトルストイの「戦争と平和」を読んだことがあった。一年半ほど前、昭和十八年七月のことである。木戸は「戦争と平和」を読み終えたあと、つづいて「アンナ・カレーニナ」、そして「ジャン・クリストフ」を読んだ。時計のように理づめな男だと木戸は評されてきた。ゴルフをするときでも、このホールをまわるときにはこうと、計算どおりに刻んで、グリーンにのせるといった手堅さは、かれの性格そのものだといわれた。木戸のこのような性格は祖父の孝允と似ていなくもなかった。孝允は桂小五郎時代の伝説的なイメージと異なり、まことに几帳面な性格であり、その一面、陰性な性質の持ち主でもあった。

毎日の生活を定まったスケジュールどおりに木戸幸一はこなしてきた。ところが、昭和十八年の初夏から秋にかけて、このような生活に乱れが生じた。眠れない夜がずっとつづいた。

眠れない夜のはじまりは、昭和十八年四月の連合艦隊司令長官山本五十六の戦死だった。空爆と砲撃がソロモンの水域を赤く染め、東ニューギニアのジャングルでこだまし、陸海軍は苦闘をつづけていた。五月半ば、二千五百人の陸軍部隊が守るアッツ島に一万四千の敵軍が上陸した。同じときに、北アフリカで最後のドイツ、イタリア軍が潰滅した。また、英軍の爆撃機がルール工業地帯に電力を供給するムエーネ・ダムとエーデル人造湖のダムを爆撃した。

どうしてアッツに増援部隊を送ることができないのかという疑問が、木戸の胸にわだかまった。そしてスターリングラードの敗北以後、ドイツはもはや勝利者ではなくなったのではないかという懸念がかれの気持ちを暗くさせた。日本、ドイツともに、順風を敵に奪われ、いまや逆風に向かっているのであろうか。

その頃、不安と疑心にとらわれるようになったのは木戸ひとりではなかった。天皇もまた同じだった。情報局総長の天羽《あもう》英二は、昭和十八年五月二十日の日記につぎのように記した。いつもながらメモ風の叙述である。

「……午後五時　近衛公と会見　華族会館　放送協会改組　情報（近衛公は陛下の御心痛〈について語る〉）……[2]」

それより九日前の五月十一日、近衛文麿は木戸に会った。木戸は日記につぎのように書いた。

「御陪食後、近衛公来室、久振りに内外の状勢其の他につき懇談す」

木戸は日記には書かなかったが、近衛と話し合った際、四日前に百武《ひゃくたけ》侍従長と交わした会話について触れ、お上が疲れておいでだと話したのである。五月七日の日記に木戸はつぎのように記していた。

「十一時、百武侍従長来室、今後、吹上にて御運動の一方法として同所に生育せる植物の御研究を願うことにしたし云々の話あり、余の意見を求めたり。大いに賛成なる旨を答う」

天皇の顔色が悪く、疲労と緊張がつづいていることは、侍従たちのだれもが気づいていた。御学問所の二階の床を踏む足音がいつまでもつづけば、階下にいる侍従たちは顔を見合わせ、小さくうなずいた。天皇は部屋のなかをあちらに行ったり、こちらに行ったり、ただひとり歩き回っていた。木戸は日記にはつけなかったが、百武三郎とかれとの会話の結論はつぎのようなものになったのである。

〈お上にお好きなことをやっていただき、気分の転換を図られ、神経が安まるようにしていただくことが一番でありましょう〉

天皇、そして木戸の胸中に不安と恐怖がしのび込んだだけではなかった。おそらく首相、閣僚たちのだれもがひとり物思いにふけるときがあれば、なにか目に見えない手で胸を締めあげられるような圧迫を感じ、ときには自分の胸にある不安を、だれかに洩らすことにもなったのである。企画院総裁の鈴木貞一がそんな不安を同僚に語った。

鈴木は頭の回転が早く、切れ者で通り、疲れを知らぬ精力家であったが、かれの神経も疲れきっていた。

昭和十八年のその頃、毎朝、鈴木を含めて四人の政府長官による会議が開かれていた。四長官会議と呼ばれ、内閣書記官長星野直樹、法制局長官森山鋭一、情報局総裁天羽英二、それに鈴木貞一が丸テーブルを囲んだ。内政を動かしていく重要な高級連絡会議であったが、ときには検討する問題が少なく、雑談になると、この戦いを避ける機会はなかったのかと未練がましい問いがだれの口からともなくでた。そうなれば、鈴木貞一の顔に、残る三人の視線が集まることになった。

昭和十六年の十月から十一月、開戦か否かを決める一連の重大会議に加わったのは、四人のなかで企画院総裁の鈴木ひとりだった。その席上で、鈴木は日本が長期戦に耐えないことを数字を挙げてはっきり示すことのできるただひとりの人物のはずだった。企画院総裁であるかれは、国の原料資源、生産、および輸送組織の全状況を把握していた。

しかも鈴木は現役を去ったとはいえ、陸軍中将だった。荒木陸相のもとで新聞班長を務めたときから、かれはずっと陸軍のホープ、陸軍の顔といった存在だった。企画院の総裁をかってでて、みずから軍服を脱いだかれは、古巣の陸軍に臆することなくなんでも言うことができたはずだった。

長期戦を戦うことはできないとかれががんばれば、参謀総長の杉山元もかれの主張の前に立ちどまることになったであろう。杉山を操っているがむしゃらな部課長たちを怒鳴りとばすことも、鈴木にならできたのである。

なぜ、かれは戦いに反対しなかったのか。

南方地域を占領しさえすれば、ボーキサイト、ゴム、石油は手に入るはずだった。そして南方地域の戦いは五カ月ほどで終了の予定だった。そのあとは作戦のために徴用されている輸送船の半分以上が不要になる。そこで開戦から八カ月あとには、三百万総トンの輸送船によって原料物資を運ぶことができると予測された。

三百万総トンはけっして満足できる船腹量ではなかった。だが、それだけの輸送船があれば、戦争経済の歯車は順調に回ると予想された。経済封鎖のなかで臥薪嘗胆をつづける危険と比べて、ずっとましだと鈴木は思ったのである。

たしかに南方地域の戦いは五カ月で終了した。だが、予測が当たったのはそこまでだった。原料物資を運ぶ船舶を物動船と呼んでいたが、その物動船が増えなかった。陸海軍に使われている船が開戦前の約束どおりに徴用解除とならなかった。ガダルカナル攻防戦という思ってもみない消耗戦がはじまったからである。

ガダルカナルにつづいて、ソロモン、東部ニューギニアの戦いとなり、徴用船が片端から沈められた。陸海軍が使っている船が徴用解除になるどころか、逆に物動船の徴用がはじまり、原料物資の輸送船は増えるどころか、ますます減る傾向にあった。そして輸送船の喪失量は戦争前の予測をはるかに上回る数字となった。

こうして昭和十八年に入って、物動船は三百万総トンはおろか、二百万総トンにも達せず、百八十万総トンを下回る量となった。三十年前、第一次大戦がはじまる前に日本が保有していた貨物船の船腹量と同じだった。ビンタン島からボーキサイトを運ぼうとすれば、海南島からの鉄鉱石の輸送を半分に減らさねばならなかった。華北から製鉄用の石炭を運ぼうとすれば、サイゴン米の輸送を諦めねばならなかった。

はじめに計画をたてたときには、なんの疎漏もないつもりだった。だが、まったくの失敗だったと鈴木は悔やんだ。かれが悔やんだのは、船腹が不足することを予測できなかったということだけではなかった。鉄鋼の生産がさっぱり増えないこと、その生産量がわずかであることをまったく意に介さなかったことを後悔した。

日本の鉄鋼生産が増えはじめたのは、重化学工業化に拍車のかかった昭和八年、九年からだった。平炉メーカー、電気炉メーカーによる製鋼だった。製鋼原料にはアメリカの屑鉄をつかった。

むろん、これは日本の鉄資源が少なかったからである。鉄鉱石から銑鉄をつくっていたのは、八幡、釜石、輪西《わにし》だけだった。高炉をつくるには、巨額な設備資金が必要だった。しかも安いアメリカの屑鉄がいくらでも輸入できたから、高炉をつくることなく、平炉、電炉を持つだけの製鋼会社が増えることになった。

だが、製銑、製鋼の一貫設備をつくったほうが、経済上の利点は多かった。しかもアメリカの鉄屑の輸入が杜絶する事態を想定しなければならなかった。そのためには製銑工場を建設しなければならず、高炉の増設とその大型化が不可欠だった。

日産一千トンの世界最大級の規模の高炉を、八幡の洞岡《くきおか》につくったのが昭和十二年だった。それまで洞岡にあったのは、昭和五年に火入れをした五百トンの高炉だった。翌十三年には二基目の一千トン高炉が完成した。昭和十四年には兵庫県飾磨《しかま》郡の広畑に、これまた一千トンの高炉が火入れをした。

鉄鋼の生産は、飛躍的に増大するものと思えた。だが、実際には製銑工場はまだまだ少なかった。そして製銑部門をもたない製鋼工場の生産量は、アメリカからの屑鉄の輸入が断絶すると、その生産は一挙に低下してしまった。鉄鋼生産がさっぱり増えないのは、こうした理由からだった。

鈴木貞一は、秘密にしていた鉄鋼生産の実態を議員たちに告げることにした。昭和十八年一月二十九日、衆議院予算総会の第一日に、かれは普通鋼鋼材の生産が四年間にわたって下りつづけている由々しい事実を明らかにした。

「昭和十三年度約四百九十五万トンの生産を頂点とし、十四年、四百六十五万トン、十五年、四百五十五万トン、十六年、四百三十万トンと逐次減産を重ねるに至っております。……

本年度物動計画策定に際しては、普通鋼々材が物的戦力の基盤を為す重要物資である点に鑑《かんが》みまして、このような縮小再生産傾向を克服し、一挙に拡大再生産に転移せしむべく、……国内生産約五百万トン……を計上したのであります。

ところが上期の実績は……約二百万トン……、計画に対し約八三%となったのであります。しかも下期におきましては、……上期と同じ二百万トンの生産を確保致すためには更に一段の努力を必要とするわけでありまして、本年度四百万トン……、之以上の増産は甚だ困難の模様であります③」

議員たちは、明らかにされたその数字にぞっとしたことであろう。年産七百万トン、少なくとも六百万トンは生産しているだろうと思っていたのが、実際には四百万トンを割ろうとしているのだ。大変なことだとだれもが思った。

たしかにその情けない生産量で、軍需生産の飛躍的増大など望むべくもなかった。高射砲をつくれば、重砲の製造をあきらめねばならなかった。弾薬の生産はぎりぎりに減らさねばならなかった。船台に乗っている空母、駆逐艦の竣工も遅れていた。

そこで問題になるのは、昭和十八年度分の鋼材生産予定量だった。予定量はどうみても三百八十万トンが精いっぱいだった。そのなかから陸海軍の割当て分を百八十万トンとした。その百八十万トンの配分をめぐって、陸海軍が喧嘩をはじめた。昭和十八年三月に入って、鈴木貞一は溜息をつく毎日となった。

海軍は自分の側の取り分を、陸軍の割当て分より多くせよと主張した。前からの約束だとかれらはがんばった。企画院の担当官が駈けずりまわり、鋼材の生産をもうすこし増やすことにし、海軍の増量分をひねりだした。こんどは陸軍側が怒った。海軍と同量にせよといきまいた。陸軍の割当て分を増やした。海軍が怒った。差をつけよと迫った。同じことが何回か繰り返された。

四月になって、三百八十万トンの計画量はとうとう五百万トンにまで膨らんだ。砂鉄を原料にした製鉄所がまもなく操業をはじめる、小型熔鉱炉を各地に建設するといった計画が、たちまち百万トンの増産を可能にしたのである。

こうして紙の上ではつじつまが合うことになって、会議では大臣がうなずき、小型高炉の建設にはっぱがかけられることになるのだが、五百万トンを生産できないことはだれもが知っていた。

そして、やがては恐ろしい事態となるにちがいなかった。陸海軍はむりやり自分の取り分を取ろうとするだろう。昭和十六年、十七年に起きたことが重ねて繰り返されることになるのだ。陸海軍の取り分を生みだすために、結局は工場の設備拡大のための鋼材が削られることになる。それだけでは済まない。操業中の工場に配分予定の補修用の鋼材にも大鉈がふるわれることになろう。そうなれば修理、補修ができない工場の生産が下がりはじめ、経済の全計画はがたがたになるだろう。

鈴木貞一は工業生産の危険な状況を議会で語り、大本営・政府連絡会議で論じ、私的な集まりで説いた。だが、すべては遅きに失した。救いの手はどこからも来るはずがなく、解決策のないことをかれは知っていた。

どうして戦争決意などしてしまったのか。取り返しのつかないことをしてしまったのだ。そう思ったとき、鈴木は眩暈《めまい》がし、目の前が暗くなったのである。

天羽英二は昭和十八年七月七日の日記に、つぎのように記した。

「四長官　時局憂慮　鈴木神経過敏　過去の懺悔」

悶々として眠れない夜が鈴木貞一にもあっただろう。木戸幸一は眠れないまま、見るともなしに闇の奥を見つめたかもしれない。そんなとき、かれらの憂慮は恐ろしい予感につながり、日本は敗北し、崩壊するかもしれないという考えにつきあたったはずである。

そして木戸が思いだしたのは、同じように眠れなかった昭和十六年九月から十月のことであり、かれ以上に不眠症に苦しめられた近衛文麿のことであったにちがいない。首相の近衛は、かれの心身を消耗させる緊張がずっとつづいているあいだ、睡眠剤を多用して、胃腸障害を起こし、武見太郎の診療所へ通ったのだった。(4)

木戸は娘の和子に向かって、なにか読むものを選んでくれと言ったのであろう。日本の小説ではないほうがいい、なるたけ長篇がいいとつけ加え、受けとったのが世界文学全集の一冊だったにちがいない。昭和十八年七月十一日のことであった。

かれが「戦争と平和」を読みはじめてまもなく、七月二十六日には、ムッソリーニが失脚し、拘禁されたというニュースが入った。木戸は背筋に冷たいものを当てられたような気がした。かれだけではなかった。政界上層部の人びとの胸の底にあった不安は立ち騒ぐ波となった。かれらの動揺につけ込み、中野正剛、天野辰夫といった過激な連中が政府打倒をもくろみ、元首相たちを煽動しはじめた。

木戸は「戦争と平和」を読み終えた。つぎには「アンナ・カレーニナ」を手にした。九月八日にはイタリアの新政権が無条件降伏をした。三冊目の「ジャン・クリストフ」を読みだしたのが九月末だった。一カ月あとの十月二十六日にはそれを読み終わった。

かれは娘の和子に向かって、つぎの本を探してくれとは言わなかったようであった。眠れないままに、どこからか聞こえてくる蟋蟀《こおろぎ》の鳴き声に聞き耳をたてることはなくなったのであろう。翌十一月には、ギルバート、マーシャル群島が敵の大艦隊に襲われることになるのだが、かれの鬱状態は終わっていた。

木戸、グレー卿の回想録を読む

それから一年あまりがたって、この正月に木戸が読もうとしているのは、エドワード・グレーの回想録だった。グレーは第一次大戦の前からその戦いの半ばまで十一年にわたって英国の外務大臣を務めた人物である。引退したあとに、かれは一八九二年（明治二十五）の次官就任から一九一六年（大正五）の外相辞任までの二十五年間の回想録を発表した。

これを日本で翻訳したのは石丸藤太《とうだ》だった。石丸は海軍兵学校で米内光政と同期だった。昭和四年に少佐で予備役になったあと、かれは著作活動に入った。昭和八年に「日英必戦論」を出版し、つづいては「日米未来戦記」を書き、日本を取り囲む敵意を説いて、危機感と不安感を煽った世論形成家のひとりだった。もっともかれは、この二年前、昭和十七年末に没していた。かれがグレーの回想録を翻訳、出版したのは大正十五年であり、原著が発行された翌年のことだった。

グレーの回想録が出版された頃、木戸はまだ農商務省の役人だった。かれがその役所に入ったのは第一次大戦のさなかの大正四年である。木戸がよく覚えているのは、大戦が終わった大正七年十一月十一日のことだ。

かれは中国に出張して、棉作調査のために揚子江デルタ地域を回っていた。

かれの乗った船が黄埔江のバンド河岸通りに近づいたとき、時計台のある税関や円屋根の銀行が青白い煙に包まれ、爆竹が鳴り響き、ビルの屋上にさまざまな国の旗がはためいているのを見て、いったいなにごとが起きたのかと驚いた。その朝早く、休戦条約が調印され、第一次大戦が終わったことをかれは知らなかったのである。

第一次大戦の休戦記念日となった十一月十一日については、かれにもうひとつの思い出があった。それから四年あとの大正十一年の同じ日、木戸は同じ世代の十人ほどの友人と語らい、十一会を結成した。

十一会のメンバーは有馬頼寧、広幡忠隆、岡部長景、織田信恒、近衛文麿、原田熊雄、松平康昌、佐々木行忠といった顔ぶれであり、いずれも高価な仕立ての服を着た華族の御曹子たちだった。かれらは同じように学習院高等科をでて、このうちの何人かは京都大学に進み、そこでもいっしょだった。卒業してからは、華族会館や田中家、桑名といったお茶屋で顔を合わせ、駒沢ゴルフ場や横浜の程ヶ谷ゴルフ場へ運転手付きの高級車で通うゴルフ仲間でもあった。

かれらは最初、赤坂新坂町の木戸の邸に集まって読書会を開いた。この集まりはやがて政治を語り、情報を交換しあう政治グループとなった。たぶんこの席上でグレーの回想録が話題になったことがあったはずだ。まだまだ向上心をもっていた華冑《かちゅう》界の若手の紳士たちにとって、グレー卿こそはかれらの理想とする政治家像だったからである。

昭和五年に近衛が「エドワード・グレーの風格」といった文章を書いたのも、かれらのグレーへの敬愛の一例といってよかろう。近衛がその文中でとりあげたのはグレーが政治家の要件として静養を挙げていることであった。グレーが大統領辞任後のセオドア・ルーズベルトとともに、ハンプシャーの田舎でバード・ウォッチングをした逸話をかれは紹介し、この二人の政治家が鳥について専門家はだしの知識をもっていたことに感心すると述べたのである。

このとき、近衛が読んだのはグレーの「レクリエーション」だった。この本はグレーが引退したあと、ハーバード大学に招かれておこなった講演をまとめた小冊子だった。いずれにせよ、近衛もまたグレーを尊敬するひとりだったのである。

もっとも、だれもがグレーを尊敬していたわけではなかった。

昭和八年に松岡洋右は新聞に連載談話を発表して、つぎのように述べた。

「霞ヶ関にはエドワード・グレー卿の大英帝国二十五年外交史を読んで随喜の涙を流したり（する方がいるが）、……わが外交の振わぬ一面は少なくともここにある」

松岡のその科白は、大正十三年から昭和七年はじめまでのあいだ、事実上霞ヶ関を支配していた幣原《しではら》喜重郎とかれの部下たちに向けて発せられたものだった。霞ヶ関の先輩や同輩を軽蔑の念をもって扱ってきたかれは、幣原がエドワード・グレーの外交を高くかっていたことを充分に承知していた。こんな皮肉を言うことによって、松岡は英国贔屓の高踏的な紳士連中に不信や反感をもっている人びとの民族主義感情を煽り、国民的指導者としての自分の支持基盤をひろげようとしたのである。

それより前、昭和八年二月にジュネーブで国際連盟脱退の演説をぶった松岡は、帰国の浅間丸の船中では沈みがちだった。連盟にとどまることの使命を果たせなかったからである。それが横浜の埠頭に降りたち、小学生の打ち振る日の丸の旗に迎えられ、人びとの熱狂的な歓迎を受け、元気を取り戻した。そして、世界の英雄、日本の救世主とかれの名前は大新聞の一面を飾り、意気天を衝かんばかりの有様となった。松岡がさきの発言をしたのはそんなときのことだった。

同じ昭和八年の夏、木戸は家族とともに過ごした沼津、つづいては逗子の避暑地で、グレーの回想録をひろげた。かれが読んだのは、石丸藤太が訳した翻訳本ではなかったようだ。上下二冊に分かれ、鼻筋の通ったいかにも美男子然としたグレーの写真が何枚も入っている青表紙の原著のほうであったのだろう。

それから十一年あまりあと、昭和二十年の正月、木戸はもういちど、その本をひろげることになった。じつはかれだけではなかった。少なからずの人びとが、おそらくはもういちど、その本を読んでいた。国務大臣の緒方竹虎、慶応義塾塾長の小泉信三、元駐英大使の吉田茂がそれをひろげた。内務省警保局長の水池亮も、忙しい時間を割いてそれを読んだようだ。

第一次世界大戦の指導者、責任者の回想録には、ポアンカレ、ルーデンドルフ、ロイド・ジョージをはじめ、数多くの著書があった。昨十九年十二月には「戦うクレマンソー内閣」といった翻訳書が出版されもした。それについてはこのさきで触れる機会があろう。それらのなかから、人びとがグレーの回顧録を選んだのはなぜだったのであろうか。

自慢げなところがなく、また狭量なところがなく、憎しみもなく、繊細で、哲学的なグレーの性格がにじみでている文章が、人びとに安らぎを与えたからだろう。そして、なによりもグレーの平和愛好心が納得のいくほどに詳細に語られていたからにちがいない。緒方竹虎も、小泉信三も、吉田茂も、その本のなかの「回想」の章をある感慨をもって読んだことは間違いない。

グレーは第一次大戦がどうしてはじまったのかを回想して、つぎのようなことを述べた。

フランス人は心から戦争を恐れ、全力をつくしてこれを回避しようとした。かれらは戦争を一般的な悲劇として恐れたというより、来るべき戦いが、フランスにとって非常に危険なことになると考えていた。

ロシアではどうであったか。決定権をにぎる皇帝と政治指導者たちが戦争を挑発したことはなかったし、戦いを意図していたとも思えない。ロシアの状態は、経験不足の船長が分にあまる大船を指揮して、未知の航路を進んでいるようなところがあった。

では、ドイツはどうであったか。ドイツ国民は戦いを熱望していたのであろうか。かれらが戦いを好んでいたとは思えない。にもかかわらず、開戦はドイツにおいて熱狂的に迎えられた。

それはなぜだったのか。ドイツはビスマルク時代に三つの戦争をおこなった。一八六四年にデンマークと戦い、一八六六年にオーストリアと戦い、一八七〇年にフランスと戦った。戦いはいずれも数カ月で片づき、ドイツの全面的な勝利で終わった。いうまでもないが、この三度目の戦いはナポレオン三世の軍隊をセダンで殲滅した戦いである。

グレーはつづけた。

「ドイツには平和の決心に必要な戦争への恐怖や嫌悪感がなかったのである」

こうしてドイツの世論は戦いを欲してはいなかったものの、事態の処理を皇帝の背後の有力者の手にゆだねることになった。

ドイツにおいて真に決定的な力をもっていたのはだれだったのか。強固で、組織的な力をもった軍閥がその指導勢力であった。この軍事最高機関が戦わざるべからずと考え、しかも一九一四年こそがその戦いをはじめるもっとも適切な時期と見ていたのは、疑う余地のないところであった。

ドイツ軍首脳は、戦いがはじまって数週間以内にパリを占領する計画をたてていた。

フランス軍を撃破してその抗戦力を失わせたあと、踵《きびす》をかえしてロシアに転ずるつもりだった。そしてドイツ人は、この戦いによって、なおいっそう自国を強大ならしめることができると見ていたのである。

グレーが述べたように、大戦発生のすべての責任をドイツ一国とドイツの軍部に押しつけるのは、専門家、歴史家たらずとも異論があろう。だが、昭和二十年のいま、だれもがグレーの見解にうなずいたにちがいない。

小泉信三も、緒方竹虎もここまで読んで深く吐息したのである。いまや崩壊の道をいきつこうとしている日本を振りかえり、そしてまた、かれらが少年時代から抱いてきた戦争観を思い返しての嘆息であったことはいうまでもない。

木戸もまた重い心を抱いてページを繰り、つぎの章「戦争は避けえたのか」の書き出しを読むことになったのであろう。

「戦争勃発後、私はときとして夜半にめざめ、戦争前の数年間になにごとをなしえたならば、この戦いを防ぎえたかを何度となく考えたことがある。ときとして午前四時頃に目覚めたことがしばしばあったので、私はそれからそれへと仮定を設けて、いかなる望みがこれらの仮定のなかにあるかを考えてみたのである」

木戸はここまで読んで眼鏡をはずし、腕組みをして、眼をつぶったのではないか。この戦争は避けることができなかったのか。戦いを回避するために自分ができたかもしれないことは、はたしてなんであったか。おそらく、かれもまたそう考えたのではないか。

内大臣の権力

木戸はこの五年来、内大臣の椅子に坐ってきた。このポストはもともとは飾りものだった。明治十八年に太政官機構を廃し、内閣制度を創設した。そして伊藤博文が初代の総理大臣になったのだが、それまでの行政府の首長である太政大臣の三条実美をどう処遇するかという難問が残った。そこでつくられたのが内大臣府であった。三条実美のためにつくられた機関であり、終焉した公卿政治体制の残息《ざんそく》といってよいものだった。

そこで内大臣はけっして重要なポストではなかった。内大臣官制は第一条で、「御璽《ぎょじ》、国璽《こくじ》ヲ尚蔵シ」と唱っていた。発布される法律や勅令、条約批准書、全権委任状に御璽あるいは国璽を押すのは事務手続きにすぎず、内大臣が口をはさむ余地はまったくなかった。

より重要なのは、第二条の「常侍輔弼《じょうじほひつ》」の規定であった。だが、内大臣にはこれといってはっきり定まった仕事はなかった。皇室いっさいの事務は宮内大臣の職掌であり、内大臣には直接の関係はなかった。内大臣は軍事、国務についても、輔弼の責任はなかった。それゆえ内大臣はなにもすることがなく、出勤するのはひと月に一度か、二度だった。内大臣の下には秘書官長とわずかな秘書官がいるだけだったが、かれらのうちの何人かは宮内省の式部官を兼任していた。

こんなわけで、木戸が内大臣秘書官長になろうとしたとき、内大臣の牧野伸顕は反対した。

それは昭和五年八月のことであった。そのとき秘書官長だった岡部長景が貴族院議員となって、このポストが空いた。岡部は十一会のメンバーだったし、木戸のゴルフ仲間でもあった。かれの妹の三井栄子が近衛の幼馴染みであることは前に述べた。その頃、木戸は週に一、二度、駒沢か、横浜の程ヶ谷ゴルフ場へ通っていた。九ホールの駒沢ゴルフ場は大正はじめにつくられた。十八ホールの程ヶ谷ゴルフ場は大正末である。双方とも、創設者は井上準之助だった。

昭和のはじめ、駒沢、程ヶ谷へでかけていたのは、三井、三菱をはじめとする財界人と華族たち、それに外交団、外国商社の幹部たちだった。キャディは学校を休んだ小学生だった。かれらは一ラウンド十五銭から三十銭のチップをもらったのである。木戸はこの二つの倶楽部の会員だった。

程ヶ谷のゴルフ場で、木戸と近衛が内大臣秘書官長の後任問題を語り合って、近衛は木戸に向かって言った。「いつまでも部長なんかやっていてもしようがあるまい」。木戸はそのとき商工省産業合理局の第一部長だった。「おれもそう思っている」、木戸が近衛を見あげてそう言った。近衛が百八十センチの長身であるのに比べ、木戸は百五十センチ、近衛の肩のあたりの背丈しかなかった。

木戸は少年時代から背が低かった。目白の高等科時代に、かれはボート部に加入して、コックスだった。コックスは小柄で、頭のいい学生を選んだものだった。かれはクラスで一番の成績だったが、背も一番低かった。コックスにはうってつけだった。同級に長与善郎がいたことは前に述べた。ほかに原田熊雄がいたし、郡虎彦《こおり》がいた。志賀直哉、柳宗悦らと「白樺」の創刊に加わった郡は、東大英文科に進んだが、大正二年に渡欧し、大正十三年にスイスで客死した。木戸は郡のことをはっきり記憶していた。一級上には志賀、柳がいた。近衛文麿は木戸の二級下だった。

かれが育った家庭は、「ある意味で非常に進歩的だった」とかれ自身語ったことがある。ハイカラなところがあったというほどの意味である。父の孝正は明治四年に岩倉使節団について渡米し、アメリカで教育を受けた。その後、宮内省の役人となり、大正天皇の東宮時代の東宮侍従長だった。孝正と同じときに渡米留学した十数人のなかで、この昭和二十年に生きているのは、ただひとりだけだった。牧野伸顕である。

幸一の母方の祖父の山尾庸三も洋行組だった。山尾は文久三年に伊藤俊輔、井上聞多らとともにひそかに英国へ留学した。伊藤と井上は四国連合艦隊の馬関砲撃を知って、日本へとって返すのだが、山尾はグラスゴーの造船所で見習工として働き、グラスゴー大学の夜間学校で勉強した。使いふるした鋸と鉋を留学土産に帰国したかれは、工部省をつくり、工部学校を設立した。
父方の祖父は来原《くるはら》良蔵といった。良蔵の妻の春は桂小五郎、のちの木戸孝允の妹だった。孝允に後継ぎがなかったために、来原家から孝正が木戸家を継ぐことになったのである。

ところで幸一の祖父の良蔵は、幸一の父の孝正が三歳のときに自刃した。文久二年のことである。その前年、文久元年三月、長州藩の高官である長井雅楽《うた》が「航海遠略策」を発表し、公武合体論と開国論を唱え、幕府と朝廷のあいだを周旋しようとした。良蔵はこの計画の支持者だった。だが、藩内の急進派と朝廷の保守派がこの穏健路線に反対し、かれらを奸物、卑怯者と非難しはじめた。急進派のひとりが桂小五郎だった。翌文久二年、長州と張り合う薩摩藩が、長州がもたもたしている隙を狙い、長州の長井路線を自己の戦略とした。幕府と朝廷を説得して、薩摩は一挙に主導権を握ってしまった。これを見た長州藩は七月、急転換した。攘夷を叫び、朝廷内外の過激勢力と共同戦線を結成し、薩摩の鼻をあかそうとした。

八月、京都にいた良蔵は江戸行きを命じられた。藩主世子《せいし》、桂小五郎らはさきに出発していた。江戸に着くや、良蔵は、自分が鎖国路線のさきがけになると言い、脱藩して、横浜の外国公館を襲うと述べた。百八十度の転換である。藩のほかの連中が慌てた。同僚たちがとめた。この軽挙をやめさせねばならない、いうことをきかなければ、伏見寺田屋の故轍を踏むのもやむをえないと江戸長州藩邸の論議が決まった。良蔵は説得に従い、おとなしく藩邸に戻ってきた。藩主世子の説論は慇懃だった。ところが、翌朝早く、かれは自殺した。江戸に着いて五日目のことであり、良蔵は三十二歳だった。

駈けつけて、その見事な自刃に感動したのが伊藤俊輔だった。のちに伊藤は、良蔵が長井の主張を支持したことを後悔し、厭世的になって自決したのではけっしてないと述べ、かれの本心は藩論の一変に大いに憤激したからだと語った。だが、その説明では、なぜ良蔵が横浜の居留地を襲おうとしたのかを解明したことにはならない。伊藤は、「その頃のことを理屈的に言っては、大いにわからぬことになるが、畢竟《ひつきよう》感情的でそんなものだ」とつけ加えたのだった。

昭和五年八月に話は戻る。

近衛は芝三田台町の内大臣官邸に牧野伸顕を訪ねた。近衛は伸顕の息子の伸通と学習院初等科でいっしょだったし、近衛の母が牧野伸顕の夫人と同窓であったこともあって、少年時代には牧野の家へよく遊びに行ったものだった。近衛は木戸を内大臣秘書官長にしてくれるようにと、牧野に頼んだ。これが近衛と木戸の二人が、中央の政治舞台で協力して行動する序幕となった。

牧野は太い眉をよせた。

「秘書官長といった職は用のあるような、ないようないわば一種の閑職です。木戸侯のごとき前途のある若い働き手のためには将来のためにどうでありましょうか」

そのとき木戸は、四十一歳になったばかりだった。つけ加えるなら、近衛は三十八歳、かれが貴族院副議長となったのは、この翌年、昭和六年の一月だった。牧野は六十八歳だった。近衛は牧野に言葉を返した。

「そういう職だからこそ、木戸の将来のためによいと考えます」

こうして木戸は内大臣秘書官長になった。たしかにゴルフをするのがかれの毎日の仕事だった。だが、頭上には黒雲がひろがっていた。農村は恐慌にあえぎ、小作農と地主の争いが増大していた。都市では解雇と賃下げがひろがり、中小企業が倒産し、失業者は二百五十万人にのぼり、大学、専門学校をでた数万の青年が就職できない有様となっていた。

大多数の国民は途方にくれ、政府と既成体制に不信感を抱いた。いかがわしい、腐りはてた制度を打ち壊さねばならないという考えが青年たちのあいだにひろがった。そしてまた外からの脅威を叫ぶ主張が大きくなった。その年、昭和五年の春、ロンドン軍縮条約の締結をめぐって、海軍が真っ二つに割れた。国粋主義、排外主義の感情が燃えあがり、嵐をはらむ空気となった。

木戸が内大臣秘書官長となって二週間あと、ロンドン条約調印の最高責任者である首相の浜口雄幸が狙撃された。それは、新しい時代のはじまりを告げる銃声だった。陸軍中央の佐官グループが政権奪取を計画した。関東軍の将校団が陰謀を企み、満洲の軍事制圧に成功した。強力政府の樹立を望み、外交の刷新を主張し、政治、経済の革新を求める声はいっそう大きくなった。

政財界指導者に対する暗殺はつづき、武力による政府打倒の陰謀は繰り返し計画され、ついには二・二六事件が起きた。

木戸が内大臣秘書官長を辞めたのは、そのクーデターが失敗に終わり、その後片づけがいちおう終わった昭和十一年六月十三日だった。かれはその日の日記につぎのように記した。

「顧れば、昭和五年十月拝命以来、足掛七年、長しと云えば云えないこともない。其の間、浜口首相の暗殺に初り、爾来三月事件、九・一八事件、十月事件、血盟団の井上・団両氏暗殺、五・一五事件、神兵隊事件、十一月事件、永田事件、二・二六事件と所謂事件の連続にて、……」

その七年間、木戸が神経をすり減らしたのは、それらの事件をひき起こした過激分子がいずれも内大臣を敵と見ていたことだった。かれらによって内大臣は「日本の癌」と罵倒され、「大逆不逞」と非難された。かれらの暗殺リストにはきまって内大臣の名が載せられた。

前にも述べたとおり、内大臣は牧野伸顕だった。内大臣になる以前から、牧野にとって、暗殺はつねに身近にあった。かれの父の大久保利通はたえず刺客に狙われていたが、ついに暗殺された。森有礼《ありのり》、星亨《とおる》の暗殺にも、伸顕は因縁があった。大隈重信が遭難したときにも、その爆発音をかれは聞いた。

大正十年十一月、着任したばかりのベルギー公使バッソンピエールが午餐会を開いたことがあった。招かれたのは首相原敬、英国公使エリオット、それに宮内大臣の牧野だった。ベルギー公使の官邸は麴町二番町に移る以前、現在、議事堂が建っている敷地の一角にあった。官邸は以前に大久保利通の邸であり、伸顕はここで育った。

食後の話題はこの二階建ての古い木造の洋館の昔話になり、牧野の父の話へとつづいた。牧野が開成学校に通っていた明治十一年の五月のある日のことだった。授業中に父が遭難したとのしらせが届いた。伸顕は一ツ橋から走って帰った。政府の幹部すべてが家に集まっていた。父は眠っているかのように布団に横たわっていて、枕もとの家族たちはじっと黙っていた。

原敬はフランス語をすこし喋ったが、英語はわからなかった。牧野が話し終えると、原がもういちど話してもらえまいかと口を挿んだ。

つぎの日の夕刻、原は京都で開かれる政友会の大会に出席するために東京駅へ赴いた。かれはそこで刺客に襲われた。英国公使とベルギー公使がのちのちまで忘れかねたのは、牧野の話を聞く原の真剣な表情だった。

木戸が内大臣秘書官長になってあとのことになるが、牧野は芝三田台町から麻布六本木に官邸を移した。過激派、急進勢力の人びとは、鉄の門扉を固く鎖したその邸の主こそが泥沼の経済不況と政治の腐敗の源泉なのだと非難した。そして警官と警衛者に守られたその奸物が政界最上層の連中に指示を与え、姦計を弄し、外交方針を定め、日本を汚毒し、崩れるに任せているのだと糾弾した。

多くの人びとが牧野をほんとうに悪い男なのだと思った。そうでなければ、つねに内大臣が斬奸状の筆頭に挙げられるはずはないとだれもが考えた。そこで、もし牧野が殺されたとしても、かれの死を深く哀しむのはわずかな人びとであったにちがいない。号外売りは万歳万歳と叫びながら、内大臣暗殺の号外を売って回り、号外売りが腰にぶらさげた鈴の音に通りにでた人たちは歓声をあげたことであろう。

牧野伸顕は背が高く、肩幅がひろく、丸腰のことがなく、朝起きれば袴をつけ、夏でも白足袋をはいていた。伸顕は父の大久保利通とよく似ていた。「容姿端然、厳として犯すべからざるものがあった」とはかれの父を知る者がかならず語る言葉だった。伸顕は人に接して、冗談を言わず、にこりともしなかった。喜怒を表に現さず、つねに平然たる態度のその姿は、かれを憎む者たちにとって、まさに妖雲、黒雲に囲まれた奸物そのものと思えた。

牧野は万事に慎重だった。石橋を叩いて、なお渡らぬと評された。牧野の碁は長いことで有名だった。慶応元年の生まれで、牧野より四つ年下の古島一雄は牧野と親しく、碁友達でもあった。現在、貴族院勅選議員の古島は、牧野が自分の得心のいかぬ碁をけっして打たぬ、派手な手もなく、けれんもなく、陥手もやらぬと語った。牧野の態度と行動はその碁と同じだった。

そのような男がどうして奸物なのか。そんなことよりもなによりも、公卿政治体制の残息であるはずの内大臣府の主が、どうしてわが国第一の悪党になったのか。いつ、かれはそんな強大な権力の持ち主へと変身したのか。

理由は簡単だった。昭和七年の首相犬養毅の暗殺のあと、元老西園寺公望は衆議院第一党の党首を後継首相に推挙するしきたりを中止した。元老西園寺はかれの判断で首相を選び、天皇に奏薦した。ところが、過激派、急進勢力、国粋主義勢力の人びとは元老の選んだ首相が気に入らなかった。

かれらは首相に平沼騏一郎を望んだ。加藤寛治でなければならぬとした。真崎甚三郎をと考えた。松岡洋右を推していた。

強硬勢力を操る枢密院議長、英米対決派の総帥である海軍大将、急進派を煽動する陸軍大将、ジュネーブの英雄、かれらを首相に推すことをしなかったのは、元老西園寺公望と内大臣牧野伸顕だった。

一般の人びとは、当然ながら元老のほうが内大臣より大きな力をもっていると思っていた。天皇が後継首相をだれにするかと西園寺に問い、元老が首相を決め、内大臣はそれを天皇に奉答するだけだと見ていた。ところが、過激派の人びとはそうは考えなかった。暗殺計画をたてた人びとは、西園寺を暗殺リストに加えることはなくとも、牧野をかならずそれに載せた。狙うのはつねに内大臣だった。

かれらは元老の発言力、影響力をさほど重視しなかった。「常侍輔弼」の任をもつ内大臣が宮廷を支配し、内政外交の基本路線を定めているのだと考えた。そして内大臣がかれの傀儡《かいらい》を首相の座に据えているのだと見た。こうしていつか内大臣は強大な力をもつと思われるようになっていた。そして、じつはかれらの考えたとおり、内大臣にはそれだけの力があったのである。

重臣会議

木戸が内大臣に就任したのは昭和十五年六月一日、米内内閣のときだった。かれはまもなく五十六歳になろうとしていた。病気のために内大臣を辞任する湯浅倉平《くらへい》と宮内大臣の松平恒雄がかれを指名したのだった。それより前に、原田熊雄が首相の米内光政、枢密院議長の近衛文麿、元首相の岡田啓介の支持を集めて回った。原田は西園寺公望の政治秘書だった。木戸と学習院の同窓であったことは前に触れた。

かれらは内大臣には木戸が適任だと考えた。第一次近衛内閣で厚生相、内相を無難にやりこなしてきた実績が木戸にはあった。そして、かれは内政外交の重要問題に精通していたばかりでなく、内大臣秘書官長を六年にわたって務めていたから、宮廷内の事情にも明るいという利点があった。木戸以外の候補者の名前をだす者はいなかった。

もっとも木戸自身は内大臣に近衛を推した。だが、これは本気ではなかった。近衛がふたたび首相になる意思があり、米内内閣の寿命がそう長くはなく、やがては第二次近衛内閣の誕生となろうとは、だれもが予測していた。それどころか、近衛が首相となったなら、一気に新党を樹立し、強力内閣をつくろうといった計画を練っていたのは、ほかならぬ近衛と木戸の二人だった。

そこで木戸が内大臣になって最初にやったことは、やらなかったことというべきであろうが、米内内閣の立ち直りと延命に手を貸さないことであった。陸相の畑俊六が辞任して米内内閣を潰しにかかった。そして陸軍は後継陸相をだそうとしなかった。木戸は米内内閣を倒そうとしている陸軍に向かって、そんな嫌がらせをやめよと言うつもりはなかった。無為無策の米内内閣が一日も早く退陣して、近衛内閣の登場となることをかれは望んでいた。陸軍もまた近衛内閣の樹立を希望していた。

そして木戸の公式の出番となった。米内内閣が総辞職した翌日の昭和十五年七月十七日、木戸は元首相たちを招集し、後継首班選出のための重臣会議を開いた。元首相たちの協議によって首相を選出するといった方式は、昭和七年に木戸が内大臣秘書官長であったときにつくった私案から生まれたものだった。

この会議に参加資格のある重臣たちのリストにはまず、大正末に首相を務めた清浦奎《けい》吾《ご》の名前があった。しかし、かれは欠席した。九十歳になるかれは熱海で静養をつづけ、何年も前から東京へ出てくることはなかった。清浦以降の首相は十三人いたが、そのうち二人が病死し、三人が暗殺され、健在なのは八人だった。そのうち阿部信行は駐華大使として南京にいたから、招集しなかった。総辞職を申し入れた現首相の米内光政は加えなかった。そこで宮殿の西二ノ間に集まったのは六人の元首相と枢密院議長だった。枢密院議長はそれより三週間前に近衛文麿が辞任して、原嘉道に代わっていた。

会議ではまず木戸が米内内閣の辞職の理由を説明し、首相候補者の名前を各自挙げるように要請した。若槻礼次郎、原嘉道、平沼騏一郎、林銑十郎、岡田啓介が近衛に出馬を求めた。近衛が型どおりに辞退してみせ、ほかに適任者がいない、公の奮起を希望すると木戸が言った。最後まで黙っていた広田弘毅も賛成し、それを待っていた木戸が、「だいたい御意向は近衛公に一致している次第よくわかりました。元老に相談のうえ、木戸より奉答致します」としめくくった。会議は三十分で終わった。

その協議の結果は、秘書官長の松平康昌が静岡の興津にいる西園寺公望に報告した。西園寺は、自分は病気であり、政界の事情にうといから、責任をもって奉答できないと松平に答えたが、それは、重臣たちと内大臣とのあいだで首相を決める新たな方式を定着させようとしてのことだった。

こうして近衛内閣が登場した。圧倒的多数の国民が新政権に大きな期待を寄せ、興奮に満ちた時期がしばらくつづいた。だが、なにごとも近衛の思いどおりにはならず、また、木戸の望むようにもいかなかった。国内政策では、近衛の最初の構想は無残にも砕けてしまい、その計画の推進者である内相の安井英二と司法相の風見章を更迭しなければならない羽目に陥った。

このあと触れる機会もあろうが、近衛が思い描いた日独伊ソの四国同盟をつくるという外交計画の破綻が、一方では国内政策の変更を余儀なくさせ、他方では対米関係を修復せざるをえなくさせた。しかもドイツがソ連に戦争を仕掛けるといった思ってもみない新局面となった。どう舵を切り替えたらいいのかと迷い、てんでんばらばらのなかで、首相近衛にとっていちばん厄介な存在となったのが外相松岡洋右だった。

松岡は、近衛の心配をよそに、対米交渉を打ち切りにせよと主張し、それに反対すれば、外務大臣の職責である外交問題に容喙《ようかい》するのかと高飛車な態度にでていた。陸海両相も松岡の主張についていくことができなかった。あの無鉄砲な男を更迭する以外にないと、かれらも考えるようになった。

だが、近衛は松岡に辞任を求めることができなかった。木戸をはじめ、多くの人びとが近衛に向かって、松岡を外相に起用するのをやめよと言ったにもかかわらず、近衛はそれを聞きいれず、松岡を外相にしたといういきさつがあったからであった。対米交渉をつづけるうえで松岡が障碍となっているのは、もとはといえば近衛の責任だった。

近衛は総辞職することにした。ふたたび自分が首相に推されることをかれは承知していた。もういちど組閣するときに、松岡を外務大臣にしなければ、あとくされはなかった。松岡に辞任を求め、やめないとごねられ、立往生するといったぶざまなまねをしないですむわけだった。

昭和十六年七月十七日、ふたたび元首相たちを招集しての重臣会議が開かれた。清浦奎吾は依然として熱海で静養中だった。首相の近衛と内相の平沼騏一郎は呼ばれなかったが、前回の会議に出なかった阿部信行と米内光政が出席した。他のメンバーに変動はなかった。

元首相たちはさまざまな情報や臆測を耳にしていたが、どれがどのていど真実なのかを知らなかった。しかもかれらのあいだに回された近衛の辞表の写しには、肝心の松岡の問題が触れられていなかった。木戸もかれらにそれを明かさなかった。だが、陸軍出身の林銑十郎と阿部信行は陸軍の軍務課長から、総辞職のいきさつの説明を聞かされ、近衛の再任を主張してもらいたいと依頼されていたことは間違いない。また、海軍出身の岡田啓介と米内光政は、海軍側から同じ説明と助言を受けていたはずであった。

そして木戸は木戸で、こっそり根回しを済ませていたのであろう。かれは松平康昌を使者にして、阿部信行や岡田啓介と打ち合わせをし、近衛再任の方針を告げていたはずであった。木戸と阿部とは、かれらの息子と娘が結婚したことで親しい関係にあったし、松平と岡田は旧藩主家と旧家臣の間柄にあり、これまた親密だった。

会議のリードは阿部信行がとった。阿部は近衛公への再降下を望むと述べた。つづいて岡田啓介が近衛公を推薦すると語った。林、原、広田、米内がそれを支持した。若槻礼次郎ひとりが消極的だった。かれは口には出さなかったが、宇垣一成の名前を挙げたかったのだ。しかしながら、結局、かれも同意することになった。

会議は一時間で終わり、近衛の再任が決まった。西園寺公望はすでに前十五年十一月に没していた。このときから、元首相たちの会議で首相を選出する方式は慣例として確立することになった。情報局は「本日午後一時宮中において重臣会議開催せらる(5)」と発表し、木戸が主催する元首相たちの後継首相の銓衡会議は、はじめて公式に重臣会議と呼ばれることになった。

こうして第三次近衛内閣が成立した。だが、事態はさらに悪化した。

木戸が内大臣に就任した前十五年六月、近衛を首相に選んだ七月には予見もしていなかった対米戦争の致命的な危険が前面に立ち塞がり、一触即発の事態となった。木戸は不吉な予感に怯えることになった。そして、木戸の予感のとおりわずか三カ月で第三次近衛内閣は瓦解した。

長州閥──木戸、鮎川、伊藤

木戸はエドワード・グレーの回想録を閉じ、三年前のことを振りかえってみたのではなかろうか。第三次近衛内閣が総辞職したあと、かれは東条英機を後継首班に奏請した。誤りはあの奏請にあったのであろうか。

多くの人びとがいまになって陰口をたたき、すべてはかれの責任だと非難していることを木戸は承知していた。東条推挙は長州閥の謀議で決まったのだ、かれら長州人の取り決めこそが破滅への道の第一歩だったのだといった話も伝えられていた。

政府と軍の内部に自己のピラミッドを築きあげた長州閥の専横ぶりは、山口県以外の軍人や政治家が、苦々しく記憶している体験であった。元旦に高輪《たかなわ》の毛利元昭侯の邸で、明治大正頃おこなわれていた長州出身の陸海軍人の綺羅《きら》を飾った閲兵式は、他県出身の軍人が腹立たしげに、いささかの自嘲をまじえて語る話題だった。それは途方もなく広大な高輪の毛利邸内の馬場と呼ばれる広い芝生でおこなわれた。指揮官には陸軍幼年学校の最年少の生徒が選ばれ、長州軍団の団結と力を誇示するショーであり、それを確認する儀式であった。

もっとも長州出身者が軍と政界に大きな力をもっていたのは、山県有朋が生きていたあいだまでのことであった。いまの市谷台の局長や部長が陸軍大学校に在学した大正末期には、むしろ長州いじめの反動の嵐が吹き荒れていた。東条英機が陸大の教官だった時期のことであり、かれもまた長州征伐の先頭に立った。

願書の本籍欄に山口県とあれば、それだけで陸大に入ることはできなかった。たとい入学できて、優秀な成績で卒業しても、陸軍エリートの登竜門である陸軍省軍務局や参謀本部作戦課への道は閉ざされ、歩兵学校の教官あたりに追いやられた。やがてはその嵐もおさまった。陸軍部内の長州出身者に対する憎しみも消え、正月の毛利邸の閲兵式もいまでは昔話となっていた。

それでも、長州閥が政治舞台の背後で策略をめぐらし、権力の梃子《てこ》を操作しているといった話は、人びとが長州系に抱いている猜疑心の残滓《ざんし》を揺さぶったから、だれもが聞き耳をたてた。長州閥は復興していると人びとは語った。中興の祖はいわずとしれた内大臣木戸幸一だった。そして木戸に協力する二人の長州人、鮎川義介《ぎすけ》と岸信介の話になり、かれらの豊富な政治資金のことが話題となった。

昭和十九年七月、東条を総辞職に追い込んだのも、木戸と岸の策謀によるものだと情報に通じた人びとが語った。「長州閥は寺内寿一内閣をつくろうとしたのだ。寺内もまた長州人ではないか。すべては長州人の仕組んだことだ」と人びとは語り合った。

天羽英二は、東条内閣の総辞職にともない、情報局総裁を辞任した。かれは広田弘毅の家を訪ね、退官の挨拶をした。東条内閣が倒れて五日あとのことだった。天羽は広田が述べたことの要点を、日記につぎのように記した。

「木戸　寺内　岸等の活動注意　長州閥の陰謀」

長州閥の陰謀がずっとつづいてきていると広田は語ったのであろう。東条内閣総辞職のあとの重臣会議に出席したかれは、木戸が後継首相に寺内寿一を推したことを承知していた。広田は天羽につぎのように語ったはずであった。

〈木戸を中心とする長州閥は、東条を支えることができないと見るや、倒閣にまわった。かつて東条を首相に推挙したのは木戸であるにもかかわらず、東条内閣打倒の功労者といった顔をして、寺内を首相にしようとした。それには失敗したが、長州閥は寺内擁立を断念してはいまい〉

芝三田小山町の伊藤文吉の邸に、木戸幸一と鮎川義介が集まるようになったのは、昭和十五年六月に木戸が内大臣になってまもなくのことであった。夕刻、内大臣の車が麻布二之橋の交叉点から南へ折れることが二度、三度とつづくことになれば、朝日や東京日日の政治記者が詮索の目を向けるようになるのも当然だった。

伊藤の邸は、いくつもの寺院と大邸宅がゆったりと塀をめぐらす三田丘陵の一角にあった。伊藤の邸の前を南北へ抜ける道路の向かい側には、渋沢、浅野、蜂須賀の邸が並んでいた。日本銀行総裁の渋沢敬三、浅野財閥当主の浅野良三、そして侯爵蜂須賀正氏、この三人の邸だった。そのまま道路を南へくだれば、第六高等女学校があり、三田警察署へとつながっていた。

芝三田小山町の伊藤邸でのこの会合は長州の明治の元勲、木戸孝允、伊藤博文、井上馨の血縁者たちの集まりであるともいえた。この会合の重要性がしだいに知れわたり、新聞記者ばかりか、政界上層部の人びとがひそかに注意を払うようになって、やがてはゴシップ通がこの会合こそ宮廷首席長官の影の政治局なのだといった話をもって回るようになった。

そのとき伊藤文吉は五十五歳だった。かれは伊藤博文の三人の息子のうちのひとりである。かれと木戸とは朝霞や程ヶ谷へ通ったゴルフ仲間だった。前に述べたことにつけ加えるなら、自刃した木戸の祖父の来原良蔵の遺髪を長州へ持って帰ったのが伊藤俊輔であり、かれらのつきあいは祖父、父の代からだった。伊藤文吉は農商務省を課長で辞めたあと、昭和のはじめから、鮎川義介の日産コンツェルンの渉外業務を担当し、鮎川の緊密な協力者となっていた。日本鉱業の社長であったが、昭和十六年十二月にその地位を辞し、鉱山統制会の会長となった。酒好き、遊び好きではあったが、無欲で、口が堅く、実業界はもとより、政界にも顔のひろいかれは、政財界のいざこざのまとめ役であった。

この三人のなかでは鮎川義介が最年長だった。そのときかれは六十歳だった。日本鉱業、日立製作所、日産化学、日産自動車をはじめとして、わずか十数年のあいだに三百社を超す企業群を傘下に収めた日産コンツェルンの総帥であり、この昭和二十年にはすでに辞めてはいたが、満洲のほとんどの鉱工業を支配下におく満洲重工業の総裁でもあった。三人のなかで井上馨とつながりをもつのが鮎川だった。かれが「うちのおかか」と呼んでいた母の仲子が井上馨の姉の娘だった。かれの父の弥八は山口の下級官吏だったが、若いときには大村益次郎の軍隊に入隊したことがあった。

内大臣に就任した木戸は、夜間に外出することが減り、お役目上の晩餐会や儀礼的な宴会、昔の仲間との集まりに顔をだすだけとなっていた。かれが伊藤の邸に赴いたのは例外中の例外であり、四時間から五時間をそこで過ごしたのは、かれがその会合をきわめて重視していた証拠だった。

この会合がしばしば開かれていた一年は、まことに騒然たる一年だった。予測しがたいことがつぎつぎと起き、日本は一歩一歩断崖へと追いつめられ、その運命が決せられた一年だった。昭和十五年十二月二十四日、翌十六年三月二十日、八月一日、九月十五日、十一月十日に、これらの三人の長州人は顔を合わせた。その打ち解けた歓談の席で、木戸はほかではけっして喋らないことを喋ったのだろう。鮎川や伊藤が語ることから新しい考えを汲みとり、二人の助言に深い注意を払ったのだろう。

木戸にとってとりわけ重要な会合だったのは、昭和十六年九月十五日の集まりであった。食卓を前にした三人は、九日前の九月六日にその邸で起きたことを話題にしたはずであった。その日は、政府と統帥部が国策遂行要領を定めた日であった。

前にも見たとおり、「外交交渉ニ依リ十月上旬頃ニ至ルモ尚我要求ヲ貫徹シ得ル目途ナキ場合ニ於テハ、直チニ対米開戦ヲ決意ス」と決めたのが、この要領の最重要の箇所だった。これ以降、戦いを回避しようとする外交的試みの背後で、戦争機構のすべての歯車が一斉に回りはじめることになった。

同じ九月六日の夜、近衛はアメリカ大使ジョセフ・グルーを招いた。その極秘の会見場所がこの伊藤の邸だった。首相秘書官の牛場友彦、そしてアメリカ大使館参事官で、流暢な日本語を喋るユージン・ドゥーマンが通訳として同席した。伊藤家では召使を里帰りさせ、長男俊夫の妻の美穂子が夕食の献立を整え、接待をした。

近衛はグルーに向かって、戦争を回避し、日本が方向転換するためのただひとつの方策として、日米首脳会議を開きたいと熱をこめて主張し、こちらはすでに代表団の人選も終わっていると懸命に説いた。そして近衛は、この内閣をおいて和平の機会はなく、この機会を逸したら、われわれの生涯のうちにふたたびこのような機会はこないとまで言った。

近衛が駐米大使野村吉三郎に命じ、国務長官ハルに首脳会談の開催を申し入れさせたのが、それより一カ月前、八月はじめのことだった。十日ほどあと、ルーズベルトは野村に向かって、会談地はアラスカのジュノー沖はどうかと言った。ジュノーはアラスカの行政府の所在地だった。人口数千の港町で、多くの島の奥にあった。ルーズベルトは首脳会談に乗り気なようであった。

だが、それは一瞬の雲の切れ間だった。アメリカ側はすぐに態度を変えた。まずは予備交渉をつづけるのが望ましいと告げてきたのが、九月三日のことだった。

ずるずると予備交渉をつづけていけば、実質的進展を得られる見込みがないままに、一カ月はたちまちのうちに過ぎてしまうことは明白だった。アメリカは経済封鎖で日本を締めあげながら、戦争準備のための時間稼ぎの奸策を弄しているのだと考える人たちが増えていた。アメリカはまじめに交渉することを考えていないのではないかと、悲観の見方に立つ人びとが多くなっていた。

どうあっても首脳会談を開き、この危険な局面を一挙に打開しなければならないと近衛は焦っていた。かれが首脳会談を開催しなければならないと説くのを、グルーは葉巻を口から離し、ゆっくりうなずきながら聞いていたのだった。

そこで、九日あとの九月十五日の木戸、鮎川、伊藤の三人の話し合いになるわけだが、はたしてアメリカ側がどのような回答を寄せてくるのかとかれらは予想しあったのであろう。近衛首相の真剣さと誠実さをグルーは理解していたようであったが、ワシントンは頂上会談にうなずく気配を見せなかった。

近衛提案にもっとも頑強に反対していたのがスタンリー・K・ホーンベックだった。かれは国務省極東部の主といった存在だった。はじめは極東部長、つづいては国務長官の政治顧問に昇進し、極東部門を担当していた。そこで極東部に配置されたことのある若手の省員なら、電報や政策文書に記したSKHの署名をだれもが記憶していた。

ホーンベックは英国に留学したほかに、外国体験は中国があるだけだった。国務省に入る前に浙江大学で四年ほど教え、つづいて奉天の法科大学で一年間教鞭をとった。東郷茂徳が領事官補として奉天にいたときのことで、大正二年から三年にかけてだった。二人はともに三十歳になろうというときだった。

ホーンベックは帰国して、極東についての本を出版した。アメリカは中国に対して保護者の責務があるというのがその本の主題だった。かれの中国贔屓と日本嫌いはそのあともずっと変わりがなかった。日本との通商条約の廃棄をもっとも強く主張したのがかれだった。そしてさらに日本に対して経済封鎖をおこなうべしと力説した。けっして妥協するな、圧力を加えさえすれば、日本はかならず屈服するとかれは断言を重ねた。おそらく、そのような話をかれの耳に繰り返し入れていた者がいたのであろう。それはワシントンに駐在する国民政府の外交官だったにちがいない。しかし、それを説いていた者は自分の言ったことを信じてはいなかったに相違ない。だが、ホーンベックはそれを固く信じていたのである。

そうしたわけで、アメリカ大使館のグルーと国務省極東部のホーンベックのあいだに意思の疎通はまったくなかった。木戸や伊藤文吉はそうした事実を知らなかったが、それでも近衛・ルーズベルト会談が開かれる見込みはもはや九分九厘ないと思っていたのである。あと一カ月のあいだにアラスカへ出発できないとなれば、首相はどうするだろうか。

長州閥、首相に東条を推す

どうにもなるまい、結局、内閣は総辞職することになろうと三人の見方は一致した。後継首相はだれになるのか。文官にはだれひとり適任者はいないし、かってでる者もいない。海軍はどうか。海軍を代弁する二人の重臣、岡田啓介と米内光政は逃げ口上を並べ、海軍から候補者をだすことはけっしてあるまい。

東条陸相はどうであろうかと口を切ったのは、三人のなかでまず鮎川義介だったのであろうとは容易に察しがつく。

鮎川が梅干しと御飯を詰めたアルミの弁当箱を持ち、もっと速く飛べないのかと操縦士をせきたてながら、内幸町日産館と新京大同大街にある満洲重工業本社のあいだを一週間交代で往復していたとき、関東軍参謀長だったのが東条英機だった。昭和十二年のことである。

そのとき鮎川は満洲の経済建設のために、アメリカから資本と技術を導入しようと望んでいた。三十億円の建設資金の三分の一、できればその半分をアメリカに依存しようという画期的な計画だった。かれはアメリカとの提携の必要を関東軍参謀長の東条に説いた。首相近衛、陸相杉山にも力説した。そして、アメリカ資本を導入することが決まった。

ところが、鮎川のその計画に激しい反対が起きた。先頭に立ったのは本多熊太郎だった。昭和二十年の現在、外務省顧問である本多については、このさき触れる機会もあろうが、この二十年間、一貫して対外強硬論を主張してきたのがかれだった。当然ながらかれは満洲への外資導入に反対した。「売国的行為だ」「日本の生命線をアメリカに切り売りしている」と攻撃して、鮎川に矢を向けた。

ところが、本来なら本多のその主張に一も二もなく飛びつくはずの関東軍が満洲の開発にアメリカの力を借りる構想を支持し、なんとしてでもその計画をぶち壊してしまうと思えた陸軍が鮎川の側に立った。だが、それでも、鮎川の構想は実を結ばなかった。

そのときに日本は、アメリカの石油会社を満洲から追いだそうと圧迫を強めていた。満洲でずっと商売をつづけていたテキサコを追いだし、スタンダード・ヴァキュームを締めあげていた。一方でアメリカの既得権益を侵害しながら、もう一方でアメリカの企業に満洲への進出を誘うといったやり方は、いささか身勝手にすぎた。そして蘆溝橋からはじまった戦いが中国全域に拡大して、アメリカとの関係は悪化をつづけ、アメリカからの資本導入はいよいよ難しくなった。

鮎川はそれでも諦めなかった。やむをえず、二流、三流の金融ブローカーの眉唾の話に乗ることにもなった。国際電話のない新京から急いで東京へとって返すことを、かれは何度となく繰り返したが、結局どうにもならなかった。

そのとき満洲の総務長官だった星野直樹は、鮎川の意図が満洲にアメリカの工業・技術を採り入れるだけでなく、満洲における日本とアメリカとの利害関係を一致させようとの希望を念頭においているのだと理解した。そしてあとになれば、日米の衝突をなんとか避けたいというのが鮎川の資本導入計画の真の狙いだったのだと思いにふけることになったのである(6)。

たしかに鮎川の意図はそこにあったのであろう。かれはアメリカの工業力を肌で承知していた。東大の機械科をでたあと、かれは三井入社を断り、芝浦製作所でハンマーを振るい、明治三十八年末にアメリカへ渡った。日露戦争が終わった直後のことである。バッファローの鋳物工場で、アメリカ人労働者のあいだにまじって子供のように見えるかれは赤熱した鉄湯を柄杓《ひしやく》で運んだ。

鮎川がバッファローにいたとき、かれが乗ったのは英国の自動車だった。フォード社とキャディラック社は誕生してまだ二年目だった。それからわずか数年のあいだに、アメリカの自動車工業は質量ともに欧州の自動車工業を追い抜いた。互換性のある部品を生産できたからだった。これはキャディラックが開発し、のちにフォード・システムとして完成された方式だった。精密度と正確性を要求されるこの大量生産方式の担い手となったのが、五大湖岸のゲーリ、デトロイトにある機械工業だった。ターレット盤をつくり、フライス盤をつくる機械工業の優秀さこそが、巨大なアメリカ工業の土台であった。

鮎川はアメリカの有無をいわさぬ力をはっきり理解していた。それは一年間の時間的余裕があれば、自動車エンジンの製造工場が月産五百基の航空機エンジンを生産できるようになるアメリカの工作機械技術の威力だった。そして、ある型の飛行機の生産を開始して、第五番機、第二十番機、第二百番機、そして第一千番機になれば、生産に要する時間が三分の一、五分の一、十分の一に減っていくアメリカの生産ラインの底力だった。

話は伊藤邸での三人の会合に戻る。

アメリカの力をよく承知していたこの鮎川が、近衛に代わる大事な政権の首班に東条を推薦したのである。戦争を回避するためには、東条以外にあるまいと判断してのことであったのは言うまでもなかった。おそらく木戸はうなずいたのであろう。東条であれば、あらゆるところに目が行き届き、しっかりと陸軍を抑えることができると思った。しかも東条は、それまでの対米交渉の過程を細部にいたるまでよく理解していた。なにごとも部下に任せ、詳しいことはなにひとつわかっていない多くの高級将官とは、かれはまるっきり違っていた。いよいよとなれば東条しかあるまいと木戸が決意を固めたのは、なるほど芝三田小山町の伊藤邸でのその懇談だったのかもしれなかった。

近衛が内閣を放りだしたのは、その会合から一カ月あとのことだった。木戸が内大臣となって慣行になった後継首相を選出するための重臣会議が開かれた。その席上で、東条の名前を挙げたのは、たしかに木戸であった。そして、東条を強く推し、重臣たちの同意を求めたのも、かれであった。その年十一月のいつのことであったが、日記にはっきりそれを書いたことも、昭和二十年一月のいま、かれははっきりと記憶していたはずである。

その日の日記に十六年九月以来の政治経過をつづったあと、かれはつぎのように結んだのだった。

「功罪共に余が一身に引受け善処するの決意を以て（東条を）奏請したのだった」

昭和十六年十月十七日の重臣会議で、首相候補者として名前がでたのは、木戸が推した東条のほかにひとりだけだった。宇垣一成の名である。ほかに海軍にもっていったらどうかという意見があり、近衛文麿につづけてやらせるべきだという主張があった。会議で名前こそでなかったが、もうひとり、東久邇宮を推そうという動きもあった。

近衛にもっとがんばらせて、第四次近衛内閣を組閣させるべきだったのか。四年前のことを振りかえり、近衛との長いつきあいを思い返し、木戸は首を横に振ったのであろう。

歴代の首相の地位は非常に弱かった。昭和七年の五・一五事件のあと、元老の西園寺公望は多数党の首領を首相に推すことを断念し、元老がこれぞと思う人物を首相に推すことにした。首相は各方面の勢力を糾合して内閣をつくり、「挙国一致」内閣と呼ばれるようになった。だが、挙国一致内閣は名前だけのものだった。内閣は、官僚集団、陸海軍、政党、財界、新しい国民勢力の上に居心地悪くのり、移り気で、強面《こわおもて》の圧力集団のゆさぶりにあい、なにごとに対してもきっぱり対処できないまま、あっさり辞職するのが常であった。

広田弘毅内閣は一年たらずの存在だった。平沼騏一郎は八カ月、米内光政は七カ月だった。阿部信行は四カ月半、林銑十郎にいたっては三カ月で政権の座を明け渡した。かれらにどれだけの政治手腕があったにせよ、問題に取り組むのに充分な期間、その地位にとどまった者はひとりとしていなかった。

近衛はほかのだれと比べても強力な首相だった。かれは多くの有能なスタッフをもち、政界、財界から、新聞界までに多彩な顧問、家来を抱え、広範な国民の支持を得ていた。かれはまた、なかなかの策略好きであったから、かれのもとに集まる連中を巧みに使うこともできた。

ところが、かれはなにごとに対しても根気がなく、投げやりなところがあった。首相在任中に首相を辞めたいと語ったことは数えきれないほどあったし、国民組織、新政党をつくろうとして、途中で腰がくだけ、ついにはその構想を放りだしてしまったことは、だれも忘れてはいなかった。人びとは近衛のその欠点を語ったが、かれのその弱さをいちばんよく知っていたのは木戸だった。

昭和五年に木戸が内大臣秘書官長に就任するにあたって、近衛がかれに協力したことが、この二人の政治同盟のはじまりだとは前に述べた。昭和十二年六月に近衛が首相となってからは、木戸はずっとかれの相談相手になって、かれを支えた。昭和十三年一月に木戸が厚生大臣になったときには、早くもこの二人の関係を、「近衛が三条実美公ならば、木戸は岩倉具視である」と極言する者さえいた。

昭和十五年、十六年に近衛が二度目に首相であったときにも、木戸はかれを援護し、かれのために工作し、計画をたて、策略を弄した。辞めたいと近衛が言えば、がんばれと直言もした。そしていよいよ近衛が辞めたときには、木戸はかれに向かって、重臣会議に出席して、総辞職にいたる経緯を説明してくれと頼んだ。

近衛はうなずいた。だが、病気を口実にして、かれは会議にでてこなかった。かれが対米交渉の経過を説明し、政府と陸軍とのあいだの対立点を明らかにすれば、若槻礼次郎や岡田啓介から、「辞めるべきではない、つづけるべきだ」と口説かれるのは必定だった。そしてほかの重臣から、「かきまわしておいて逃げだすのか」「火のついた爆弾を置き去りにするのか」と責められることになるのは目に見えていた。それを嫌ったからこそ、かれは重臣会議を欠席したのだった。

曠職の海軍大臣、及川古志郎

木戸はつぎのように考えたのであろう。やる気をなくした近衛をひきとめることはできなかったのだし、断固とした考えをもたず、ぐらついていた近衛に、たいした期待をかけることはできなかったのだ、と。

では、海軍から首相を選ぶべきだったのか。あのときに海軍大臣だった及川古志郎を推せばよかったのか。

及川古志郎は、この昭和二十年の一月に軍令部総長の椅子に坐っていた。

かれは海軍の杉山元だった。二人の容貌は似ていなかったし、性格も違っていたが、すべてを幕僚任せにしていたところ、どれだけの失敗をしようとつねに重要ポストを歴任してきたところが、まことによく似ていた。杉山の三歳年下、六十二歳の及川は、軍令部総長になる以前には、海上護衛総司令部の司令長官だった。その前には海軍大学校の校長だった。そして第二次近衛内閣の途中から第三次近衛内閣が瓦解するまで、昭和十五年九月五日から十六年十月十九日までのあいだ、海軍大臣の重責にあった。

かれは米内光政の後輩だった。出身地は盛岡である。海から遠く離れた町であるにもかかわらず、そこからは数多くの海軍軍人がでた。そのなかで米内が出世頭だったが、かれにつづくのが及川だった。及川は盛岡中学で米内の二級下だった。及川の二級下に石川啄木がいた。啄木は及川が海軍志望だと聞き、自分もまた海軍兵学校へ行こうと思ったことがあった。文学好きの及川は啄木に本を貸したり、啄木や金田一京助とともに回覧雑誌をだしたりした。

及川の本好きは、中将、大将になっても変わりがなかった。海上護衛総司令部にいたときには、執務室の机に特製の書見台を置き、閑があれば、漢籍をひろげ、昼には、食堂の同じテーブルに坐った幕僚たちを相手に女性談義をして、追従の笑いに囲まれていた。

かれが気に入っていたのは、清朝末期の警世家である魏源の文章だった。昨昭和十九年の一月、かれは魏源の「聖武記」を覆刻して、友人、知人たちに送ったことがあった。

そのときかれは海上護衛総司令部にいたが、発刊の計画はそれより前、海軍大学校の校長のときにはじまったのであろう。海軍大学校の教授だった和辻哲郎や矢部貞治も「聖武記」の寄贈を受けた。かれらは前にそれを読んだことはなかったが、かつては政府首脳と世論形成家のあいだで広く読まれた本であることを知っていたにちがいない。

「聖武記」は清朝末期の中国で刊行されて二年のうちに長崎へ輸入された。年に一部か二部入荷しただけだったが、徳川幕府の老中阿部正弘がそれを買い求め、かれのあとの幕府高官のいずれもが購入した。かれらがそれを執務机に置いたのは、不安と探求心、そしていくばくかの見えがあってのことであったにちがいない。まもなく和刻本が出版され、佐久間象山が読み、吉田松陰が筆写して抜き書きをつくった。

「聖武記」は清朝政府の辺境における討伐戦を記した軍事史だったが、その最後の第十二巻、「武事余記」は海防論だった。魏源が序文で、「完成したのは南京条約締結の月であった」とわざわざことわり書きをつけたのは、第十二巻の重要性を強調したものだった。

英国艦隊によって、香港、厦門《アモイ》、福州、上海と中国沿岸の港は順次制圧された。南京が占領される直前に、清国政府の特使は揚子江上に浮かぶ英国軍艦上で講和条約を結んだ。それが南京条約だった。

幕閣の指導者から吉田松陰までが読んだのはその最後の巻だった。及川が知人たちに送った覆刻本もその巻だったにちがいないが、そのどこにかれは共感を覚えたのであろうか。

魏源が強調したのは、「戦」と「款《かん》」のほかに「守」があるということだった。「守」を説いて、外洋を守るより、海口を守るほうがよく、内河を守るほうがさらによいとかれは述べた。軍事的に劣勢であること、だが、広い空間を利用できる利点をふまえての軍事戦略だった。じつのところ、それから一世紀のち、中国が日本軍に対して採用したのがこの戦略だった。

佐久間象山は魏源を「海外の同志」と呼びながらも、その海防論を批判して、つぎのように言った。「自分は砲、艦による戦術を盛んに研究して、邀撃の計を用い、逐っぱらって防ぎとめ、敵の死命を外海に制する。これがちがうところだ」

及川が「聖武記」の出版を計画したときには、海軍はソロモン海域で制空権を奪い合う基地航空戦をつづけていた。二千機をはるかに超す航空機と搭乗員、そして山本五十六を失うことになる消耗戦だった。だが、軍令部の作戦計画担当者と連合艦隊の幕僚たちの胸を重く圧していたのは、やがて就役する敵空母群が戦いに加わることだった。

及川は「聖武記」を読んで、わからないところがあれば、学者に尋ねたりもしていたのであろう。東大東洋史学科の教授、和田清に教えを乞うたのではなかったか。あらかたの学生は召集されてしまい、体の悪い者と徴兵猶予の大学院生がわずかに残る東洋史学科の研究室で、和田清が「聖武記」の講読をはじめたのは昨昭和十九年だった。⑦

及川が「聖武記」を知人に配布した十九年一月には、大型空母を中心とする敵機動部隊と水陸両用部隊によってマーシャル群島が制圧された。つづいて二月に、トラック島が叩かれた。そして六月にあ号作戦が大敗に終わり、サイパン島が失われた。英国艦隊、それこそ水陸両用の機動部隊に香港、広州、厦門が襲われたのと同じ状況だった。

及川が軍令部総長になったのは、十九年八月のはじめだった。十月の台湾沖航空戦は一時は大勝利と思われたが、実際にはほとんど戦果がなかった。つづいて比島沖海戦は完敗に終わった。海上決戦兵力である第三艦隊は解隊せざるをえなくなった。昭和十七年八月以来、消耗と再建を繰り返したその艦隊はついにそのすべてを失ってしまった。

木戸は、軍令部総長の及川古志郎が、玄人はだしの漢字者だという評判を聞き知っていたかもしれない。「いや、書痴に近い」といった声も聞いたのではなかったか。そして木戸のところにも、「聖武記」は送られてきていたのではなかったか。「及川のような曠職《こうしょく》の人は辞めてもらわねばならぬ」と海軍部内に批判の声があることも、木戸は知っていたのであろう。曠職とは、その職にありてその務めをせざることという意味であり、肩肘張って喋るときに、よく使われる言葉だった。

及川のような人物がはたして軍令部総長として適任なのだろうかと、木戸も疑ったことがあったにちがいない。少なくとも、及川が海相としては落第だったと木戸は思っていたはずである。

昭和十五年九月はじめに、海相吉田善吾が築地の海軍病院に入院した。三国同盟問題の心労が原因だった。かれは海相を辞任した。及川がそのあとを継いだのだが、かれを推したのはその吉田だった。吉田より及川は二歳年上、海軍兵学校では一期上、海軍大学校では同期だった。及川はそのとき横須賀鎮守府長官だった。横鎮長官の椅子は海相の座にもっとも近かった。吉田善吾、岡田啓介、大角岑生《みねお》の例に見られるとおり、横鎮長官から海相になる者は多かった。ほかに適当な人物はいなかったから、及川の海相就任はまずまず妥当な人選と思えた。

海相となった及川は三国同盟支持の雪崩の勢いに抗しきれず、まもなく同盟賛成に踏みきった。そしていまになってみれば、日本の運命の成否を分けることになった重大な会議に出席していながら、海軍は対米戦に成算なしと及川はついに明言しなかった。それは昭和十六年十月十二日の近衛私邸における集まりであったが、それ以前の夜を日につぐ行きつ戻りつの議論のなかでも、かれはあいまいな態度をとりつづけていた。そして近衛が内閣を放りだしたときには、及川は自分にお鉢が回ってくるのではないかとまじめに心配したのだった。

木戸は四年前を振りかえり、及川古志郎を首相にしたところで、かれに戦争を回避することはとてもできなかったのだと考えたのであろう。いや、海軍から首相などを望みはしなかったのだとかれは思ったのであろう。はっきり本音を喋ることのできる海軍大臣がいればよかったのだ。

だが、それは無理な注文だった。及川だけではなかった。海軍上層将官のだれであれ、海軍をしっかりと抑え、陸軍と国民の大勢に面と立ち向かい、戦いに自信なし、戦いを回避しなければならぬと説くことのできる者はいなかったと木戸は思ったのである。

万年首相候補、宇垣一成

木戸は四年前のことをつづけて考えたにちがいない。あのとき宇垣一成を首相に推すべきだったのか。

宇垣はいちどならず首相になる機会を逸した失意の人であり、七十六歳になるかれは過去の人のはずであった。ところが、かれは昭和二十年のいまなお、総理をやるとの気構えを示していた。その堂堂たる体軀と人に迫力と圧力を感じさせるその容貌にものをいわせ、音吐朗々、ときに相手の耳に口を寄せてささやき、問題の本質をきわめつくしたような声音で人を説得し、その周辺にある種のカリスマ的雰囲気を漂わせていた。

現在、宇垣を擁立しようとする人びとが少なからずいた。昭和十六年十月にも、宇垣大将はどうであろうかという声は木戸の耳に入っていたのだし、宇垣自身やる気充分なところを見せていたことを、かれは承知していた。

重臣会議では木戸が先手をとった。かれは出席者たちに向かって、後継首相は東条でなければならぬ理由を認識させ、理解させようとした。かれはつぎのように説いた。

「今日の癌は九月六日の御前会議の決定である。……この事態の経過を充分に知悉し、陸海軍の真の協力の実現の困難なる点をもっとも身をもって痛感せる東条大将に組閣をお命じになり、同時に陸海軍の真の協調と九月六日の御前会議の再検討をお命じになることが、もっとも実際的な時局収拾の方法であると思います。……」

若槻礼次郎が宇垣一成の名を挙げたのは、そのあとだった。それより三カ月前の昭和十六年七月の重臣会議で、若槻が近衛の再任を望まず、宇垣をと言おうとして思いとどまったことは前に述べた。今回ははっきりと言った。

「内大臣の考えも一理ありますが、自分がいっしょに内閣にいたからというわけではないが、宇垣大将のごときは軍の長老でもあり、決意もなかなか強い人でもあり、この事態をとりまとめるにはひとつの有力な人と思います。ただ軍が前のように反対するようでは困りますが」

阿部信行が陸軍の代弁者としての立場で、宇垣推薦に反対した。木戸も反対の意見を述べた。岡田啓介が若槻の掩護射撃をした。だが、か弱い努力をひとつしただけだった。

「軍がおさまれば、宇垣大将などもよいと思います」とかれは言ったのだ。

重ねて若槻が、陸軍大臣を首相にしたのでは、対外的印象が悪いのではないかと懸念を述べた。

もっともな意見だった。しかし、木戸は若槻の主張を相手にせず、岡田に向かって念を押した。

「若槻氏は宇垣大将を御推薦になったことと思うが、岡田さんも宇垣大将を御推薦になったのですか」

海軍の利害を代弁する立場にある岡田が、宇垣支持に深入りして、陸軍の不信と敵意をかったりすることはできはすまいと木戸は考えたのである。はたして岡田は腰がくだけた。「いや、宇垣大将というのではありません」

結局、重臣会議で宇垣を推したのは若槻ただひとりだった。その日の重臣会議に近衛が欠席したことは前に語ったが、近衛も宇垣には反対だった。このため、宇垣擁立の動きがあるとの情報を入手したかれは、会議の最中に秘書官長松平康昌のところへ電話を入れ、「よもや宇垣に決まりはしないだろうな」と尋ねることだけは怠らなかった。

木戸が宇垣を首相に推すのに反対したのは、なんといっても宇垣が陸軍と真っ向から衝突した前歴があったからである。若槻を除けば、近衛もほかの元首相たちも、宇垣を推すことは、陸軍の傷口に塩をなすり込むことになると思ったのである。

宇垣と陸軍の衝突は昭和十二年一月にさかのぼる。そのときは議会で陸相寺内寿一と議員浜田国松との口論に端を発して、寺内の議会解散の要求が入れられず、かれが辞表を提出して、広田内閣の総辞職をひきおこすという事態が出来《しゆつたい》した。

この躁病的な雰囲気のなかで、西園寺は宇垣を首相に推そうとした。その意を受けた侍従長が伊豆長岡にいる宇垣に電話して、お召しを伝えたのは、一月二十四日午後九時すこし前だった。すでに東京までの汽車がなく、横浜どまりがあるだけだった。

横浜から宇垣は安井誠一郎とともに自動車に乗った。朝鮮で宇垣の秘書官をつとめた安井は、宇垣の側近のひとりだった。そのときかれは拓務省の拓務局長だった。車は大井の近くでとめられた。寺内陸相からの伝言があるので車中でお伝えしたいと、憲兵司令官中島今朝吾《けさご》が乗り込んできて、大命の辞退を望むのが陸軍側の意向であると伝えた。宇垣は鼻であしらった。参内は午前一時になった。組閣するようにと、天皇から型どおりの言葉があった。宇垣はこれを受けた。

木戸が宇垣内閣のできる見込みがないと知ったのは、その夜の午前三時だった。元内相の後藤文夫の電話で起こされ、陸軍と右翼に不穏な動きがあると告げられたのである。すでに陸軍省軍務局の若手連中が大車輪で活動を開始していた。次官梅津美治郎が総指揮をとり、参謀本部もこれに協力し、宇垣のもとでは陸相をださないことを決め、陸相候補と目される将軍たちに対して、陸相になるなと打電していた。

現役の将官たちに陸相のなり手はいなかった。単なる内規であるにせよ、軍部大臣の現役制度が宇垣の手を縛り、自分の腹心を予備役から叩きおこして陸相にすることはできなかった。宇垣は六日間粘りに粘ったが、どうにもならなかった。一月二十九日、かれは内大臣湯浅倉平に会い、天皇から陸軍に対して、後任陸相を推薦せよとの言葉をいただきたいと頼んだ。

内大臣を暗殺する、宮中の幹部たちを一人一殺で倒すという動きがあるといった噂が乱れ飛び、危機はすでに泡立ちはじめていた。政界上層部の人びとは湯浅に向かって、宇垣を諦めよと説いていた。それは陸軍の動向に不安を抱いた人びとの助言であり、逆に陸軍の主張に理があると思う人びとの忠告だった。ついに西園寺が宇垣を推すことを断念した。湯浅もそれに従わざるをえず、宇垣の要請に首を横にふった。こうして宇垣も首相の座を思いとどまることになった。

宇垣内閣の樹立を阻止するために奔走した先兵のひとりに軍務課満洲班長の片倉衷《ただし》がいた。かれは新聞記者に向かって、意気揚々と叫んだ。「諸君、これは合法的な二・二六事件だぞ」。元老、内大臣、宮廷を相手に喧嘩をして、勝ったのだと片倉は言いたかったのである。

それにしても、梅津美治郎から片倉衷まで、どうして宇垣が首相になることに反対だったのか。宇垣は明治元年の生まれ、陸士第一期生であり、日清戦争のときには広島大本営の親衛隊付きの士官だったこともある陸軍の最長老であった。

陸軍が宇垣に反対したのは、かれが昭和六年三月の不発に終わったクーデターの首謀者だったということにあった。「軍の内部では昨年の二・二六事件の関係者を処分し、少なからずの大将を現役から退かせ、粛軍をおこなっている。このようなときに、そのような経歴の人物を首相にするのであれば、軍の統制はとうてい維持できない」というのが、陸軍側のもっともらしい説明だった。

陸軍次官梅津美治郎の説明は違っていた。

「強力なる革新政治の断行は既成勢力と因縁のある人物では不可能である。宇垣大将は既成の政治上層部、既成政党、財閥その他あらゆる既成勢力と絶対不可離の関係にある」

未発のクーデターの主謀者だったという批判と、既成勢力の走狗だという非難はひどくかけ離れていた。ところが、陸軍幕僚たちの胸中では二つはひとつにつながっていた。かれらにしてみれば、いちどはクーデターを考えたこともありながら、体制維持派に手をさしのべられれば、その計画を投げ捨て、やがては元老、重臣、政党指導者と結び、体制擁護者に変身したのが宇垣だった。

たしかに宇垣は元老西園寺の信頼を得ていたばかりか、財界の代表である池田成彬に高くかわれ、政党幹部の支持をも集めていた。かれらが宇垣を高く評価したのは、政治家として試験済みのかれの力量だった。昭和十一年八月まで五年余の朝鮮総督時代に、殖産興業に示したかれの着実な行政手腕と、それより以前、大正末期に宇垣が最初に陸相になったとき、全師団の五分の一にあたる四個師団を削減するという荒療治を断行したかれの果敢な指導力だった。

四個師団の削減は、行政整理と海軍軍縮にあわせた政策であったが、なによりも軍の近代化のために不可欠な措置だった。そのときの節減経費によって、陸軍は国産最初の軽機関銃と迫撃砲を導入でき、歩兵の戦力を強化できたのだった。

ところが、大正末年から昭和六年までつづいた宇垣時代が終わって、新たに陸相に就任した荒木とその配下の連中は、陸軍内に残る宇垣色を一掃しようとした。かれらは、宇垣が政党者流に媚を売り、陸軍を売ったのだと非難をはじめた。

こうして将校たちは、宇垣は自分の野心のためにはなんでもやる男だと思うようになった。任官したての時代に軍人蔑視の世の中で肩身の狭い思いをしたことのある将校たちは、まさにそのような事態は宇垣がもたらしたものだと考えるようになった。そこで宇垣によって陸軍を抑えるべきだと説く政治家の言葉が軍務局の連中の耳に入れば、かれらはいっそう宇垣を敵視するようになったのだ。

こうして陸軍軍人は宇垣を嫌っていたから、昭和十二年一月に西園寺が宇垣を首相にしようとしたとき、陸軍は全面的な対決姿勢をとることになったのである。

昭和十六年十月の重臣会議で、若槻礼次郎が宇垣を首相にと推薦しても、阿部信行をはじめ、だれもが反対したのは当然だった。

木戸は四年前を振りかえって、つぎのように思ったのであろう。昭和十六年十月に宇垣が首相になったところで、かれになにもできはしなかったのだ。「もし大命を拝せば、陸相を兼摂して、陸軍を大粛清する」と宇垣が広言したという話が語り伝えられていた。嘘であれ、ほんとうであれ、そんな噂がたってしまってはどうにもならなかった。

それでも宇垣を首相に奏薦し、宇垣が首相になったらどうであったか。陸軍は硬化し、宇垣に対して面従腹背の態度をとることになったであろう。右翼は国賊宇垣と怒号し、「宇垣は国を売る」と叫ぶにちがいなかった。そうした威嚇と抵抗に囲まれて、宇垣に、はたしてなにができたであろうか。

だが、木戸は、宇垣が「大粛清」をやるなどといった話をはじめから信じていなかったのである。かれは、宇垣が「稀にみる大丈夫」と気どり、一部の人びとの支持を集めているものの、実際は見かけ倒しの男にすぎないと見ていた。第一次近衛内閣のときに、宇垣を外相とするのに骨を折ったのは木戸だった。そのかれになんの相談もないままに宇垣は外相を辞めてしまった。それに防共護国団に威かされただけで、わずか数カ月で辞めてしまうような無責任さにも、宇垣を信用できない理由があった。

近衛と東条が推した東久邇宮

木戸は四年前を振りかえり、さらに自分に語りつづけたのであろう。及川古志郎や宇垣一成を首相の座に据えたところで、とてもかれらの力で戦争を回避することはできなかったのだ。では、あのとき東久邇宮《ひがしくにのみや》を首相に奏薦すべきだったのか。

東久邇宮稔彦《なるひこ》王は陸軍士官学校二十期の卒業だった。北支那方面軍司令官の下村定《さだむ》、沖縄にいる第三十二軍の司令官牛島満、ビルマ方面軍司令官の木村兵太郎が同期生だった。一期下にはすでに現役を退いた石原莞爾がいた。東条英機は三期上だった。

東久邇宮は開戦の日の翌日から昭和二十年のいままでずっと防衛総司令官のポストに坐ってきた。防衛総司令部は昭和十六年七月に慌ててつくられた。その時期は陸軍が大動員をおこない、満洲に三十万の大部隊を輸送しはじめたときであり、もしソ連との戦いになれば、沿海州からソ連の爆撃機が本土を爆撃するかもしれないとの不安が生じた。そこで本土の防空をひとつにし、各地の防空部隊を統一指揮するためにつくられたのが防衛総司令部だった。

とはいっても、耐弾作戦室といった名前で、はやばやと地下防空壕をつくっただけのことで、かたちばかりのお体裁の機関にしかすぎなかった。防衛総司令部がなんの力ももっていないのは、内地防衛軍を指揮下に置いている現在でもまったく同じだった。

ところで、昭和十六年の十月、木戸がもっとも警戒していたのは、じつは東久邇宮内閣ができることであった。そのとき木戸が反対さえしなければ、内閣を放りだした首相の近衛と、その内閣を瓦解に導いた陸相の東条の二人が、ともに東久邇宮を首相に推していたのだから、東久邇宮内閣が成立したのは間違いのないところであった。

そのとき近衛と東条が対立したのは、前にも述べたとおり、中国撤兵の問題だった。東条は中国撤兵に反対し、対米交渉を打ち切るべしと主張した。だが、海軍が対米戦争に自信を表明しないことにかれは不安を抱いた。つづけて外交交渉をおこなうことも考えておく必要があった。

しかし、外交交渉をつづけるためには、九月六日に決まっている国策を御破算にしなければならなかった。白紙に戻して出直すためには、内閣は総辞職しなければならなかった。そうなると後継首相は東久邇宮しかいないと東条は考えた。もういちど会議を開いて、避戦と決まることになれば、陸軍を抑えるためには皇族内閣でなければならぬとかれは思案したのである。

対米交渉を打ち切るべしと説いた同じ十月十四日、その夜に東条は首相近衛のところに鈴木貞一をさしむけ、後継首相は東久邇宮のほかにいないのではないかと伝えた。重臣会議の開かれた十月十七日の三日前のことである。近衛も乗り気になった。対米戦争に反対の主張をつづけている東久邇宮なら申し分なかった。翌十月十五日の夜、かれは東久邇宮と会見し、出馬を求め、十六日の朝、木戸に電話をかけ、東久邇宮を後継首相に推薦した。木戸は反対した。

近衛は腹を立てた。木戸になにか考えがあるのだろうとかれは部下に言って、木戸に告げることなく、ただちに総辞職のための閣員の署名集めにとりかかった。その日の午後五時すぎ、参内して辞表を提出した近衛は、そのあと木戸の執務室を訪れた。木戸ははじめて自分の考えを打ち明けた。

木戸との話し合いを終えた近衛は、待たせてあった秘書官の細川護貞と車に乗り込み、坂下門をでたところで、細川に語りはじめた。

「非常な名案がでた。それは木戸が、戦争をするなと東条大将に話して、戦争をしないと約束させ、内閣を組織させることにしたのだ。これは名案だろう」

細川は藪から棒の話にびっくりした。主戦派の陸軍軍人を首相に据えるなどあまりに無茶な考えだと思い、疑問をさしはさんだ。かれがのちのちまで忘れられなかったのは、物言いの穏やかな近衛が珍しく大声をだしたことだった。

「それはお前の書生論だ(8)」

細川は二十九歳、肥後熊本の藩主細川家の正系であり、昭和十五年に病没した妻の温《よし》子《こ》は近衛の次女だった。

東条は、木戸と近衛とが自分を首相に推すことで合意したことを知らなかった。かれもまた木戸に東久邇宮を推薦して、反対された。だが、東条は自分の考えを変えなかった。すでに鈴木貞一に東久邇宮の意向を探らせていたが、もういちど次官木村兵太郎を東久邇宮邸へ派遣した。前にも述べたとおり、木村は士官学校で東久邇宮といっしょだった。

東条は木村から東久邇宮に出馬の意思のありとの報告を受けとるや、すでに午後十一時すぎであったが、軍務課長の佐藤賢了を阿部信行と林銑十郎の邸へ向かわせた。この二人の陸軍出身の元首相に、東条は佐藤を通じて、陸軍は東久邇宮内閣を希望していると伝えさせた。

阿部信行は佐藤賢了を送りだしたあと、おそらくただちに木戸に連絡をとったのであろう。そして明日の重臣会議をどうもっていくかについて、二人はもういちど打ち合わせをしたはずであった。

阿部は士官学校で荒木貞夫、真崎甚三郎と同期だった。宇垣一成に頭脳の明晰さを買われ、かれの出世は早かった。円満で、まじめな性格であり、それだけに政治的には穏健な考えの持ち主だった。この昭和二十年一月、かれは朝鮮総督だった。かれと木戸との仲が密接なことは前に触れた。

昭和十四年はじめに、阿部の長男で、住友金属に勤める信男と木戸の長女由喜子が結婚した。つけ加えれば、阿部のもうひとりの息子、次男の信弘は飛行機乗りの将校だった。かれは昭和十九年十月、ニコバル群島沖で英空母に体当り攻撃をし、戦死した。信弘は二十二歳になったばかりだった。

翌十月十七日の重臣会議で、阿部信行は東久邇宮の名前を口にしなかった。林銑十郎も東条の希望に添わなかった。かれは皇族の出馬を願うと言いはしたものの、海軍方面の皇族を望むと語った。岡田啓介と米内光政は、なにをつまらぬことを言うのかと肚のなかで舌打ちをしたにちがいなかった。木戸もまた渋面をつくったのであろう。

海軍の皇族のなかで首相候補となりうるのは、伏見宮博恭《ひろやす》王のほかにはいなかった。そのとき六十六歳だった伏見宮は、半年前に軍令部総長を永野修身に譲ったばかりであった。木戸にとっての問題は、過去十年間、強硬派の神輿として担がれてきた伏見宮が、このとき海軍主戦派のロボットになっていることであった。戦うべしと説く海軍中堅軍人にけしかけられ、さらに永野修身にはっぱをかけられた伏見宮が、重臣会議に先立つ数日前、戦わざるべからずと天皇に進言して、天皇をひどく困惑させたことを木戸は承知していた。

元首相たちのなかで、林銑十郎の思いつきに賛成した者はいなかったが、木戸は東久邇宮の名前がでる前に、これを潰してしまおうと先制攻撃にでた。かれは皇族内閣に反対の理由をつぎのように述べた。

「皇族内閣となって、万が一、決定が開戦ということになり、戦いが失敗に終わった場合、皇族が国民の怨府となる恐れがあります。こうしたわけで皇族内閣には同意いたしかねます」

しかし、木戸のほんとうの肚はべつにあった。かれが東久邇宮を首相に推すことに反対したのは、東久邇宮の性格と振舞いに危惧を抱いたからであった。かれは、東久邇宮内閣であれば戦争を回避でき、陸軍を抑えることができるといった見方を信じていなかった。

なるほど東久邇宮がアメリカとの戦争に反対していることは、木戸も知っていた。しかし、かれが恐れていたのは、状況のいかんによっては、東久邇宮はかれの背後にいる連中たちの主張にさっと鞍替えしてしまうかもしれないということであった。

東久邇宮の性格を巧みに表現して、「人を人臭いとも思わぬ」と評したのは緒方竹虎だった。人を人とも思わぬ向こう見ずなところがありはしたが、それだけにまた容易に陰謀家の喰いものにされやすい性格であった。

木戸は、そのとき、東条が東久邇宮を首相に推しているのとはべつに、安田銕之助《てつのすけ》と天野辰夫の二人が東久邇宮内閣の擁立に動いているとの情報を警視庁にいるかれの部下から入手していた。天野や安田といった過激な冒険主義者が、大幅な譲歩と引き替えに和平を買うことを望んで、東久邇宮内閣の樹立を意図していることなどありえるはずがなかった。

天野と安田は、その年の三月、大審院で刑の免除といった無罪に等しい不可解な判決をかちとった神兵隊事件の首謀者だった。かれらのクーデター計画が決行寸前に摘発されたのは昭和八年七月のことだった。神兵隊の一味が捕らえられたその朝のことを、木戸は忘れてはいなかった。秘書官からの電話で、今未明一時半から、百二十人の警官が内大臣官邸の警戒に入ったと告げられたのだった。

未発に終わった蜂起計画の全貌は恐るべきものであり、どこか夢物語のようなところもあった。神兵隊と名乗る行動隊は、首相斎藤実を筆頭に全閣僚、さらに内大臣牧野伸顕、政友会総裁鈴木喜三郎、民政党総裁若槻礼次郎らを殺害し、かれらの官邸と私邸を焼き払ったあと、内幸町にある日本勧業銀行本店に立てこもり、戒厳令が施行されるまで、そこを死守するといった筋書きをたてていた。

それから一カ月あまりあとの八月末、木戸は内大臣秘書官長のまま、宗秩寮《そうちつ》総裁を兼任することになって、神兵隊事件の秘密の部分を知るようになった。

宗秩寮はもとは華族局、つづいては爵位局と呼ばれ、明治末に宗秩寮とその名を変えた。宗秩寮はその名称どおり、十一の宮家と一千に近い華族を管轄下において、群れから遅れた羊、迷いでた羊を輪のなかへ連れ戻すことを仕事としていた。

その仕事の中身は、華族の結婚の届けに認可を与え、何某侯爵家の相続問題に助言し、某宮家の放蕩三昧のプレイボーイに訓戒を垂れ、某伯爵家の破産始末の報告を聞くといったことからはじまって、ときには、共産党の「資金局学習院班」とかに加わっていた某男爵家の御曹子の警察調書を読むといったことまで含まれていた。

神兵隊の一味が逮捕されてから二カ月あとの九月末、安田銕之助が逮捕されて、木戸はショックを受けた。神兵隊はその綱領に「財閥、政界、宮中、府中の奸賊およびその番犬等を殲滅」することを謳っていたが、文字どおり斎藤内閣を殲滅したあと、かれらは東久邇宮を首班とする臨時非常時内閣の樹立をもくろんでいた。この渉外工作を担当することになっていたのが、神兵隊首領の天野辰夫と顧問の安田銕之助の二人だった。

そして、東久邇宮擁立に重要な役割を果たすはずだったのが安田だった。東久邇宮付きの武官であったかれは昭和五年に中佐で予備役となったが、東久邇宮の私設秘書となって、その宏壮な邸内に住んでいた。木戸が安田の名前を聞いたのは、そのときがはじめてではなかった。前年、木戸は、東久邇宮が安田を伴って茨城県常盤村の橘孝三郎が指導する愛郷塾を訪れたという噂を聞き、東久邇宮がテロリストや過激主義者に担がれるのではないかと心配したことがあった。

その心配は現実のものとなった。木戸が恐れたのは、東久邇宮がこの内乱準備の陰謀に深く首を突っ込んでいたのではないかということであった。木戸はまた、東久邇宮がその陰謀にかかわりのあることを知っている者が陸軍中央にいるのではないかと疑ったのではなかったか。

神兵隊事件発覚の一カ月あと、木戸は東久邇宮に招かれたことがあった。参謀本部付きから第二師団長への転出がきまっての送別会だった。岡部長景、原田熊雄、白鳥敏夫らが集まった席で、東久邇宮が「これは左遷だ」といきまいていたのを木戸は記憶していた。

籠絡を図ろうとする参謀次長真崎甚三郎の誘いをはねつけたことが転出させられた理由だと東久邇宮は言ったのだが、安田銕之助の逮捕のあとには、はたしてそれだけのことだったのかと木戸は首をひねったはずであった。

神兵隊事件の取り調べはずっとつづいた。そのあいだ、木戸が何度か司法大臣その他に会ったのは、その事件の内部情報を得るためであった。むろん、安田と天野は取り調べに際して、東久邇宮は事件となんの関係もないと述べ、沈黙を守ったのであろう。だが、東久邇宮がかれらの計画の輪郭を聞知《ぶんち》していたことは事実であった。あるいはかれは破壊計画のすべてを知らなかったのかもしれなかった。しかし、血盟団事件、五・一五事件の関係者と親しい天野や安田が抱く計画が血染めの暴力となることを、かれははっきりと承知していたはずであった。

おそらく木戸は、こうした無法、かつ狂気じみた陰謀に、東久邇宮がいかなる形にせよかかわっていたことは、不謹慎にすぎたし、無責任きわまりないと思ったのであろう。そんなわけだったから、昭和十六年十月、東久邇宮の背後にふたたび天野と安田といった危険な人物がちらちらしていると聞いて、木戸は怖気をふるったのである。

東久邇宮を首相に担ごうとして、ひと役買おうとしたひとりに石原広一郎《ひろいちろう》がいた。昭和二十年の現在、五十五歳になろうとする石原は政商だった。かれはマレーで鉄鉱山を開発し、大正末期に八幡製鉄に鉄鉱石を納入するようになり、つづいては四日市に銅製錬工場を建設し、海南島で鉄鉱山を経営した。かれは政治好きで、多くの政治家、軍人と親しく、そのときどきにつくられる急進団体に参加した。かれはまた二・二六事件の首謀者のひとりである栗原安秀に軍資金を用立てたこともあった。そのためかれは代々木衛戍《えいじゅ》刑務所に七カ月ほど拘禁された。かれの耳にいまも残っているのは、同じ刑務所にいた反乱軍の年若い将校たちが銃殺執行のために引き出され、「一足さきに冥土で待っているぞ」と元気に叫ぶ声だった。二十七歳の栗原も銃殺された。石原はまた末次信正らと組み、東亜建設国民連盟をつくり、「北守南進」を唱え、しばらくのあいだはたいそうな勢いだった。

第三次近衛内閣が倒れる寸前、石原は東久邇宮、近衛の邸を回って歩き、つづいて木戸に会い、東久邇宮を後継首相にすべきだと説いた。木戸はぴしゃりと石原の口を封じた。

「近衛公はお坊ちゃんでだめです。宮様にいたってはなおさらのことだ(9)」

湯浅倉平内大臣なら……

木戸は頭のなかから東久邇宮や宇垣を振るいだそうとするかのように強く首をふり、なんど考えたところで同じことだ、あの時点で東条英機のほかに適任者はいなかったのだと呟くことになったにちがいない。

だが、ここで、湯浅倉平であればはたして自分と同じことをしたであろうかという考えが、木戸の脳裡に浮かぶことになったのではなかったか。

「湯浅君が病死したことは、なんといっても大きな打撃だった。湯浅君は忠節の士だ。恐らく身命を賭しても、事ここに至らしめなかったと思う[10]」と嘆じたのは、枢密院顧問官の伊沢多喜男だった。侍従の入江相政《すけまさ》はのちに述べた。「私は今までに、こんなえらい人に会ったことがない。……もし亡くなられなくて、引き続き内大臣だったら、どんなことになっていたか。……[11]」

湯浅が健在でありつづけたら、国が今日、この悲運に巻き込まれることはなかったのだと悔やむ声は、木戸の耳にも入っていたにちがいない。

湯浅は内務省の出身だった。宮内大臣となり、牧野伸顕のあとを継いだ斎藤実が昭和十一年の二・二六事件で殺害されたあと内大臣となった。

木戸が湯浅のあとを継いだのは、前にも述べたとおり、昭和十五年六月のはじめだった。そのとき陸軍は米内内閣を倒す決意を固めていた。内外の動きを睨みながら、近衛は六月末に枢密院議長を辞め、いつでも政権を担う構えを見せた。

もっとも近衛は自分に米内内閣を倒す意志はないと語り、のちになってもかれは弁解がましくそれを繰り返したのだが、かれがやる気充分であったのは間違いのないところであった。そして木戸は一刻も早い米内の退場を望み、近衛が首相になるのを助けたのである。

そのとき、木戸が内大臣に就任した昭和十五年六月はじめからといってよいが、人びとは固唾《かたず》を呑んでヨーロッパの情勢を見守っていた。ドイツ軍の一千台の重戦車はオランダとベルギーを席捲した。さらに、イギリス軍とフランス軍をドーバー海峡の一角に追い詰めた。六月十四日にパリは陥落し、六月二十二日にフランスは降伏した。

人びとはいまや英国の没落のはじまりと考え、世界の再編成のはじまりだと思った。だれもがすっかり興奮し、自信にあふれた声で語りだした。独ソ不可侵条約によって冷却していた親独熱がふたたび盛りあがった。

陸軍と右翼はなによりもまず、米内内閣を打倒しようとした。かれらは無為無能の「用無《ような》い」内閣の退陣を叫びだした。七月五日、警視庁は前田虎雄と影山正治ら三十人を逮捕した。前田と影山は昭和八年の神兵隊事件の中心人物だった。同じ仲間だった天野辰夫らと離れ、出獄後、昭和十四年に大東塾をつくった。前田と影山は、首相米内光政と内大臣を辞任したばかりの湯浅倉平の暗殺を意図していた。かれらの「滅賊討奸」のリストに載せられていたのは、岡田啓介、原田熊雄、池田成彬といった顔ぶれだった。米内を首相に推した人、かれを支持していると見られた人びとだった。

つづいて七月十二日、陸相の畑俊六が首相米内に内閣総辞職をするようにと申し入れた。陸軍側の倒閣の筋書きはすでに決まっていた。宇垣内閣を流産させたのと同じ手をここでもまた使った。米内が首を横に振るのを待って、陸相の畑が辞任した。米内が畑に向かって、後任の陸相をだすように求めた。畑は「陸軍三長官の意見を徴したが、後任陸相は得がたい」と拒絶した。そこで米内は総辞職することを余儀なくされたのである。

かりに湯浅が内大臣をつづけていたら、かれは米内内閣を支えることができたであろうか。湯浅ががんばり、ふたたび米内を首相に推し、天皇が畑俊六に向かって、後継陸相をだすように命じたとしても、そうしてできた第二次米内内閣はけっして長続きはしなかったにちがいない。陸軍は嫌がらせをつづけ、湯浅と米内を狙う暗殺計画はつぎつぎと起きたであろう。そして国民のあらかたが米内内閣に嫌悪感を抱いたにちがいない。米内は退陣せざるをえなかったはずである。

そこで後継首班の銓衡となれば、やはり近衛を推す声がひときわ高いということになったであろう。じつのところ、湯浅は近衛を個人的にも政治的にも信頼していなかった。湯浅のもとで秘書官をやったことのある町村金五は、かれから聞いたつぎのような言葉を記憶していた。「国をあやまらせる第一線の政治家が三人いる。松岡洋右、近衛文麿、平沼騏一郎である」

だからといって、湯浅が個別に意見を聞いた元首相たちがこぞって近衛を推したならば、湯浅はそれに従わざるをえなかったであろう。そしてかれは近衛が外相に松岡をもってくるのにも反対できなかったであろうし、たちまち三国同盟を締結してしまうのを暗い気持ちで見守ることになったはずだ。

昭和十五年九月末に、木戸は天皇の指示に従って、牧野伸顕と湯浅倉平を訪ねて、三国同盟の成立にいたった経緯を説明した。西園寺には報告しなかった。かれの老齢と病弱を考慮してのことだった。牧野はやむをえまいと木戸に語った。だが、病床から起きてきた病み衰えた湯浅は、その同盟に対する憂慮を語った。それから二カ月あとの十一月下旬、西園寺公望が没した。九十二歳だった。湯浅はいぜん病床にあった。十二月半ば、かれは見舞いにきた友人に、「夜、眠れない」と言い、「日本の前途を考えると安心して眠れない」と苦しげに語った。(12) その一週間あとに湯浅は他界した。六十六歳だった。

たとえ、そのまま湯浅が内大臣をつづけたところで、かれが近衛内閣の内政外交になんの影響力も及ぼすことができなかったことは間違いない。だが、昭和十六年に湯浅がなお健在であったとして、かれはその年七月にもういちど近衛を首相に推し、そして十月に東条を首相に推薦したであろうか。

対米臥薪嘗胆策と日米頂上会談

木戸はもういちど、昭和十六年を振りかえってみたのであろう。

その年の八月から十月、ドイツ空軍は英本土を爆撃し、ドイツの潜水艦は英国の輸送船を沈めていた。ドイツ軍はまた、ソ連領奥深く攻め入っていた。アメリカは英国側に味方し、アメリカ海軍は英国輸送船団を護衛していた。しかもアメリカは英国、オランダと示し合わせ、日本に対して経済封鎖をおこなった。石油はまったく入らなくなった。日本はアメリカに禁輸の解除を求め、貿易の再開を働きかけていた。だが、アメリカは日本を締めあげ、日本を屈服させようとしていた。

あのときどうすればよかったのか。かれは承知していた。かれはこれまでにそれを語ったことも、人に向かって悔やむこともなかったが、思いだすことは何回となくあったはずだった。あのときに臥薪嘗胆策を採るべきだったのだ。なぜもっと努力をしなかったのか。そう思えば、かれは臍《ほぞ》をかむ思いだったにちがいない。

臥薪嘗胆は、木戸にとって鮮やかな記憶をもつ懐かしい言葉だった。日清戦争はかれが学習院初等科に入ったときすでに終わっていたが、十年のちの日露戦争は中等科に学んでいたときに起きた。運動場や教室でのかれの少年の日の思い出と分かちがたい感傷的な記憶が臥薪嘗胆の言葉のなかにはあった。もちろん、このスローガンは、かれより年上の者、年下の者、農民から商人にいたるまで、ひとりの例外もなく、かれらの感情の波をたかぶらせる強い力をもっていた。

木戸が最初に臥薪嘗胆策を語ったのは、昭和十六年の八月七日だった。八月一日にだれもが恐れていたこと、それでいてよもややるまいと思っていたことをアメリカがやった。航空機の部品、工作機械、航空用燃料、屑鉄の禁輸とつづき、さらには、一年来、日本を締めあげてきた経済封鎖の最後の切り札をとりだした。日本に対して石油の禁輸を断行したのである。海軍内の強硬派が激昂し、かれらに担がれていた軍令部総長永野修身が「むしろこの際打って出るのほかなし」と上奏した。そしてもっとも重大なことは、対ソ連を断念した陸軍統帥部が、その攻勢の矛先を南にずらしたことであった。

木戸は、対米戦争も已むなしとする戦争気流を食い止めなければならないと考えた。かれは近衛に向かって、「日清戦争後の三国干渉の場合と同じ決意をする外にない」のではないかと言い、十年を目標とする臥薪嘗胆の政略と戦略を採るべきだと説いた。

それから二カ月あとの十月九日、木戸はもういちど、自分の構想を近衛に語った。それより一週間前にアメリカは日本側のいっさいの提案を斥けていた。近衛のあらゆる希望が崩れ落ち、かれは打つ手がないまま、和戦を決する「十月上旬頃」の期限を待つだけとなっていた。

こんな近衛に対して、木戸はまず、「十月上旬頃」を「対米開戦ヲ決意」する最終期限と定めた「帝国国策遂行要領」を白紙に戻し、国の進路を再検討すべきだと説いた。そして対米開戦を決意することなく、支那事変の解決を第一義とすることを明らかにして、アメリカの経済圧迫を顧慮することなく、わが国は自主的立場を堅持し、十年から十五年の臥薪嘗胆を国民に宣明すべきだと主張した。

木戸はさらに話をつづけて、七月から八月にかけて満洲へ送り込んだ陸軍の動員部隊を転用して、重慶・昆明作戦をおこない、独力、実力をもって支那事変を解決することを決意すべきだと説いた。

満洲国境で睨みをきかすソ連軍に牽制されて、陸軍は満洲に大部隊を置いておかねばならなかったが、独ソ戦争がはじまって、ソ連の脅威は消えた。中国の戦場に大軍を送り込むことができるようになった。

十個師団の新戦力があれば、四川盆地へのもっとも容易な進攻路である西安、宝鶏から、秦嶺山脈、巴山山脈を越えて、重慶、成都を攻略できた。この軍事的圧力のもとでこそ、重慶政府との和平交渉も期待できるのだった。戦争終結のために、あらゆる軍事行動をとらねばならなかった。

これに対して、近衛はなんと答えたのか。かれは格別反対もしなかったが、賛成もしなかったのであろう。なぜだったのか。

八月七日、木戸がはじめて臥薪嘗胆の構想を近衛に説いたとき、近衛がそれを聞き流したのは、頂上会談の開催に希望をかけていたからだった。それより三日前、近衛はその考えを陸海両相に告げ、木戸にも伝えていた。そして近衛は、前にも述べた伊藤文吉邸でのグルーとの話し合いで、ルーズベルトと差しで話し合ったら、その合意事項を政府、統帥部に図ることなく天皇に奏上し、勅許を得て、アメリカとの関係を一挙に正常化すると明かしたのである。かれはアメリカの要求を入れて、三国同盟を暗々裡に放棄し、中国からの撤兵を約束するつもりでいた。

かれはルーズベルトの愛想のよい態度に惑わされ、その思わせぶりなゼスチュアにすがり、アラスカのジュノー沖の船上における直接会談に全期待を寄せていた。横浜の埠頭に碇泊していた新田丸が横須賀に回航され、二号喫煙室に通信機械が運び込まれた。陸軍からは航空総監の土肥原《どいはら》賢二、海軍からは前海相吉田善吾が随員として選ばれた。代表団はこの最新客船でジュノーへ向かう予定だった。前年に建造されたばかりのこの豪華船には、プール、遊歩甲板があり、客室には大西洋航路の客船にもない冷房設備を備えていた。

新田丸ははじめ欧州航路の貨客船として予定されていたが、欧州に戦争がはじまって就航できず、ロサンゼルス航路に回された。だが、アメリカの全面禁輸にぶつかり、航海は七回で終わった。この昭和二十年一月に新田丸もすでになかった。空母に改造され、沖鷹《ちゅうよう》と命名され、トラック島に航空機を輸送しての帰途、昭和十八年十二月三日の夜、鳥島沖で敵潜水艦の待ち伏せをくった。三千人の乗組員のうち、二千八百余人がその薄幸な女王と運命をともにした。

近衛は会談の日取りを提案し、ふたたび新たな日取りを告げ、空しくワシントンに訓令を繰り返し、ずるずると日がたった。対日政策に大きな発言権をもつ国務省政治顧問のホーンベックが頂上会談に絶対反対の態度をとっていたことは前に述べた。日本に対して妥協をするなといった強い主張をかれは説いていた。そしてワシントンの指導者の脳裡にはミュンヘンの亡霊が居坐っていた。

ルーズベルトとかれの側近たちは、この対日交渉がネヴィル・チェンバレンが犯した過ち、ミュンヘンの平和の二の舞となるのを恐れていた。ミュンヘンのその会談の半年たらずのちにヒトラーはチェコスロバキアを解体してしまい、その半年あとにはポーランドを攻撃し、ヨーロッパの戦争がはじまったのである。

つけ加えるなら、チェンバレンがミュンヘンに赴き、ヒトラーと平和の取り決めを結んだのは、エドワード・グレーの失敗を教訓としたからだった。第一次大戦勃発の直前に、英国外相のグレーがベルリンを訪問していさえすれば、あの無益な大殺戮を回避できたのだという批判や非難があったのである。

落胆し、惨めな思いの近衛は必死に出口を求めた。かれはアメリカに具体案を示さねばならなくなった。息つくまもないままに、かれは陸軍に中国からの撤兵を呑ませようと懸命に努力した。だが、これも空しく終わった。かれはまったく行き詰まっていたが、だからといって木戸が十月九日にふたたび説いた臥薪嘗胆の構想にとびつくことができなかった。

なぜだったのか。

木戸の隠忍自重策は、陸軍を味方につけることで、アメリカとの戦いを避けようとするものだった。これに対し、近衛がやろうとした首脳会談は、海軍の支持を得て、日米戦争を回避しようとするものだったのである。

このあと説明しなければならないが、木戸の構想は海軍に犠牲を押しつけるものであり、それにひきかえ、近衛は陸軍に犠牲を負わせる意図だった。そこで近衛とすれば、ルーズベルトとの会談の希望が砕かれ、つづいて中国からの撤兵を陸軍に説得することができなくなったからといって、掌をかえし、陸軍の側につき、臥薪嘗胆策を唱えることはできかねたのである。

木戸は四年前を振りかえり、近衛がやろうとしたことの誤りは、陸軍を敵に回し、それればかりか、味方につけてもなんの役にも立たない海軍に頼ろうとしたことにあったのだと思ったにちがいない。

なるほど海軍は木戸の昭和十六年八月の構想には反対だった。隠忍自重策など真っ平だった。海軍の目標はカリフォルニアとボルネオの石油がふたたび輸入できるようになることであった。

海軍の提督たちは自分たちがかつて乗った戦艦や駆逐艦にロマンティックな愛着を抱き、軍艦こそが国力を具現する唯一のものと信じ、軍艦、そして海軍に大きな誇りをもっていた。海軍士官の数は陸軍と比べてずっと少なく、水兵は志願兵が多かった。かれらは自分たちの独自の慣例と儀式、サブ・カルチュアをもったカースト的な小世界に閉じこもっていた。かれらはよそ者の介入、侵入を阻止し、もちろんのこと、助言も忠告も受けつけなかった。そしてかれらはその威厳に満ちた安楽の城を守りつづけるために、息子に親の夢を受け継がせ、娘の結婚相手に自分と同じ軍服を着た若者を選んだ。

そのかれらに向かって、連合艦隊が広島湾の柱島や倉橋島の錨地で行動不能になるのを忍ぶか、それとも中国からの撤兵を受け入れるかと尋ねれば、どちらを選ぶかはわかりきったことであった。

昭和十六年十月一日、首相近衛に招致された海相の及川が、「速かに国交を調整して、石油を自給し得るようになさざるべからず。それには、米国案を鵜呑みにするだけの覚悟で進まなければならぬ⑬」と述べたのは、海軍側の本心だった。

近衛が海軍を味方につけたのは正しかったように思えた。だが、じつはそうではなかった。海軍大臣及川古志郎、次官沢本頼雄、軍務局長岡敬純《たかずみ》は、アメリカ側の要求を鵜呑みにすべしと公の席ではけっして言わなかったし、アメリカとの戦争に自信がない、日米戦争を避けねばならないと口にすることもけっしてなかった。

及川、沢本、岡をふくめ、軍令部次長、作戦部長が協議して、「海軍回答ヲ門外不出トス」と決め、門外では、「和戦の決定は総理に委せたい」が決まり文句だった。

なぜ海軍首脳は口をつぐむことにしたのか。

満洲事変のあと、国防方針を決めようとしたとき、陸軍は仮想敵国をソ連一国に限定しようとした。海軍側が強硬に反対し、アメリカをソ連と同格の仮想敵国とするように求めた。米ソ二国を仮想敵国とし、「軽重ノ差ナシ」と定めた。海軍はこれを基本原則とし、予算、資材の配分をはじめとして、すべての面で陸軍とのパリティを主張し、陸軍と張り合い、競ってきていた。

それがいよいよアメリカと戦わざるをえないときになって、じつはアメリカとの戦いに自信はないのだと言えば、海軍の厖大な戦備はなんのためだったのか、連合艦隊は家鴨《あひる》の艦隊なのかと罵倒されるのは目に見えていた。

そして日米戦争を回避することができたとしても、陸軍、議会、新聞から、「われわれは海軍に嘘をつかれ、欺されていたのだ」と非難され、海軍は「対米一戦」「宿敵アメリカ」のスローガンを口実に血税をかすめとってきた国賊なのだと攻撃されるにちがいなかった。そして、ひろく人びとに受け入れられてきた海軍の栄光と信望は地に墜ち、海軍士官が道を歩けば、罵られ、唾を吐きかけられることにもなりかねなかった。

そしていっそう肝心なことがあった。対米作戦に勝算なしと海軍が告白し、対米戦争を思いとどまり、アメリカの外交圧力に屈することになれば、中国から撤兵しなければならなくなる責任を海軍が背負わされる羽目となることだった。そうなっては国民のさげすみと呪いの集中砲火を海軍が浴びるようになるのは目に見えていた。

霞ヶ関の幹部たちは沈黙を守ることで、自分たちの海軍を守ろうとした。陸相の東条や軍務局長の武藤章が、戦争ができるのかどうかと海軍側の本心を聞こうとすれば、海軍首脳は警戒心を強めて、ガードを固めた。

十九万人の若者の血を流し、百万人の傷病者をだしながら、中国における戦いは無名の師に終わるかもしれなかった。その敗戦の責任を海軍に押しつけようとする陸軍の陰謀があるのではないかと海軍は疑っていた。そのために対米戦争に自信なしと、東条や武藤は海軍に言わせせにかかっているのだとかれらは猜疑心を燃やしたのである。

木戸は昭和十六年を振りかえって、つぎのように考えたのであろう。近衛は自分の手に負えないこと、そして、やりとげられるはずのないことをやろうとしたのだ。近衛は中国からの撤兵を唱えた。そして海軍がけっして味方になりはしないことを考えずに、ことを進めようとした。そしてどうにもならなくなって、かれは政権を放りだしてしまったのだ。

鉄の男、田中新一作戦部長

木戸がこのように回想したのであれば、昭和十六年の八月から九月の重要な時期を無為に過ごしたことをかれは無念に思い、臥薪嘗胆策を筋道の立ったビジョンにし、その構想に現実性をもたせるのを怠ったことへの悔恨となったはずだった。

なぜかれは近衛に向かって臥薪嘗胆策を繰り返し説き、せっつく努力をしなかったのか。内大臣の分際ででしゃばりすぎる、頂上会談を邪魔だてするのかと近衛が癇癪玉を爆発させることになるのをかれは避けたのであろうか。

そんな非難にかまうことなく、陸軍を臥薪嘗胆策で固めるべきだったと木戸は後悔したのではなかったか。東条英機に向かって、臥薪嘗胆で進むべきではないかと説いたのであれば、かれとの了解に達することもできたのだと木戸は思ったはずだ。そのように考えたときに、かれはもうひとりの陸軍将官の顔を思い浮かべたにちがいない。そしてかれは、それこそ熊の胆《い》を舐めたような顔になったのであろう。

東条が睨みをきかし、武藤章が牛耳る陸軍省には、この二人に対し、異論を唱える者はいなかった。だが、参謀本部にひとりいた。参謀総長の杉山元ではなく、参謀次長の塚田攻《おさむ》でもなかった。作戦部長の田中新一だった。

田中新一は陸軍の渉外窓口である軍務課長や軍務局長の椅子に坐ったことがなかったから、政府の幹部や高級官吏と親密な接触を保つことがなかったし、かれらとともに活動することもなかった。木戸も田中とはいちど会っただけだった。論争中の重大な問題で、田中は自分の意見を述べにきたのではなかった。木戸が第一次近衛内閣の文相のときのことで、訪ねてきた軍事課長の田中の用件は気象予算の問題だった。こうしたわけで、田中新一は政界のだれにも知られることなく、新聞記者からも注目されなかった。

ところが、木戸より四歳年下、近衛より二つ年下、杉山より十五歳、東条よりは八歳年下の田中こそが、かれらをひきずり、日本をひきずり、無謀で、致命的な戦いに踏み込ませた張本人だった。昭和十九年の末から、市谷台の課長や班長のあいだでは、いまこそ田中中将をとの声が高く、かれを市谷台へ呼び戻すべきだという主張があった。田中はこの昭和二十年一月、ビルマにいた。ビルマ方面軍の参謀長だった。同じくラングーンに駐在する大使の石射猪太郎は、つぎのように述べた。

「……この参謀長の威力は、全方面軍を圧するものの如くであった。軍司令官はこの参謀長の前には権威がなく、配下の軍から浮いている存在らしかった⑭」

田中新一は明治二十六年に北海道、釧路で生まれた。かれの祖父は越後の藩士だったが、維新で没落し、一族は北海道へ移住したのだった。釧路から江部乙《えべおつ》に移ったのは、そこに屯田兵の開拓村ができてまもなくのときであり、かれが小学校に入る前のことだった。かれの家の前を馬の一団が通った。新一は小馬を見つけると、博労を追いかけて、小馬をくれとせがんだ。やるから、つかまえなとからかわれ、「縄、縄」と叫んで駆けずりまわり、みるみるうちに遠くなっていく馬の群れに地団太を踏んだ幼時の記憶を、かれはのちのちまで忘れなかった[15]。

がっしりした体格に堂々とした顔をのせた田中は確固とした自信をもち、相手の議論に動かされることはなく、つねに自説を主張し、弱気な懐疑論を圧倒し、自分の性格と意志を相手に押しつけてきた。

蘆溝橋で武力衝突が起きたとき、かれは軍事課長だった。この戦いにいかに対応するかで、陸軍省と参謀本部のあいだで意見が分かれ、幹部たちがどっちつかずの曖昧な態度をとっていたとき、田中は一撃論を説き、即時動員を主張した。

たしかに軍事課長のかれはもっとも激しい強硬派だったが、それでもかれは主戦勢力の一員にしかすぎなかった。だが、かれが作戦部長となり、それが昭和十六年であれば、話はまったく違った。平和か、戦争かの瀬戸際のときであり、武力に訴える以外にないと思う衝動と、どん底に落ち込む不安のあいだを揺れ動いている人びとをひきずったのは、まさしくその作戦部長の強固な意志であった。

かれは昭和十二年の自分の主張が正しかったのだと確信していた。失敗したのはかれではなかった。そのとき作戦部長だった石原莞爾のしぶしぶながらの用兵が、兵力の逐次的使用となり、戦いを拡大させまいとの望みとは裏腹に、逆に戦いを拡大させてしまったのだとかれは思っていた。

この強気の、自信にあふれた男が作戦部長になれば、参謀総長や陸相が自分の見解を表明するのを避け、他の部署の幕僚たちが思案しているとき、容赦なく自分の計画を進めることになった。なんといっても、作戦計画をたてるのはかれだった。国力に最小限の負担をかけるだけで済ます速戦即決を望むのであれば、早くから万全の準備が必要だった。

そこで作戦準備のための時間表がかれをせきたてた。それは、動員、船の徴用、海軍基地・兵站基地の設定、先遣隊の参謀の派遣にはじまって、兵員と軍需品の輸送、そして発進基地に部隊を展開するまでを方眼紙に刻んだダイヤグラムだった。

昭和十六年六月二十二日に独ソ戦争がはじまったとき、この千載一遇の好機にソ連の極東地域を攻略すべきだと主張したのが田中だった。陸軍省は消極的だったし、海軍は反対だった。柿の実が木から落ちるのを待つべきだといった意見が大勢を占めた。だが、六月二十八日の大本営・政府連絡会議で、方針はつぎのように定められた。

「独ソ戦争ノ推移極メテ有利ニ進展セバ、武力ヲ行使シテ北方問題ヲ解決シ、北辺ノ安定ヲ確保ス」

田中はつぎの一歩を踏みだそうとした。かれは陸軍省軍事課長の真田穣一郎に作戦準備のための召集と動員を要求した。真田は反対した。ドイツのソ連攻撃の第一報を手にして、「ああ、ヒトラーはばかなことをした」と叫んだのが真田だった。田中は真田を呼びつけ、怒鳴りあげた。ついでかれは陸相東条と膝詰め談判を重ね、七月四日に東条を説得するのに成功した。七月七日、第一次動員の発令となった。

つづいてのやりとりは型にはまったものとなった。「応戦反撃というかたちで開戦となりはしまいな、挑発的な行動は絶対にとらないだろうな」と政府首脳は統帥部に念を押した。参謀総長が「御安心ありたし」「大命に基づかざる行動は断じてなし」と見得をきり、作戦部長が不測の事態などけっして引き起こさないと申し述べた。

だが、これはだれもが自分の抱く不安を記録に残し、自分を安心させるためだけのごまかしにしかすぎなかった。

昭和十六年七月末から八月にかけて、駅という駅は、応召者とそれを送る人波であふれた。政府は町内会と部落会を通じ、出征兵士の見送りは家族一人、町内代表一人、旗、幟をたててはいけないと指示していたが、五十一万の大動員は隠しようがなかった。釜山、馬山、麗水の港は兵員輸送船でいっぱいになった。京釜、京義幹線を日に十数本の軍用列車が北上した。満洲各地では、土建業者が異様に活気づいた。バラック兵舎の建設が大々的にはじまったのだ。満洲から回送される列車が釜山駅に南下してくれば、空車から取り降ろした馬の寝藁を馬糞の山が駅構内を埋めることになった。
「密カニ対ソ武力的準備ヲ整エ」もないものだった。すべてはソ連側に筒抜けであることを覚悟しなければならなかった。そして、このような大規模動員が戦争の狼煙《のろし》となるのは、戦史を拾い読みした者なら、だれもが承知するところだった。

作戦部長の田中が恐れるようになったのは、ソ連が、満洲に注ぎ込んでいる日本軍の異常な増強を切迫した攻撃の準備行動と判断して、相手に叩かれる前に叩こうと先制攻撃を仕掛けてくるのではないかということだった。

二年前、昭和十四年八月二十日、ノモンハンにおいて、ソ連軍が突如として大攻勢をかけてきたときのことを、田中は忘れてはいなかった。そのとき駐蒙軍参謀長として張家口にいたかれは、戦うことになるかもしれないと武者震いをしたはずだった。

ついでにいえば、かれの部下の作戦課長服部卓四郎もまた、ノモンハンにおけるソ連軍のその奇襲作戦を忘れようとして忘れられるはずがなかった。第二十三師団が包囲され、粉砕された十二日間の戦いの責任を負わねばならぬ関東軍作戦参謀がかれであった。

作戦準備をすすめる田中は、戦争の決意を求めるようになった。ところが、八月はじめに田中は極東ロシアへの進攻計画を棚上げにした。アメリカの対日全面禁輸が断念の理由のひとつだった。肝心なことは、ドイツ軍が八月中にモスクワを占領できる可能性が薄れたことだった。なによりも、七月末、三度目のロシア軍の包囲に失敗し、三たび、ロシア軍の大部分は離脱してしまい、赤軍主力を殲滅することができなかったことだった。ドイツ軍は三カ月の電撃戦でソ連を片づけることができないまま、時間切れで冬を迎えることは確実となった。

田中はただちに南方作戦をおこなうことに方向転換した。かれの対ソ戦の計画に不安を抱いていた陸軍の多数派の幹部たちは、田中を牽制し、北進論を潰してしまおうとしてかねてより南進論を説いていたのだが、あっというまもなく、気がつけば、かれらは田中のあとをついて走ることになってしまった。

海軍側も、まったく同じだった。かれらは対ソ戦には絶対反対だった。さらに加えて、経済封鎖で締めあげられ、いまや貴重きわまりない国内物資のあらかたを、陸軍が動員を口実に手中に収めようとするのをどうにかして阻止しなければならなかった。

「陸軍ハ狂気ノ如ク……掠奪的ニ……威圧ヲ以テ不法ニ物資ヲ取得」しようとしている、「国内資源、工業力、人力ノ利用ハ海軍優先ヲ確保シナケレバナラナイ」と海軍航空本部長の井上成美が、大臣、総長、次長、局長に警告した。それが七月のことだった。北進論をなんとか突き崩さねばならず、鉦《かね》や太鼓で南進論を叫びたてねばならなかった。だが、あっというまもなかった。かれらが気づいてみれば、自分たちの前を走っているのはほかならぬ陸軍作戦部長だった。

昭和十六年八月半ばにおこなった作戦兵棋演習の結果、十一月はじめまでに戦いを開始することで陸海軍統帥部の意見は一致した。明十七年後半期ではもはや歯がたちかねる、戦うのであれば一刻も早いほうがいいと主張していたのは、たしかに海軍統帥部だった。昭和十七年の夏には北方に備える必要があり、春までに南方作戦を終了させねばならないと考えていたのが田中だった。

田中はこうして一歩をすすめた。つづいては十一月上旬の開戦決意を政府に呑ませようとした。作戦準備と戦争決意のあいだに一線を引くことができないのは北方作戦の計画と同じだった。なんといっても陸軍の作戦準備は、海軍のそれと比べてすべてが面倒なうえに、時間がかかった。

しかも隠そうとして隠すことのできない戦争の準備は戦争を引き寄せることを覚悟しなければならず、戦争の決意を必要とした。それと比べて海軍の場合、戦いを断念しても、作戦準備の解除は容易だった。士気の低下はなく、予算と資材を獲得しただけがまるまる儲けとなった。

田中は戦争に面と向き合っていたが、海軍が本気だったのは半分までだった。なるほど陸軍の戦いは四カ月か五カ月で片づくかもしれなかったが、海軍の戦いはそれからだった。戦うべしと熱弁をふるい、昂然たる意気を示す軍令部の幹部は、かれらがもっている不安と弱気を、外交によっての収拾を望んでいる海軍省の首脳に任せているようなところがあった。そしてその海軍省の幹部は陸軍側が仕掛けた罠に落ちるのではないかと恐れ、和平を口にすることができなかった。

海軍の態度がそうしたものであるかぎり、鉄拳を振りあげた田中の迫力と覇気が勝ちを占めた。九月三日の統帥部と政府の連絡会議で決まった帝国国策遂行要領は、その原案をつくり、陸軍側に持ち込んだのは、たしかに海軍であった。だが、それは田中の名を冠した戦争計画書にほかならなかった。

海相の及川古志郎は戦争ができないと公言できないまま、せめて止めぐつわをつけようとした。「ワガ要求ヲ貫徹シ得ザル場合ニ於テハ、直チニ対米開戦ヲ決意ス」とあるのを、「ワガ要求ヲ貫徹シ得ル目途ナキ場合」と修正し、承認された。だが、それは気休めにすぎず、なんの働きもしなかった。とどのつまり近衛が内閣を抛りだすことになった。

木戸は三年前の昭和十六年を振りかえって、後悔したのであろう。うん、そのとおりだと相槌を打っておきながら、明日になれば、そんな約束は知らないよといった顔をする参謀総長の杉山元を相手にしてもしようがなかった。田中新一に面と向かって、隠忍自重策を主張し、論議し、説得すべきだったのだ。官制だ、前例だなどと愚にもつかぬことをあれこれ考えるべきではなかった。

中国における戦いを解決することが陸軍の義務であり、責任ではないかと迫り、この負債を決済することをせずに、いちかばちかの冒険をもくろむなど、根本から誤っていると説かねばならなかったのだ。

いや、そんなことをする必要はなかった。田中新一と作戦課長の服部卓四郎を参謀本部から追い払い、参謀本部の主戦勢力を粉砕すべきだったのだ。首相兼陸相の東条と軍務局長の武藤章を味方に引き入れれば、それはできたのだ。

木戸はその機会があったことを記憶していたはずであった。昭和十六年九月六日の御前会議で決められた国策遂行要領の決定を白紙に戻し、もういちど国策の再検討をはじめた十月下旬のことだった。

なんのために再検討をするのだと、参謀本部の課長や班長がいきりたった。東条首相は宮廷と重臣連中にがんじがらめにされていると田中が怒った。首相が二の足を踏み、もたもたしているのなら、かれの陸相兼任を解いてしまえと田中が策動をはじめた。そして東条が軟化した、和平を望んでいるようだとの噂がそこここで語られはじめた。例によって例のとおり、暗殺の威しの声が聞こえだした。首相官邸の警備は厳重になった。⒃

田中新一を中心とする東条排撃の動きに、軍務局長の武藤章が怒った。田中と武藤の二人はだれもが認める陸軍士官学校第二十五期の傑物であり、かれらは足並みを揃えて出世してきた。昭和十二年に武藤は参謀本部の作戦課長だった。そのとき、かれは陸軍省軍事課長の田中とともに主戦派の先鋒だった。だが、昭和十六年十月にはこの二人は考えを異にしていた。

海軍が対米戦に自信をもたず、そしてまた外交交渉も望みがないのであれば、臥薪嘗胆策を採るしかないのかもしれないと武藤は考えるようになっていた。かれは田中を説得しようとした。二人が話し合えば、たちまち喧嘩腰となり、つかみ合い寸前の言葉のやりとりとなった。武藤は田中を作戦部長の椅子からひきずりおろそうとし、自分が軍務局長を辞めて、田中を道連れにしようとした。

ところが、参謀総長の杉山元が田中新一の策謀を抑えた。東条を陸相の椅子から逐おうとする動きが収まったため、武藤のこのもくろみも不発に終わった。結果としてもっとも強硬な主戦論者が作戦部長の椅子にとどまることになった。

東条が参謀総長の杉山元に向かって、作戦部長の更迭を求め、田中新一が解任されたのは、それから一年あとの昭和十七年十二月だった。五カ月で陸軍の戦いは終わる、使用した十個師団のうち、五、六個師団を残しておけばよいといった開戦前の計画が恐ろしい誤りであったことを、陸軍のだれもが痛いほど知ったときだった。

ガダルカナルの死闘がすでに四カ月にわたってつづいていた。兵員と軍需資材を送り込む輸送船は片端から沈められていた。兵站線確保の戦いは制空権の争奪に尽きた。敵の空軍戦力は強化をつづけ、昭和十七年十一月末にはガダルカナルへの補給は駆逐艦、潜水艦によって細々とつづけられるだけの有様となった。

だが、田中新一はどうあってもガダルカナルの戦いで勝利を収めようとした。さらに増援部隊を送り込むつもりだった。かれは大量の輸送船を政府に要求した。陸軍省側はその求めに応じることができなかった。輸送船は鉄鉱石、ボーキサイト、石炭を運ぶために必要だった。かれらは参謀本部の要求をはねつけた。

田中は総理官邸に押しかけた。二階の会議室に兼摂陸相と次官、軍務局長、人事局長がテーブルを囲んでいた。田中は船舶の増徴を繰り返し求めた。押し問答をつづけたが、東条はまったく応じなかった。次官は黙ったままだった。「ばか野郎」と田中が怒鳴ったのはそのときだった。

一月二日、この日一日、警戒警報は鳴らなかった。大晦日の午後十時、つづいて元旦の深夜、警戒警報がでただけで、空襲警報のサイレンは鳴らなかったが、敵機の侵入はつづいていた。二機か、三機の空襲だった。

どうやら敵は、神経作戦にでているようだった。木戸は身震いして立ちあがったのであろう。年が明けて、この冬の寒さはいよいよ厳しいものとなる気配であった。

第4章

木戸の回想㈡（一月三日）

人造石油開発を急ぐ

一月三日、昨日につづいて今日も晴天だった。木戸幸一は赤坂新坂町の自宅にいた。ゴルフ日和の正月休みを二日つづけて家にいるなど、以前のかれならありえないことだった。かれがゴルフと無縁になっていることは前に述べた。昭和十五年六月に内大臣となってからは、四、五回朝霞へ行っただけだった。最後にゴルフをしたのは昭和十六年の三月だった。朝霞が閉鎖となる前日、これがプレーの仕納めと思って出かけたのである。それっきりかれは他のゴルフ場へ行くこともなかった。

朝霞は陸軍予備士官学校がそこに建設されたため、早々に潰されたのだが、それから四年のあいだにあらかたのゴルフ場は閉鎖されてしまった。それでもゴルフのできるところはまだあった。横浜の程ヶ谷では今日も二十人ほどの人がクラブを振っていた。さすがにかれらも人目をはばかり、釣りへでも出かけるような恰好で、神中線の和田町駅から歩いてゴルフ場へ来ていた。堂々とゴルフバッグを持って程ヶ谷へ通っていたのは、紳士気取りで、その実、だれにも文句を言わせないぞといった顔をした海軍士官たちだった。

程ヶ谷ゴルフ場が海軍軍人を会員に加えたのは昭和十八年の夏だった。その年の六月、長野県や千葉県、埼玉県の翼賛壮年団がゴルフ場を畑に変えよとの運動を開始し、明倫会や赤誠会といった右翼団体がゴルフ場を潰してしまえと叫びだした。

軽井沢ゴルフ場のクラブハウスに集まる伯爵や男爵の議員たちが憤慨した。これはどういうことだ、翼壮に赤がもぐり込んでいるのではないかとかれらは大声をあげ、戦局のいかんによっては、共産党が動きだすぞと顔を寄せ合った。内務省幹部は、反政府の色彩を強めている翼壮がゴルフ場撤廃運動を足がかりになにをするつもりなのかと警戒した。

木戸幸一が夜眠れないようになったときのことであり、そのとき情報局総裁だった天羽英二が、「鈴木（貞一）頻々　二・二六事件前ノ状勢ト髣髴タリト言ウ」(1)と日記に記したときであった。

程ヶ谷のゴルフ倶楽部の役員たちが横須賀鎮守府を訪ねた。(2)海軍士官を会員にして、ごたごた言う連中に睨みをきかせようとしたのである。

同じそのときに程ヶ谷ではゴルフ場の一部を市の電気局と近くの町内会に開放した。十一番、十四番のコースは麦畑に変わった。またゴルフ場の姫高麗芝を切り取り、海軍の飛行場設営用に供出した。坪二銭で二万坪、たった四百円にしかならないということで、寄附することにした。こうしてインのコースは使えなくなっていた。

閉鎖してしまえば文句はなかろうと雑草の生えるにまかせていた駒沢のゴルフ場より、程ヶ谷のほうがまだしもだった。駒沢はその一部が高射砲陣地となっていたが、程ヶ谷もその一角に照空灯が置かれて、照空隊の兵士たちがキャディハウスに駐屯していた。

今日、一月三日、程ヶ谷のクラブハウスでは、ゴルフができるのもあと二カ月、せいぜい三カ月かなと役員たちが喋っていた。残っているゴルフ場のすべてを三菱重工業の横浜造船所に貸す話がもちあがっていた。

やがては工場という工場、すべての工場の疎開がはじまることは、倶楽部役員の三輪善兵衛、石井光次郎、村山甚三郎のだれもが承知していた。横須賀からゴルフに来ている海軍士官は、海軍工廠が第一次疎開をすでに完了し、近くいっそう大規模な第二次疎開にとりかかるのだと語っていた。

軍が民間より一足早いのは、工場疎開も同じだった。横須賀では、すでに工廠造船所の動力場を裏山の横穴へ移し、船台近くにある倉庫を取り壊し、器具と現図型板を地中へ運び込んでいた。工廠裏山の横穴防空壕は掘りひろげていた。設備の整った既設の人員用の防空壕をさらに拡張、改造して地下工場とし、人員用の防空壕はべつに掘ることにしていた。

動かすことができないのが、鍛錬工場、製罐工場にある大型プレスだった。大きな水圧プレスが疎開できないのはどこの工場も同じだった。一般工場に先立って疎開計画をたてている航空機工場でも、三千トン、五千トンの大きなプレスは疎開の予定がなかった。海軍工廠のプレスは頑丈につくられた爆風除けの壁にぐるりと囲まれていた。

機銃工場、砲熕《ほうこう》工場、水雷工場は逗子の沼間《ぬまま》や葉山の長柄谷戸《ながえやと》へ疎開することになっていたし、光学、航海、電池、機雷の各実験部も逗子を中心に各地の谷あいに疎開の準備をすすめ、どこもトンネル掘りで忙しかった。

三菱横浜造船所の疎開はまだ検討の段階だった。三菱では市内の鉄骨ビルを探し、片倉ビル、ＹＭＣＡ、朝日新聞支局を借りようとしていた。本館内の設計部門を疎開させる予定だった。身軽な設計陣の疎開ならわけはなかった。三菱名古屋の航空機工場、中島や川崎の航空機工場も、設計部門はすでに郊外の国民学校や中学校の校舎へ疎開していた。

だが、造船所が海からはるかに遠いゴルフ場に移ってきてどうするのだろうかと倶楽部の役員たちは話し合った。ゴルフ場の下にトンネルを張りめぐらす計画のようだった。いったい、なにをつくるのだろうか。あれこれ話しているうちに、だれも口が重くなった。

木戸の家には、午前中にひとり、午後に二人来客があっただけだ。夜になって、昨日につづいてエドワード・グレーの回顧録をかれはひろげた。そしてまた、かれの目はいつか本から離れ、四年前の回想に戻り、昨日のつづきを考えることになったはずだった。

昭和十六年十月、あのときに陸軍を臥薪嘗胆策によって固めるべきだったのだ。それを海軍に呑ませねばならなかった。そのためには海軍の不安を鎮静させる具体策を講じなければならなかった。なにをすべきだったのか。

問題は、軍艦の燃料をどうするかということに尽きた。

海軍首脳陣にとって、艦船燃料の入手が不安定なことは、いつ解決するとも知れぬ問題であり、かれらにつきまとってきた悪夢だった。日本海海戦はウエールズのカージフ炭によって戦われた。だが、はるかに遠い英国からの輸出炭にいつまでも依存することはできなかった。国内産の良品炭を粉砕し、ピッチを混ぜ合わせ、カージフ炭の成分に似せた煉炭をつくった。

やがて軍艦の燃料は石炭と重油の混燃式になった。そして昭和四年には、すべての軍艦が重油専焼に改造されてしまった。海軍の徳山煉炭製造所は燃料廠と看板を変えざるをえなくなり、海軍の燃料自給の努力はふたたび振り出しに戻った。

日本には石油資源はごくごくわずかしかなかった。新潟と秋田の油田の産油量は年間三十万トン台にとどまっていた。外国でただひとつ日本が採油していた油田があった。ソ連領内の北樺太油田だった。大正十五年にソ連から譲与され、日本側は北樺太石油会社を設立、操業していた。

霞ヶ関の海軍軍人のなかには、蚊帳のついたヘルメットをかぶり、虻がうるさくまとわりつく湿原のなかを行き、北樺太オハの油田を視察した者も多かった。だが、オハから採取搬出される原油はこれまた年間三十万トン程度であり、英海軍にとってのペルシア油田とはならなかった。

石炭から石油の切り換えに頭を痛めたのは英国海軍も同じだった。英本国はもちろんのこと、全世界にひろがる広大な植民地のどこにも石油は発見できなかった。明治四十一年にペルシアで巨大な油田が発見された。株式の五一パーセントを英国政府が取得し、アングロ・ペルシャン石油を設立したのが大正三年だった。

日本海軍はオイルシェールから人造石油を製造しようともした。南満洲鉄道の管轄下にある撫順炭田には、炭層を覆って百メートルの厚さのオイルシェールの層があった。油を含んだ黒褐色の水成岩であり、その油は石炭と石油の中間とでもいえるようなものだった。海軍は満鉄に研究を依頼し、満鉄の中央試験所がオイルシェールの乾留実験をはじめた。

山崎元幹は昭和二十年一月の現在、満鉄の副総裁だった。かれはオイルシェールからシェール油を採るパイロット・プラントに清浦奎吾を案内したときのことをはっきり記憶していた。それは大正十五年のことであり、山崎はそのとき撫順炭鉱の庶務課長だった。撫順の技術陣が独自に開発した乾留炉の前で炭鉱長が清浦に説明したとき、七十六歳の元首相の目に涙があふれたのだった。(3)

海軍はまた、石炭を原料とする人造石油製造工場を建設しようとした。豊富な石炭資源と石炭乾留工業の発展を基礎に、数多くの人造石油工場を稼働させていたのはドイツだった。ドイツの巨大企業、IGがライプチヒの西にあるロイナ工場で石炭液化の研究を開始したのは大正十年だった。

最初は失敗がつづいたが、昭和八年に年産十万トンのガソリンを生産し、昭和十年には三十万トンを産出するようになっていた。このロイナの研究開発を土台にして、ルールのエッセン石炭化学、ルール化学、ショルフェンが石炭からガソリンを製造するようになっていた。

少なからずの日本人がルールを訪ね、人造石油工場へお百度を踏んだ。石炭化学工業の技術者をはじめ、東大や京大の燃料化学の教授、ベルリン駐在の海軍武官、三井物産の駐在員たちだった。かれらはロイナを訪れ、二十五メートルの高さの防壁に囲まれ、二十メートルほどの高さの反応筒が二本直列で並んでいるのを仰ぎ見て、感嘆し、しばらくは足をとめたのだった。

中安閑一はそんなドイツ詣りのはしりのひとりだった。かれは昭和二十年の現在、宇部興産の専務だが、アメリカ回りで、ドイツへ行ったのは昭和三年のことだった。満鉄と徳山の海軍燃料廠が撫順の石炭を原料にして水素添加法による人造石油の共同研究をはじめた年だった。三十三歳の中安はそのとき宇部セメントの工務課長だった。

ルールの人造石油工場はどこも見学させてもらえなかった。エッセンのクルップ工場で反応筒をつくっていると聞き込み、かれは工場を訪ねた。

水素添加法による石炭液化装置に欠かすことのできないのが反応筒だった。反応筒はすぐに見つかった。靖国神社の大鳥居のような巨大な鉄パイプが何本も横たわっているのだから、目につかないはずがなかった。何気ないふりをして、その大きな砲身のような代物の長さ、厚さ、堅さをメモした。おおよその処理能力がわかり、水素添加にどれだけの圧力をかけるのか見当がつくと思ったからだった(4)。

大きな砲身のようなといえば、昭和七年に満鉄が撫順の試験工場に据えつけた反応筒が軍艦安芸の廃材となった砲身だった。満鉄で石炭液化の中心となったのは阿部良之助だった。かれは、児玉信次郎、桜田一郎をはじめ、多くの俊英を育てた京大工業化学科の喜多源造の教え子だった。

阿部は昭和十年にドイツへ行った。満鉄はウーデ社から小型直列式の連続液化装置を購入したものの、その設計図をもらえなかった。交渉の末、図面を見るだけならよいということで、かれのドイツ行きとなったのだった。かれは毎日十六時間、設計図を見つめた。電車で揺られると忘れてしまいそうな気がして、下宿へ歩いて帰り、記憶をもとに十四枚の図面をつくりあげたのだった(5)。

満鉄につづいては、昭和五年に日本窒素肥料がこれまた水素添加法による人造石油の製造に取り組んだ。朝鮮の興南硫安工場内に高さ七メートルの反応筒を建設し、石炭液化実験をおこなった。

成功はしなかったが、社長の野口遵《したがう》は自分のところで工業化できなければ、ほかにできるところはあるまいとの自負を抱いていた。硫安製造を通じての高圧技術に自信があった。かれは昭和十一年に年産五万トンの液化油をつくる工場を建設することにした。

日窒コンツェルンの総帥といわれた野口遵は、これも日産コンツェルンを率いた鮎川義介と並んで、昭和に入って日本の重化学工業化を推し進めた機関車といった存在だった。この二人について、「鮎川は画商だが、おれは絵書きだ」と語ったのは野口自身だった。たしかに野口が語ったとおり、仕事に対する態度は、鮎川が人の描いた絵を売ったり買ったりして楽しむところがあるのに対し、野口は自分で絵を描いて楽しんでいるところがあった(6)。

野口は昨昭和十九年の一月に没したが、生前、多くの子飼いの部下たちのなかで、いちばんかわいがったのが工藤宏規だった。野口の大きな仕事はつねに工藤が設計者だった。昭和十一年に朝鮮の北端にある阿吾地《あごち》に石炭液化工場を建設したのも、工藤宏規だった。

工藤は日本で製造できる最大の反応筒をつくろうとした。かれは呉の海軍工廠でそれをつくった。長さ八メートル、内径百七十六センチの砲身鋼を二本継ぎにした。液化係長の安倍薫一は海軍工廠での水圧試験に立ち会った。工廠製鋼部の技師たちが緊張し、殺気がみなぎっていたことをかれはずっと記憶していた。そのとき、かれは三十一歳だった(7)。この四十トンの反応筒を呉から北朝鮮の雄基に運び、阿吾地まで搬入するのに安倍は苦労を重ねた。

阿吾地工場の着工にとりかかったのと同じ昭和十一年、三井鉱山はドイツのルール化学から石油合成法を導入する契約を結んだ。石炭をガス化し、一酸化炭素と水素に分類し、それを合成炉に送入して合成石油をつくるフィッシャー法と呼ばれる方法である。翌昭和十二年に三井鉱山の三池工場が大牟田に工場を新設し、コークス炉、合成炉の建設にとりかかった。

同じ昭和十二年には、政府は人造石油事業法を制定した。そして昭和十三年には、人造石油工場を育成のために半官半民の帝国燃料興業株式会社をつくった。水素添加法の工場を十単位、合成法の工場を十一単位、低温乾留法の工場を六十六単位つくるという厖大な計画だった。そして七年のちの昭和十八年には、年間二百万トンの液化油を生産する予定だった。

だが、七年のちに二百万トンの人造石油がほんとうにできるのだろうかとだれもが半信半疑だった。満鉄の撫順ではパイロット・プラントによる液化試験をやっと終え、年産二万トンの工場を建設しはじめたばかりだった。工場が完成するのは昭和十四年だった。どこよりも早く本格的な工場を建設したのは、日本窒素の阿吾地工場だったが、まだ人造石油をつくるのには成功していなかった。操業は不調だった。三井の三池工場は、試運転に入るのが昭和十五年の予定とされた。かつて、クルップで製作中の反応筒を見た中安閑一の宇部興産では、低温乾留法による人造石油工場の建設を決めようとしていた。

日本を支配下に置いた米、英＝蘭、二つの石油資本

どこもが牛の歩みだった。それにひきかえ、アメリカからの石油輸入は増えつづけていた。昭和六年にアメリカからの石油と石油製品の輸入は百五十万トンだった。ところが、昭和十年には三百万トン、昭和十四年には四百万トンとなった。

こうして石油総需要の八割が輸入石油によって占められるようになり、そのうちの八割がアメリカから輸入する石油となった。海軍軍人をはじめ、人びとの気を重くさせる比率だった。アメリカとの関係が悪化し、アメリカ政府が日本向けの石油の輸出を禁止し、スタンダード・オイル・オブ・カリフォルニア、アソシエイティッド石油、ユニオン石油、ジェネラル石油といったアメリカの石油会社が一斉に石油不売にでたら、日本はどうしたらよいのか。

この石油禁輸の恐怖が、日本の頭上に吊りさげられたダモクレスの剣となった。では、

その剣を吊るす一本の毛髪はなんであったか。アジア石油とスタンダード・ヴァキューム石油だった。

この二つの石油会社が、日本に供給していた石油と石油製品はけっして多くはなかった。総輸入に占める割合は、昭和十四年で一四パーセントにすぎなかった。では、どうしてアジア石油とスタンダード・ヴァキューム石油がダモクレスの剣を吊るす一本の髪の毛だったのか。

この二つの石油会社は良くも悪くも日本との縁が深かった。増殖をつづけ、併合と分裂を重ねる国際石油資本はいずれもその名前を何回となく変えてきたが、この二つの会社のはじまりはスタンダード・ヴァキュームが紐育《ニューヨーク》スタンダード、アジア石油がサミュエル商会だった。明治のはじめ、横浜居留地八番にある紐育スタンダードはカリフォルニア産の灯油を木樽に詰めて日本へ送った。これに対抗したのが横浜居留地二十七番のサミュエル商会だった。そのユダヤ系英国人はロシアのバクー油田の灯油をタンカーにばら積みにして、スエズ経由で日本へ輸送した。

両社は日本市場の制圧と利潤の拡大を求め、明治二十年代から熾烈な競争をつづけた。そして両社はともに日本の市場に近いところにある油田を自己の支配下に置こうとして、オランダの植民地であるボルネオとスマトラの油田を狙うことになった。

サミュエル商会はすでにシェルという名前の石油会社になっていたが、シェルは蘭《オランダ》領東インドに油田を持つロイヤル・ダッチと合併した。かつては日本産の陶器と漆器をヨーロッパへ輸出していたサミュエル商会は、いつかロイヤル・ダッチ・シェルという巨大な国際石油資本へとのしあがった。アジア地域のすべての製油所と販売組織を統轄することになったのが、その子会社のアジア石油だった。そして日本における子会社としてつくられたのがライジング・サン石油だった。

紐育スタンダードも負けてはいなかった。ニュージャージー・スタンダードと手を握った。そして紐育スタンダードがアジアに持っている全販売機構とニュージャージー・スタンダードが傘下においている蘭領東インドの油田と製油所を合併した。そこでできた子会社が、スタンヴァックの略称で呼ばれるスタンダード・ヴァキュームだった。

こうしてサミュエル商会の孫会社と紐育スタンダードの子会社は、日本からはるかに遠いバクーの灯油やカリフォルニアの石油を輸送しないで済むようになった。ボルネオのタラカン油田の重油やバリクパパンで精製した揮発油、スマトラのパレンバンの揮発油を日本へ供給しはじめた。採油にはじまり、製油、輸送、小売りまで、川上から川下までのすべてを握って、その利益は大きかった。

この二社が独占支配する輸入石油の市場に日本政府の梃子入れで日本の石油業者が割り込んだのは、昭和に入ってからだった。ランプに使う灯油に代わって、船舶と工場用の燃料油、自動車のガソリンの需要が増大し、経済力と軍事力の拡大に石油が大きな役割を果たすようになって、政府は国内業者に原料油を輸入させ、製油所を建設させることにした。

二つの外国石油会社にとってみれば、日本政府のこのような国内業者保護の輸入原油精製主義はおもしろくなかった。それだけではなかった。この二つの石油会社は満洲、中国で独占的な販売網を築き、貯油倉庫、タンカー、陸上輸送設備を持っていた。そこで日本が満洲、中国へ進出すれば、石油市場をめぐっての争いは、日本ばかりでなく、満洲と中国に拡大することになった。

アジア石油とスタンヴァックの二つの石油会社が、日本の頭上にはダモクレスの剣があるのだぞと脅かすことになったのは昭和九年だった。政府は石油業法を公布し、国内業者の保護育成のために、輸入石油の自然増加量を国内業者に優先的に割り当てることにした。アジア石油とスタンヴァックはこの割当て制度に不平を鳴らした。また輸入業者は年間輸入量の半分を日本国内に備蓄することが義務づけられ、保有タンクを建設しなければならないことになって、かれらの怒りを倍加さえた。さらに両社はかれらが支配していた満洲の独占市場に専売法が布かれ、大連に日本側が精製設備を建設しはじめたことでいっそう憤激した。

両社の親会社が動きだした。ニュージャージーの社長ウォルター・ティーグルとシェルの社長ヘンリー・デターディングが相たずさえてワシントンへ赴き、国務省と内務省の幹部に向かって、日本に対する原油積出しを禁止すべきだと説いた。

この二人の社長は世界の大油田を支配し、流通組織を握り、市場と油田をめぐって互いに争い、邪魔者がでてくれば互いに手を握り、世界を分割支配する独裁君主だった。そのかれらにとって、日本政府や日本の石油会社などとるにたりない存在だった。

日本の半ダースを超える石油会社の製油所の処理能力のすべてを合わせたところで、かれらの子会社のひとつが持つスマトラのパレンバン製油所の処理能力にも及ばなかった。

だが、かれらの絶大な権力もアメリカ国内では絶対ではなかった。日本に石油を輸出しているカリフォルニアの独立資本の石油会社が、巨大石油資本の利益のために、なんの代償も得ることなく、日本への石油輸出を断念するはずがなかった。そこでアメリカ国務省も禁油に腰をあげようとしなかった。それでも日本の頭上のダモクレスの剣は不気味に揺れた。海軍、商工省、産業界は、石油の輸入がとまるとの噂に怯え、狼狽した。政府はいくばくかの譲歩をすることになった。

そしてアメリカ政府の首脳たちの胸中には、日本に対する最大の武器としてこのさき利用できる石油禁輸の着想がしっかりと根をおろすことになった。そのときアメリカの大統領はルーズベルトだった。国務長官はハルであり、極東部長の椅子に坐っていたのはホーンベックだった。この顔ぶれは昭和十二年、十五年、十六年にも変わりがなかった。

ワシントンの怒りが爆発し、石油を禁輸せよとの声が一気に高まったのは昭和十二年十二月だった。揚子江上で、日本の海軍機がアメリカ海軍の砲艦パネー号と三隻の船を撃沈した。遁走する敵軍を乗せた輸送船だと、爆撃機の搭乗員は思ったのであろうか。煙突にSの字を描いたスタンヴァックの三隻の小型タンカーには、南京の戦火を逃れようとして、アメリカをはじめ各国の大使館員と商社員とその家族が乗っていた。パネー号はその護衛役だった。陸軍の砲兵部隊が英砲艦レディバード号を砲撃し、拿捕《だほ》する事件を引き起こしたのも同じ十二月十二日だった。

ワシントンは真っ赤になって怒った。黄色い猿めがとアメリカ海軍の幹部が激昂した。なまぬるい対応をすれば、中国におけるアメリカの威信は瓦解すると国務省がいきりたった。そして一方には、日本に対しての悪感情があふれんばかりのアメリカの国民世論があった。さらにその世論をいっそう刺激したのが、南京を占領した日本軍がおこなった虐殺事件だった。米英両国の武力介入を望む国民政府は、ここぞとばかりそれを誇大に宣伝した。

大統領ルーズベルトは財務長官のモーゲンソーに命じ、日本に対する石油禁輸の計画をつくらせた。日本では、だれよりも慌てたのが海軍大臣の米内光政と次官の山本五十六だった。アメリカに謝罪し、賠償金を支払い、どうやらその事件は収まった。だが、政府も、軍も、頭上のダモクレスの剣を痛いほど自覚することになった。

アメリカが日本に対して石油禁輸に踏みだしたら、どうすればよいのか。スタンダードやシェル、そしてワシントンとロンドンの目をかすめ、メキシコやペルシア湾からわずかな石油を買っても、それは一回かぎりで、二度目には邪魔が入った。そんな遠くの石油をあてにせず、蘭領東インドから石油の輸入を増やす方法はないのか。蘭印からの輸入量は年間四十万トンから五十万トンだった。昭和十四年には三十三万トンだった。この輸入量を百万トン、二百万トンと増やしたかった。

だが、前に見たとおり、スマトラ、ボルネオ、ジャワの油田を所有し、採油、製油をしていたのは、シェルとスタンヴァックの子会社だった。昭和十四年の蘭領東インドの産油量は八百万トンにのぼっていた。シェルがそのうちの七割を占め、スタンヴァックが残る三割を握っていた。

そこでアメリカ政府が日本に対する石油の供給を断とうとすれば、英国とオランダを仲間に引き入れ、アジア石油とスタンヴァックに手を回し、蘭領東インドからの日本向けの石油の輸出を禁止しなければならなかった。日本側とすれば、オランダと交渉し、アジア石油、スタンヴァックに要求し、ボルネオ、スマトラからの石油の輸入を確保しなければならなかった。

ところで、ワシントンでは、石油禁輸策が政策の具体的な手段としてはたして有効なのかどうかということで意見が分かれていた。日本を石油封鎖でとことん締めあげれば、日本はアメリカに頭を下げることになるのか。逆ではないのか。反米勢力が国民の熱狂と憎悪を煽りたて、過激派が政府に力を占める可能性が大きかった。日本は、アジア石油とスタンヴァックがボルネオとスマトラに持つ油田を占領しようとするかもしれない。石油禁輸は日本との戦争の引き金になるのではないか。

ダモクレスの剣を吊るす一本の毛髪は、スタンヴァックとアジア石油だと前に述べたのはこうした理由からだった。

アメリカ、じりじりと日本を締めあげる

そこでルーズベルトが日本に対する全面的な石油の禁輸を決意し、最後の瞬間で取り止めにした昭和十五年七月に起きた出来事について語らねばなるまい。たしかにそれは小さな挿話にしかすぎなかった。アメリカが実際に日本に対して石油の禁輸をおこなったのは、それから一年あとの昭和十六年七月だった。だが、昭和十五年七月にアメリカがそれに踏み切っていたら、はたして日本はどう対応したであろうか。アメリカとの戦争は一年早くはじまったであろうか。

まず起こったことを振りかえってみよう。一九四〇年、昭和十五年のことだが、七月十八日の夜、財務長官のモーゲンソーが英国大使のロシアンを自宅に招待した。新たに任命されたばかりの陸軍長官のスチムソン、海軍長官のノックス、ほかにオーストラリア公使、さらに何人かの英国大使館員も招かれていた。

ヘンリー・スチムソンが英国大使に不満を並べ、英国が日本の要求に屈して、ビルマ・ルートを閉鎖したことを批判した。スチムソンは日本に対して強硬な考えの持ち主だった。日本が満洲を制圧したとき、日本を九カ国条約の違反者と断定し、日本に対して経済制裁を加えるべきだと説いたのが、そのとき国務長官のスチムソンだった。かれがそれを断念したのは、英国の協力が得られなかったからである。

スチムソンがビルマ・ルートの問題をとりあげて英国政府に文句を言ったことで、英国大使は気色ばんだ。かれは言い返した。

「アメリカは日本に対して、航空用揮発油の売却をやめていないではありませんか(8)」

ビルマ・ルートの問題とはどういうことだったのか。日本は中国沿岸の海上封鎖をおこなっていたから、重慶政府と外界をつなぐ交通路は陸路だけだった。仏領インドシナからのルート、ビルマ経由のルート、そしてソ連中央アジアから新疆に入る交通路だった。重慶政府はこの三本の陸上路を通じて、武器と工業品を入手していた。日本側は、英国やフランスが重慶政府を支持しているから、重慶政府が妥協しないのだと憤慨していた。

昭和十五年五月から六月にかけて、ドイツ軍がオランダ、フランスを席捲し、つづいては、ドーバー海峡を押し渡ろうといった局面となり、欧州の情勢は激変した。日本政府は懸案問題のすべてを解決する絶好の機会と見た。そこで、三つのことをやった。五月二十日、外相有田八郎はオランダ大使に書簡を送り、年間百万トンの石油を輸入したいと申し入れた。フランスに向かっては、インドシナからの輸送路の閉鎖を要求した。六月中旬、英国に対しては、ビルマ・ルートの閉鎖を求めた。そして六月下旬には、オランダに対し、さきの要求量を二倍に増やし、二百万トンの石油を購入したいと申しでた。

フランスは日本の要求を受け入れ、オランダは日本と交渉をはじめた。英国はいちどは日本の要求を拒否したが、その態度はぐらついた。その前年の昭和十四年から日本との関係は非常に悪かった。明日にもドイツが英国本土を攻撃するかもしれないというときに、英国は日本とこれ以上ごたごたを起こしたくはなかった。

七月十二日、英国大使のロバート・クレーギーは有田八郎に向かって、七月十八日から向こう三カ月のあいだ、武器と軍需物資の輸送を中止すると通告した。三カ月と期限を切ってみせ、そのあいだに東京と重慶とのあいだの平和交渉に期待をよせると声明したのは、いうなれば「イチジクの葉」であり、日本の要求を呑むのに恰好をつけたものであった。

英国政府が望んでいたのは、アメリカが横合いから喧嘩をかってでて、日本を威しあげてくれることだった。アメリカはそれをしなかったわけではない。七月二日に国防強化促進法を制定して、日本を締めあげてやるぞとの構えをみせた。

その法律は重要原料と工業製品の輸出を許可制にしたものだった。武器弾薬、航空機の部品、工作機械といった具合に輸出要許可品目を並べあげ、大統領がとくに許可した場合を除いて、それらの品目の輸出を禁止することにした。ところが、輸出要許可品目のリストには、肝心要《かなめ》と思われる石油が入っていなかった。

スチムソンがどうしてビルマ・ルートを閉鎖したのかと詰問したのに対し、ロシアンがなぜアメリカは日本に対するガソリンの輸出を禁止しなかったのかと言い返したのはこうしたわけからだった。

モーゲンソーの邸の議論は白熱化した。日本への石油の供給を断ち切れば、日本は石油を求めて、蘭領東インドを攻撃しよう。オランダはたちまち手をあげるだろう。英国は、どうするつもりか。アメリカは心理的にも、物質的にも戦争の準備が整っていない。英国はドイツ、イタリア、そして日本を相手に単独で戦うことができるのか。

ホワイトハウスで、英国首相官邸で、公式の会議で、私的な議論のなかで、何十回となく繰り返されてきた論議だった。

そのとき英国大使のロシアンが言った。

「ボルネオとスマトラの油田を徹底的に破壊してしまえば、日本は手出しするのを諦めざるをえない。英国の爆撃機がそれをやる」

酒が入っての思いつきだったのか、ばかに威勢がよかった。だが、モーゲンソー、スチムソンをはじめ、晩餐会に出席していた人びとはそうは思わなかった。かれらは英国海軍がおこなったばかりの容赦のない軍事行動を即座に思いだしたのであろう。

それより二週間前の七月三日、英国の軍艦と航空部隊がアルジェリアのメール・エルケビール港に碇泊しているフランス艦隊を襲った。二隻の戦艦、二隻の巡洋艦、その他の小艦艇のすべてを沈め、一千三百人の士官と水兵を殺した。一年半あとの日本軍の同じような攻撃による真珠湾の死者より一千人少ないだけだった。

昨日までの同盟国に対するその攻撃を、チャーチルは「英国の存命のために必要」だったと弁解した。英国首相が恐れたのは、アルジェリアの港にあるフランス艦隊がやがてドイツの手に渡るのではないかということだった。そこで、ドイツ軍に乗っ取られる前に破壊してしまえということになったのだった。

そんな荒っぽいことができるのであれば、英国はこれまた自国の存命のために、バリクパパンやパレンバンの製油所を破壊することなどなんの造作もないはずであった。

モーゲンソーの邸でロシアンが蘭印の油田を爆撃してしまえばいいと話していたとき、

東京は七月十九日の朝であった。それより前、七月十六日に米内内閣が総辞職し、翌十七日に重臣会議は近衛を首相に推し、十八日に近衛は陸海両相と外相の重要ポストの人選を済ませ、そして翌七月十九日の午後のことになるが、近衛は荻窪の私邸に、東条英機、吉田善吾、松岡洋右を招いた。それぞれが陸相、海相、外相となる予定の顔ぶれだった。

その四人が集まって、なにを論じ、なにを決めたのかは、このさき詳しく述べる機会もあろう。ここでは簡単に触れておくが、四人が定めたのは新内閣の外交路線の大綱だった。とはいっても、論議を尽くして検討したわけではなく、それどころか、近衛も、外相予定の松岡もそれを詳しくは説明せず、話し合いの記録をとることもしなかったのである。

それはそれとして、やがてドイツ軍が英本土を攻略するときになれば、日本はシンガポールを保障占領することにもなるだろうと四人は考えていたのだし、日本、ドイツ、イタリア、ソ連を含めての連合ができれば、中国における戦いはもちろんのこと、すべての戦争の終結を図ることができるにちがいないと、四人は心に思い描いたのである。

ワシントンでは、モーゲンソーが英国大使の話から啓示を受け、思案をめぐらしていた。

英領北ボルネオのルトン製油所、蘭領南ボルネオのバリクパパン製油所、スマトラのパレンバン製油所を完全に破壊し、動力設備、積出し設備、パイプライン、油田のすべてを爆破してしまえば、たとい日本が占領しても、その復旧にたっぷり一年以上はかかるはずだった。

日本の石油備蓄量は英国が五百万トンと推定し、アメリカが一千万トンと見積もっていた。戦争となれば、五百万トンで九カ月、一千万トンで十八カ月はもっと見込まれる貯蔵量だった。

日本はその貴重な石油を使って、ボルネオ、スマトラ、ジャワを攻略しようとするであろうか。底に水のない空井戸と承知していながら、命の綱の水筒の水をポンプの誘い水として注ぎ込むばかがいるだろうか。

翌七月十九日の朝、モーゲンソーは自分の計画を大統領に示した。ドイツの人造石油工場を爆撃し、蘭領東インドの油田を破壊し、三カ月から六カ月以内に平和を招来させるという、それこそ夢のように雄大な世界戦略を開陳した。

ルーズベルトはその案に共感を抱いた。とはいっても、そのなかでアメリカがただちに実行できるのは、日本に対する全面的な石油禁輸の措置だけであった。公に論議していいのも、その問題だけだった。閣議に禁輸問題がもちだされた。国務長官代理のサムナー・ウエルズが反対した。英国が興亡の瀬戸際に立っているとき、日本を戦争に引き入れる恐れのある全面禁輸策をとることはできないとそのヨーロッパ第一主義者は語った。国務長官のハルはハバナの汎米会議へ出発して不在だったが、かれの考えも同じだった。

会議は結論に達することなく散会した。モーゲンソーは、さらにルーズベルトに執拗に働きかけた。モーゲンソーの側には、陸軍長官スチムソン、内務長官イッケス、国務省極東部顧問のホーンベックがいた。

ルーズベルトは航空機用の燃料を輸出要許可品目に入れる決意を固めてはいたものの、石油と石油製品のすべてを要許可品目に入れてしまい、一挙に全面禁輸に打ってでるモーゲンソーの計画になおも心を惹かれ、逡巡していた。

七月二十五日、モーゲンソーは「すべての石油と石油製品」を輸出要許可品目とする声明案を起草した。ルーズベルトはやってしまえという気になったようであった。かれはそれに署名した。

公表する手続きのために、国務長官代理の署名を求めて、ホワイトハウスから国務省にその声明案が回された。ウエルズは愕然とした。かれはその声明案を自分のところにとどめ、ルーズベルトに取り消しを求めた。

翌七月二十六日の閣議は大声をあげての言い争いになった。財務長官と国務次官は口角泡をとばして論じたてた。ルーズベルトはイニシアティブをとろうとしなかった。モーゲンソーとウエルズの争いはつづいた。ウエルズの主張は耳にたこのできるものだったが、モーゲンソーの言うことも新味がなかった。モーゲンソーはもっとも肝心なことを言わなかったからである。

かれは、日本に戦争はできないのだ、蘭領東インドの石油施設を破壊してしまうのだとは明かさなかった。それが外部へ洩れてしまえば、スタンダードとシェルがすくみあがることは目に見えていた。

この二つの石油会社にとって、ダモクレスの剣はあくまで威しだった。かれらが蘭印に持っている五億ドル以上の石油生産設備が瓦礫の山になってしまってはたまらなかった。モーゲンソーの計画を潰してしまうために、シェルとオランダ政府はどんなことでもするにちがいなかった。

モーゲンソーは不承不承、自分の案を引っ込めた。大統領が布告した輸出要許可品目は、航空機用燃料と同潤滑油、屑鉄一級品にとどまることになった。

もしそのとき、サムナー・ウエルズがモーゲンソーの全面禁輸案に賛成していたら、なにが起きたであろうか。

昭和十五年七月十九日に近衛が三人の閣僚予定者と協議したことは前に述べた。つづいて二日がかりの組閣人事が終わり、二十二日に第二次近衛内閣が発足した。二十六日には閣議で基本国策要綱を決め、翌二十七日には政府・大本営連絡会議で時局処理要綱を定めた。時局処理要綱の最初のくだりはつぎのとおりだった。

「帝国ハ世界情勢ノ変局ニ対処シ、内外ノ情勢ヲ改善シ、速カニ支那事変ノ解決ヲ促進スルト共ニ、好機ヲ捕捉シ対南方問題ヲ解決ス」

興奮に満ちたときだった。大きな期待を抱いていたのは国民のだれもが同じだった。十九世紀以来、世界を支配し、一番の上席に坐り、とりわけスエズ以東で至上の権力を握ってきた英国の植民地帝国はまもなく崩壊するだろうと人びとは思った。フランス、オランダの植民地はいわずもがなだった。アジアからこれら旧支配勢力を追い払わねばならなかった。全世界を視野に入れて、日本が主要な役割を果たし、スケールの大きな外交をやることを人びとは望んでいた。

そこへいきなり飛び込んできたのが、石油と石油製品のすべてを輸出要許可品目にするというアメリカ政府の発表となるわけだった。そしてのちに日本への石油輸出にまったく許可がおりない事態が到来することになる。

近衛と閣僚たちは、アメリカが新政権の発足を待ちかまえ、日本を締め殺しにかかったのだと茫然となったにちがいない。そして政策を設計する政府の若手幹部たちは、抜け目なくつくったと思えた計画が、さきの見通しを欠き、なんの内容もない浅慮と自己満足の作文だったことを思い知らされることになったはずであった。

この致命的な痛打にどう対処したらよいのか。三国同盟、四国同盟の締結もいまとなっては遅かった。なにはともあれ、石油をどうやって確保するかが第一の課題となったであろう。

オランダに向かって、石油を百万トン、つづいては二百万トンを要求していたことは前に述べたが、アメリカからの輸入分を蘭領東インドの石油で埋め合わせるには、四百万トンを輸入しなければならなかった。オランダ政府はそれに応じるか。その見込みは薄かったにちがいない。

ボルネオのタラカン油田、サンガサンガ油田を占領するのが窮余の解決策だった。陸軍と海軍はすでにその作戦の研究をやっていた。その作戦はいとも容易だった。だがタラカン重油を手に入れようとすれば、フィリピンの南を大きく回り込み、セレベス海へ入らねばならなかった。スマトラのパレンバンの油田を手中に収めようとすれば、東アジア最大の英国の軍事基地シンガポールの鼻先を通らねばならなかった。シンガポールからパレンバンまでの距離は東京から大阪までの距離しかなかった。

戦いを蘭領東インドだけに限定できるのか。英国がオランダを支援するのではないか。そうなればアメリカも戦いに参加するだろう。幕僚たちは図上演習などそっちのけで、英国はオランダを助けるだろうか、アメリカは英国を助けるだろうか、いや、助けることはあるまいといった論議を繰り返していた。あれこれ討議はしたものの、ドイツ軍が英本土を攻撃するのを待ち、そのあとで考えればよいというのがかれらの本心だった。

だが、アメリカが石油の供給を全面的に断ち切るといった決定的な敵対政策にでたのであれば、それは日本との武力対決を覚悟しての措置と考えねばならないはずだった。陸軍省と参謀本部の幹部たちはどう考えたであろうか。蘭領東インドの油井と精製設備のすべてを破壊してしまうモーゲンソーの計画が実施されなくても、オランダ、英国、アメリカを相手とする戦いなどとてもできはしないとかれらは思ったにちがいない。

かれらの胸中には、一年前のノモンハンの戦いの深刻なショックがなお尾をひいていた。手痛い一発を見舞ってやろうといったもくろみであったのが、相手にお株を奪われた。火力装備の格段の差を見せつけられた。戦車の性能も段違いだった。イ15やイ16の戦闘機を軽蔑していた飛行機乗りも、イ17の登場にはこれは手ごわいぞと思い、なによりもつぎつぎと新手を繰りだしてくるソ連の底力に舌を巻いた。

それだけではなかった。人一倍うぬぼれの強い参謀本部作戦課の連中が横っ面を張られる思いだったのは、ソ連のまことに端倪すべからざる行動だった。独ソ不可侵条約の締結が発表され、だれもがびっくり仰天したときに、ノモンハンでは第二十三師団が包囲され、軍旗二旒《りゅう》を焼却し、死傷一万人を超すという深刻な事態となった。停戦するほかはないと慌て、停戦協定が結ばれてほっとした翌日、ソ連軍はポーランドに侵入して、もういちど横っ面を張られる思いとなった。あっというまにソ連はポーランドの東半分を併合してしまった。

つづいてソ連はフィンランドに難癖をつけ、不可侵条約を破棄して戦いを仕掛け、その領土の一部を奪った。さらにドイツ軍が西部戦線で大攻撃を開始したのに乗じ、バルト三国を併合し、ルーマニアに最後通牒を突きつけ、ベッサラビアへ侵入した。

もし日本がアメリカ、英国と戦いをはじめれば、ソ連は日本の国力の消耗を待ち、やがては満洲に真正面から軍事圧力をかけてくるのを覚悟しなければならなかった。

海軍省と軍令部でも、狼狽と怒りがみなぎりながら、戦うべしと叫ぶ者はいなかったであろう。陸軍が戦争を望んでいないと知れば、肩肘を張る必要はなかった。戦う用意ができていない、とかれらは本心を明かしたにちがいない。

ワシントン条約、ロンドン条約が昭和十一年末に無効となったあと、昭和十二年の建艦計画のもとで、海軍は二隻の戦艦の建造にとりかかった。二十年ぶりにつくるその二隻の新戦艦こそ、太平洋の戦いを決する究極兵器になると思われていた。一号艦は呉工廠の船渠にあり、二号艦は三菱長崎造船所の船台にあった。両艦の進水式はもうじきだったが、艤装《ぎそう》、兵装工事に二年はかかり、就役するのは昭和十七年半ばになる予定だった。

空母から飛びたつ航空機が海戦を決する力となるのではないかと考える海軍軍人が心待ちしていたのは、三号艦と四号艦の就役だった。これまた無条約時代に入ってつくる最初の新鋭大型空母だった。三号艦は横須賀工廠で建造中であり、四号艦は川崎重工の神戸造船所で工事を急いでいた。洋上を進むこれら攻撃空母から艦攻機がつぎつぎと空へ飛びたつようになるのは、一年さきのことだった。

首相近衛の問いに、陸相東条英機はなんと答えたであろうか。南方作戦をおこないうるのは、対ソ関係が良好で、関東軍が現兵力のままで満洲の安全確保ができるという前提が必要だと述べ、清水の舞台から飛び降りる無茶はできない、現時点では戦いは絶対に避けねばならないと説き、アメリカとの外交折衝をおこなわねばならないと述べたにちがいなかった。

近衛と海相吉田善吾との話し合いはいっそう憂愁の気がおおうことになったであろう。吉田ははっきりつぎのように語ったはずだった。

〈米国との戦いは長期戦とならざるをえない。陸軍が北方の防衛態勢に不安を抱き、限られた資源を海軍と陸軍が奪い合うようなことになるのであれば、対米戦の勝算は覚束ない〉

そして吉田は、日本が北と南とで同時に戦うことは不可能だと語り、アメリカと交渉をおこなわねばならず、重大な譲歩も覚悟しなければならないとはっきり説いたはずであった。

一年早く、昭和十五年七月に経済封鎖をされたのであれば、おそらく日本は戦争に踏み切ることはなかったはずであった。

アメリカ、ついに石油を全面禁輸とす

実際にはモーゲンソーの計画は闇から闇に消えてしまった。アメリカ政府は、ゆっくり慌てず、日本をじりじりと締めあげることにした。

ワシントンは芸の細かい動きをした。オランダが日本と経済交渉をつづけているあいだ、要するにオランダをして日本の石油購入の要求を適当にあしらわせているあいだは、アメリカは日本向けの石油供給を削減したり、断ち切ったりしないことをオランダに約束していた。アメリカから石油が入ってていさえすれば、オランダとの交渉がずるずると長びいても、日本が拳固を振りあげ、オランダを威すことはあるまいと読んだのである。

そしてアメリカは、日本の蟻の蓄えの石油タンクに穴を開けるといった手にでた。日本の国内産の石油と日本のタンカーが運ぶ輸入石油だけでは、日本国内の需要をまかなうことができない点にアメリカは目をつけた。そこで外国籍のタンカーが日本向けに石油を運ばないようにさせれば、日本は営々と蓄えてきた石油を、少しずつではあっても、食い潰していくことになるはずだった。

ワシントンはアメリカ籍のタンカーが日本へ石油を運ぶことを禁止した。英国籍のタンカーはカナダのハリファックスと英本国との補給線にそのすべてが動員されていたから、太平洋の港で滞船しているタンカーなど一隻もなかった。

この結果、海運界に顔のきかない陸軍が最初に音をあげた。陸軍はタンカーの手当てができず、貨物船で石油を運ぶことにした。このため、ドラム罐入りのガソリンが買われた。そして、昭和十五年九月からドラム罐に入ったガソリンが到着するようになった。これを買った陸軍兵器補給廠は尾道市の向かいにある向島《むかいしま》を集積場にした。

向島の土地を買いあげ、二千平方メートルほどのバラックを何十棟と建て、艀《はしけ》をつける木造の桟橋をとりつけた。デリッククレーンを使ったが、あらかたの作業は人手に頼らねばならず、作業員と艀を集めるのに大わらわだった。昭和十五年十一月からは陸軍航空廠が購入した十万本のガソリンが入荷しはじめた。向島のさきにある因島《いんのしま》、岩城島にもドラム罐が積みあげられた。

それだけではなかった。アメリカ政府は日本を締めあげるのに、スタンヴァックとアジア石油を協力させることにした。この二社と手を結ばねば、締めあげが尻抜けとなることは先刻承知していた。

日本はロンドンのオランダ亡命政府と経済交渉をするために、経済使節団をジャワのバタビアに派遣していたが、オランダ側は石油供給の問題は当事者間の折衝に任せると逃げてしまっていた。そこでアジア石油とスタンヴァックを相手に交渉し、日本側が対日輸出量の増量を求めれば、両社首脳は意地悪い微笑を浮かべ、供給量を増やそうにも、タンカーを傭船できないのだと答えたのである。

三井物産がドラム罐入りのガソリンを買い、貨物船で運んでいるとの情報を国務省顧問のホーンベックにわざわざ注進に及んだのは、スタンヴァックの首脳だった。タンカーの使用を制限しただけではだめだと告げたのである。それが昭和十六年一月のはじめだった。二月四日、アメリカ政府は新たな輸出要許可品目を発表した。石油タンク、ガスタンク、鉄管と並べ、「石油、その他の液体用鉄ドラム及び容器」を入れていた。

ガソリン二十一万ドラム分、潤滑油六千ドラム分を買い付けていた日本の商社と船会社は慌てた⑼。タンカーがなく、ドラム罐がだめなら、木製ドラムで運ばねばならなかった。危険ではないのか、木樽などまだ残っているのだろうかとかれらは駈けずりまわることになった。

貨物船による石油輸送はできなくなった。パナマ籍のタンカーも、ノルウェー籍のタンカーも、昭和十六年四月に入ってからはまったく使うことができなくなった。法律上はなんの根拠もなかったが、アメリカと英国が、スウェーデンやパナマに政治圧力をかけた。ノルウェー、ギリシア、デンマーク籍のタンカーの船長に対しては、ドイツに占領されて故国に戻れないかれらの弱味につけ込み、日本向けの石油を運んだりしたら、ぶち込んでやるぞと威しにでた。

昭和十六年六月十七日、日本側にとって、最後の望みの綱が断たれた。米英側とすれば、暗々裡に張りめぐらした網をさらにぐっと引きしぼったということだった。はじめは小林一三、つづいては芳沢謙吉が政府特使としてバタビアへ行き、九カ月にわたってつづけたオランダとの経済交渉が不成功に終わったのである。

アメリカが石油の輸出を断ち切ったときに備え、輸入先を転換し、蘭領東インドからの石油の輸入を増やそうという願いは空しかった。三百八十万トンの要求は入れられず、百八十万トンに抑えられたのである。

日本との妥協を望み、弱気だったオランダを背後からしっかりと支えていたのがアメリカだった。最初は日本に気をもたせ、ずるずると交渉を引き延ばさせ、ぎりぎりまで粘らせ、最後に強硬態度をとらせたのは、すべてアメリカがやらせたことであった。

そしてその三日あとの六月二十日、ついにアメリカは石油と石油製品のすべてを輸出要許可品目とした。前に触れたとおり、前年昭和十五年の八月、オランダが日本と経済交渉をはじめるにあたって、その通商交渉がつづいているあいだは、アメリカは日本向けの石油輸出を削減、縮小しないことをオランダに約束していた。交渉が打ち切られ、日本代表団が引き揚げることになり、もはや日本をあやしておく必要もなくなった。

すでにそのとき、ルーズベルトも、チャーチルも、ドイツのソ連攻撃が目前に迫っていることを承知していた。ドイツの攻撃が近づいていることを頑強に信じようとしなかったのはスターリンだけで、もちろんのこと、日本政府もそれを知っていた。その戦いがどのように展開するかはわからないながら、ドイツがみずから進んで新たに敵をつくろうとしていることは、英国とアメリカを一息つかせることになった。いまこそ日本を締めあげる手をさらに強める時機だと判断した。

オランダをして交渉に幕をおろさせ、つづいては、原油、揮発油、発動機燃料、ナフサ、灯油、潤滑油、要するに石油と石油製品のすべてを輸出許可制のもとに置いたのは、こうしたわけからだった。

実際にはなんの変わりもなかった。日本向けの石油輸出は従来どおりとの発表が補足されていた。だれもが瞬間ひやりとしたのを隠して、なんの変わりもなくて当たり前なのだと思った。石油の全面禁輸といった無謀なことができるはずはなかった。だが、いつまでもそれがつづくとも思えなかった。

さてどうしたらよいのか。日本政府が、つぎに打つ手は決めてあった。フランスのヴィシー政府と交渉し、南部仏領インドシナに進駐することにしていた。カムラン湾に軍艦を派遣し、サイゴン周辺に航空基地を設けるつもりだった。

どうあっても日本に三百八十万トンの石油を売らないというのであれば、アジア石油、スタンヴァック、そしてロンドンに亡命しているオランダ政府に威しをかけるしかなかった。

日本はヴィシー政府と共同防衛協定を結んだ。七月二十九日にサイゴンに進駐の予定だったが、それより前にアメリカ側が日本に対する経済封鎖を完成させる最後の手を打った。七月二十五日、アメリカは在米日本資産を凍結した。

そのとき、太平洋を東へ向かっている日本のタンカーは十二隻にのぼった。カリフォルニアまで行かせてもむだ足かもしれなかった。だが、アメリカは石油の輸出を許可するかもしれず、石油積み取りの可能性は完全に消えてしまってはいなかった。外国籍のタンカーは使えないのだから、日本のタンカーを行かせるしかなかった。迷った揚句、すでに日付け変更線の東にいる六隻をアメリカへ向かわせ、まだ日付け変更線の手前にいる六隻を日本へ戻すことにした。

翌七月二十六日、英国、カナダ、蘭領東インドが日本資産を凍結した。資産凍結後、アメリカとのあいだの貿易は輸出入ともにすべて許可制となった。だが、許可されたものは一件もなかった。あらゆる商取引は断絶し、日米間の直航船便も断たれることになった。それから五日あとの石油の全面禁輸を決めたのは、屋上屋を架しただけの措置だった。

カリフォルニアの港には、三井物産の音羽山丸をはじめ、何隻かのタンカーが碇をおろしていた。船長と船員たちは、はたして空船のまま戻らねばならないのかと気が重かった。領事館員と商社員は形相を変え、どうにかして石油を積み込もうとしたが、その努力も空しかった。八月五日、三菱商事のさんぺとろ丸がジャワのバタビア港を離れたのが、原油を積んだ日本へ向かう最後の船となった。

阿吾地工場への期待

木戸幸一が首相近衛に臥薪嘗胆策を採るべきだと最初に説いたのは、前にも触れたとおり、昭和十六年の八月七日だった。人造石油工業の確立を図るべきだとかれは主張した。

人造石油をと考えたのは木戸だけではなかった。鳴物入りで宣伝された巨大な数字を見るかぎり、人造石油の未来図は輝かしいかぎりだった。政府が昭和十二年に最初の計画を発表し、人造石油の生産目標を昭和十八年までに年産二百万トンにすると定めたことは前に述べた。昭和十五年十二月にはその目標を改定し、昭和二十年の生産量を四百万トンとした。

オイルシェールから石油を採り、低温乾留法で人造石油をつくっていたから、人造石油の製造はさほど難しくはないだろうと人びとは思っていた。南満洲鉄道の撫順のオイルシェール工場は設備の増設を二回おこない、昭和十六年には年間十万トンを超すシェール油を生産し、スコットランドやスウェーデンのオイルシェール工場を凌ぐようになっていた。また低温乾留法による人造石油の製造はわりあい簡単だったし、工場の建設も容易であり、ガソリンをつくるのもわけはなかったから、ドイツの特許を買って、いくつかの工場が人造石油を生産していた。

この方法で回収される液化油は重油の代用として軍艦の燃料となった。だが、低温乾留法によって得られる液化油は原料の石炭量の一〇パーセント以下にとどまり、石炭の種類によっては二パーセントにしかならなかった。

政府が目指していたのは、水素添加法による人造石油の生産だった。ルール炭田地域にあるゲルゼンベルク・ガソリンやルール石油は、二トンの原料炭から一トンの石油を生産していた。もっとも添加される水素を製造するための石炭がべつに必要だった。

昭和のはじめから海軍の徳山燃料廠が研究し、工業化に努力していたのがこの方式であり、前に触れたように、満鉄の撫順、日本窒素の阿吾地工場がこの方法で石油を製造しようとしていた。計画では十工場を建設し、百万トン、改定計画では百六十万トンの人造石油を生産する予定だった。

だが、十工場にのぼる水素添加方式の工場を建設するとなれば、高圧の容器をはじめ、数多くの機器をつくらねばならなかった。人造石油工場の建設を優先順位の第一位におくといったところで、緊急を要するのは、航空揮発油製造工場の建設も同じだった。他の軍需資材の製造も急がねばならなかった。

その隘路のひとつ、だれの目にもはっきり見える隘路が、水素添加法の工場に不可欠な反応筒の製作だった。

満鉄が撫順にパイロット・プラントをつくるのに軍艦廃材の砲身を反応筒として利用

し、日本窒素の阿吾地工場の反応筒は呉の海軍工廠でつくったことは前に述べた。三百度の高温と三百気圧の高圧に耐える反応筒をつくるためには、鍛造圧力一万トン以上の大型のプレスを必要とした。

日本ではこの大型のプレスをつくることができなかった。一千五百トン程度のプレスでも、ドイツ製、アメリカ製のプレスは格段に優れ、日本製とは比べものにならなかった。五千トンのプレスともなれば、日本には三基しかなく、いずれも輸入品だった。

最重量のプレスは日本に四基しかなかった。そのうちの二基は、ドイツとの海上輸送路がとだえる寸前、またアメリカが輸出を禁止する直前に、ドイツとアメリカからそれぞれ買い入れたものだった。

その四基の大型プレスだが、そのうちの二基は呉の海軍工廠にあった。もとからある八千トンのプレスに加えて、昭和十五年にドイツから輸入した一万五千トンのプレスは、大和と武蔵の防禦鋼板や大砲をつくるのに昼夜兼行で働いていた。

同じ昭和十五年にアメリカから輸入したのが、住友製鋼の一万二千トンのプレスだった。これこそ、人造石油の反応筒を製作するために購入したプレスだった。据付け予定の和歌山製作所の建設は、昭和十五年十二月にはじまったばかりだった。基礎工事、配管、組み立ても済ませ、それが稼働するのはまだまださきのことだった。

残る一基は日本製鋼所の室蘭製作所にあった。昭和十四年にドイツのヒドロウリック社から輸入した一万トンのプレスだった。海軍注文の防禦鋼板の製作に忙しかったが、反応筒はその大型プレスでつくらねばならなかった。満鉄撫順の重量三十三トンの反応筒は室蘭製作所でつくったのだし、日本窒素の阿吾地工場の八十二トンの二本目の反応筒も室蘭で製作していた。

だが、水素添加法によって年間百六十七万トンの人造石油をつくるとなれば、数多くの反応筒を必要とした。しかし、室蘭のただひとつのプレスで、四十本から八十本の高圧反応筒をつくることは不可能だった。住友の和歌山製作所の一万二千トンのプレスが動きだしても、それでも人造石油工業の全需要に応じることはできなかった。

二百万トン、四百万トンの人造石油をつくる工業力が日本にはなかった。ドイツのロイナの人造石油工場を見学した海軍武官が感嘆したのは、二十メートルに近い十八本もの高圧反応筒をたいした困難もなくつくりあげたクルップ社の力量だった。日本にはそんな工場がなかった。資材も足りなかった。そして、なによりも人造石油工場を運転できる技術をも欠いていた。

朝鮮北端にある阿吾地の石炭液化装置は、昭和十三年に水素ガス発生炉が操業をはじめ、その年の末にはすべてが完成し、反応筒の総合運転を開始した。

水素添加法は文字どおり、石炭に水素を加える方法である。石炭と石油は双方とも炭素と水素が結合したものだが、石炭は炭素が十であるのに対し、水素は八から九である。

ところが、石油は水素が十八である。石炭を石油に変えるには、水素を加えればよいということになる。

そこでまず、石炭をボール・ミルで粉砕する。それを、石炭を低温乾留してつくったタールとともに混合機で混ぜる。つぎに、水素ガス発生炉でつくった水素ガスとともに反応筒に送る。高温・高圧のもとで触媒を用いて反応させ、石炭を石油に変えるといった仕組みである。

ソ連国境に近い荒涼とした阿吾地の原野に工場を建てたのは、そこに埋蔵量五千万トンの炭田があり、硫黄含有率の低い炭質だったからである。石炭液化のためには低硫黄の石炭がいいとされてきた。

昭和十四年二月、宗像英二が阿吾地工場の技術課長として赴任した(10)。宮崎の延岡工場でアンモニア回収技術を開発したかれは、そのとき三十歳だった。前に述べたように、反応筒の運転はすでにはじまっていた。だが、その運転は長くつづかなかった。数時間、長くて一日で運転を止めねばならなかった。地上二十メートルの高さにある反応筒の上の蓋をあけ、なかを覗くと、反応室は黒いかたまりのコークスで埋まっていた。

電熱器の絶縁碍子《がいし》が壊れ、電流が短絡し、その過熱でコークス化が起きるのだろうと宗像は考えた。碍子の改良に努力を重ねた。だが、反応筒内のコークス化の故障はつづいた。昭和十四年秋になって、触媒として使っている塩化亜鉛が熱分解し、それが短絡電流を引き起こし、コークス塊をつくるのだとかれは気づいた。

昭和十五年二月末、長男が生まれた。妻美代子と赤ん坊の顔を見て、どうあっても新しい触媒を探そうと決意した。長男の誕生を喜んでくれた大野浩治がその直後に急死した。延岡のベンベルグ工場でかれの下にいた大野は東大応用化学の後輩だった。石炭液化を一生の仕事と考えていた大野は、ベンベルグ工場ではなにもやろうとしなかった。朝鮮の永安にある石炭低温乾留工場へ転勤と決まったときには、かれはたいへんに喜んだ。そして石炭液化工場の建設がはじまるとともに、大野は阿吾地に移った。宗像が来てからは、かれのいちばんの協力者だった。

灌木におおわれた丘にかこまれた平地に、工場と社宅が建つだけの阿吾地にはまだ火葬場がなかった。大野の若い友人たちが柩をかつぎ、一歩一歩足場を固めながら、雪の残る枯れ草の丘をのぼった。雪の吹きだまりを避けて穴を掘り、薪を積み、軽油をかけた。大野が永安の低温乾留工場で取り組んだ人造石油だった。その夜、宗像は社宅の窓の闇に浮かぶオレンジ色の火を見つめた。大野の友人たちが火を焚き、狼の襲来を防ぎ、野辺送りをしているのだった。

宗像は反応筒の実験操業をつづけるかたわら、毎日毎夜、新しい触媒を探し求める実験をつづけた。新触媒を見つけだし、一日も早く石炭液化を成功させせねばならなかった。

前に述べたとおり、阿吾地の工場長は、工藤宏規だった。かれは阿吾地、吉林《きつりん》、新京、大阪、東京のあいだを往き来きし、吉林工場の建設をすすめていた。露天掘りで可能採炭量一億トンの舒蘭《じょらん》炭田の石炭を使い、阿吾地の十倍の石炭液化装置をつくる計画をたてていた。阿吾地が年産二万トンの揮発油を目標としていたのと比べ、吉林は二十万トンを生産する予定だった。この巨大な夢がなるかどうかは、すべて阿吾地にかかっていた。

長い苦労の末、新しい触媒を見つけだすことはできたものの、反応筒は依然として連続運転ができなかった。水素ガスの所要量が増えるにつれ、水素ガスの供給が足りないことと、その純度の低いことが、昭和十六年に入ってから最大の問題となった。すでにその前から海軍がぶつぶつ言いはじめ、いつになったら人造石油はできるのかと不満を語りだしていた。

阿吾地は海軍が監督する工場であり、大きな力をもっていた。供給炭があるというだけの理由で、ソ連の国境までわずか十二キロのところにそのような重要工場をつくることは、陸軍が発言権をもっていたのであれば、はじめから許したりはしないはずであった。

阿吾地は陸軍とはなんの関係もなかった。首相になる直前の阿部信行が、満洲旅行の帰りに阿吾地の見学を求めたことがあった。海軍の監督官も、工場の幹部も不在だった。

宗像英二が打った電報に対し、海軍省は丙種の視察を認めるとの返信をよこした。海軍は陸軍の将官に虎の子の工場を見せる気はまったくなかった。甲乙丙の視察規定のうち、丙種は素通りに近いものであった。

阿吾地で人造石油を生産できないことに最初に怒ったのは、徳山の海軍燃料廠の幹部たちだった。ドイツで稼働し、徳山で研究をつづけている外熱式の反応筒を採用しなかったことが、阿吾地の失敗の理由だといきまいた。野口遵と工藤宏規は、興南工場でアンモニア合成用の反応筒を内熱式としたことを応用し、阿吾地の反応筒も内熱式としていた。

阿吾地がもたもたしていることに、海軍省軍需局の幹部たちも落胆し、開発計画を指導する帝国燃料興業の幹部もじりじりしだした。なんといったところで、阿吾地こそ人造石油工業開発の大黒柱であり、本命だった。

昭和十六年七月にアメリカが日本への石油の供給を断ったときには、海軍首脳陣も我慢しきれなくなり、阿吾地の内熱式など潰してしまえ、工藤宏規を辞めさせよと喚きだした。

だが、悪戦苦闘をつづけていたのは阿吾地の反応筒だけではなかった。満鉄撫順の石炭液化工場も不調だった。昭和十四年に反応筒の試運転を開始して以来、運転すればすぐやめることを繰り返し、装置の手直しを重ね、四苦八苦をつづけていた。

フィッシャー法を手がけた三井の三池工場も、実際の生産にはまだ入っていなかった。工場は昭和十五年に完成していたが、装置の取り換えと修理に追われていた。ドイツの特許権を得て、その設計どおりに合成炉をつくっても、石炭が違えば、元素の含有と分子構造が異なり、ドイツ炭の技術をそのまま日本の原料炭に適用できなかった。

フィッシャー法による工場は、尼崎、北海道の滝川、留萌、満洲の錦州で建設中だった。水素添加法と比べて、合成法の工場の建設が進捗していたのは、水素添加法の隘路となっている高圧反応筒を必要としなかったからだった。だが、完成にこぎつけたところで、三池工場と同様、ただちに操業できる見込みはなかった。

昭和十六年八月七日、木戸幸一が期待を寄せた人造石油工業の実状はこのようなものであった。

それから三カ月あとの十月下旬、人造石油に依存しての臥薪嘗胆策は見込みなしと断言したのは鈴木貞一だった。総辞職した近衛内閣のあとを継いだ東条内閣は、人造石油を増産することによって戦争を回避できるかどうかを調べるようにと企画院に命じた。企画院総裁の鈴木はつぎのように報告した。

「之が完成に必要でありまする国内工作力特に高圧反応筒、管等の製造能力等を仔細に検討致しますならば、短期間で人造石油のみにより液体燃料の自給自足を確立致しますことは殆んど不可能に近く、強権に依ります場合でも少くとも七年程度を要する見込みと相成ります[11]」

あのとき人造石油工業の確立を説いてもだめだったのだ、と木戸幸一は吐息をついたのであろう。

人造石油工業の本命であり、大きな希望を抱かせた水素添加法の工場は、ついに万の単位の人造石油を生産できなかった。昭和二十年のいま、撫順は操業を中止していた。阿吾地も石炭液化を断念していた。工藤宏規は生産遅延の責任をとり、昭和十六年末に石炭液化から身をひかざるをえなくなっていた。そのあとは宗像英二ががんばりつづけた。昭和十八年八月になって、はじめて野口・工藤式の反応筒は見事な運転をつづけるようになった[12]。だが、その年の十月までに工場はメタノールの製造に転換することがすでに決まっていた。宗像は涙をのんだ。昭和二十年のこの一月、宗像英二は日本窒素の興南工場にいた。工藤宏規はジャカルタ事務所にいた。

フィッシャー法の工場は四工場あった。そのうち、尼崎工場と満洲の錦州工場は動いていなかった。三池の昨年の生産が一万トン、北海道の滝川が五千トンだった。低温乾留法の工場の生産も似たようなものだった。それでも工場の数が多かったから、合わせて十万トンほどにはなった。

ひとり気を吐いていたのが満鉄撫順のオイルシェール工場だった。昨年、昭和十九年の生産は八万トンだった。その八万トンを加えて、日本、満洲を合わせて昨年の人造石油の生産は二十万トンだった。三百万トン、四百万トンは夢のまた夢だった。そしていままた、同じ空しい夢を繰り返そうとしていた。日本全国で展開している松根油生産の大運動は、かつて笛を吹き、太鼓を叩いた人造石油大増産の計画とまことによく似ていた。

北樺太オハ油田

人造石油を当てにすることはできなかった。あのときどうすればよかったのか。北樺太油田の買収を説くべきではなかったのかと、木戸は思い返すことになったのかもしれない。

北樺太のオハ油田は、昨年、昭和十九年三月の末にソ連へ返還していた。その油田の歴史は、十八年にわたる日ソ間の微妙な関係をそのまま反映するものだった。ソ連が北樺太の石油と石炭の権益を日本に譲与したのは、ソ連が自国の承認と北樺太からの撤兵を日本に求めての代償だった。

昭和十五年に、駐ソ大使の東郷茂徳がソ連外相のモロトフと中立条約締結のための交渉をした。いよいよ締結というときになって、モロトフは北樺太の石油・石炭利権の契約の解消を求めた。

たしかにそのとき、代償を支払わねばならないのは日本の側だった。日本は国際的に孤立し、条約の締結を望んでいた。しかもノモンハンで手痛い目にあったばかりのときだったから、日本側の意気はあがらなかった。だが、北樺太の油田をソ連に返還することには海軍が反対し、交渉は中断した。

そして昭和十六年四月に、松岡洋右がモスクワで中立条約を結んだ。すでに前年とは大きく情勢は変わっていた。ところが、日本とソ連のどちらがその条約を必要としているのかを松岡は完全に見誤った。日本側が代償を支払うことになってしまった。松岡は北樺太の石油・石炭利権を解消するための交渉を数カ月以内におこなうと約束した。実際には代償を支払わねばならなかったのはソ連の側だった。二カ月のちに独ソ戦争がはじまって、それは明らかとなった。

だが、それから二年ののち、情勢はまたも大きく変わった。ソ連外相のモロトフは駐ソ大使の佐藤尚武に向かい、北樺太の油田を返還しなければ中立条約に影響するぞ、と猫が鼠をなぶるようなことを言いはじめた。

威しと嫌がらせは、北樺太の油田を開発するために設立された北樺太石油の宿命だった。組織的、計画的な圧迫は、昭和十一年に日本がドイツと防共協定を結んでからはじまった。

それより前、北樺太石油はもうひとつぱっとしなかった。採油量が最高だったのは、昭和七年と八年の三十一万トンだった。そのあとじりじりと採油量は落ち、資金不足のために試掘も満足にできない状態になった。昭和十年、社長に左近司《さこんじ》政三が就任した。かれは、いわゆる条約派の提督だった。ロンドン条約の締結に尽力した提督たちが昭和八年から九年に一掃されたが、昭和五年のロンドン会議に派遣された左近司も昭和九年に予備役に編入されたのだった。

左近司は経営方針を一新し、政府補助金を得て、大規模な開発をおこなうことにした。ところが、昭和十一年からソ連の脅迫とサボタージュがはじまった。日本人労働者の入国を妨害し、旅券査証を拒んだ。些細な事故を理由に体刑を科し、スパイ容疑で監禁し、日本人従業員を不安に陥れて、帰国させるように謀った。

試掘して、良好な鉱区を見つけると、ソ連人労働者を就業させないようにして、石油採掘ができないようにした。日本側の抗議はすべて受け流し、外交交渉には応じようとしなかった。こうして北樺太石油はエハビ、カタングリの掘鑿ができなくなり、オハ鉱場の採油を細々とするだけの有様となった。

昭和十七年三月に、オハ駐在総領事の村瀬悌二が、「利権維持ノ名ノモトニ徒ラニソ連ニ奉仕スルニスギザルモノナリ」と外務省に書き送ったのは、数年来のかれの怒りをぶちまけたものであったが、いよいよ南方の油田が手に入り、石油の心配がなくなったという安堵感がそれを書かせたのだった。

昭和十七年のオハからの送油量はゼロだった。昭和十八年にはわずかながら搬出した。九千トンだった。そのためには、労働協約によって、東京の庶民がお目にかかったことのない大量の砂糖、牛肉、バター、食用油をソ連人作業員とかれらの水増しされた家族に配給し、防寒衣服、毛布、手袋を支給しなければならなかった。ソ連人も見たことのないこれらの配給品のすべては、「赤軍へ献納」の名目のもと、北樺太の官憲の手で徴収されていた。

日本をしてオハの放棄を決意させる最後の圧迫となったのは、オハの海岸にある北樺太石油所有のタンクに対する封印だった。採油しても貯蔵できないことになった。隣接するソ連側のタンクやオハ市内にあるタンクにはなんの措置もなかった。町から遠いツンドラ地帯、しかも立入り禁止地区内にある十四基のタンクに大がかりな防火施設を要求してきたのは、最後の嫌がらせであり、北樺太石油の喉元に回した手だった。

だが、夢のようないっときもあった。それは独ソ戦争がはじまったときから、日本がアメリカと戦争を開始するまでのあいだだった。とりつくしまもない無表情な地区党幹部や秘密警察のボスが北樺太石油の幹部にもみ手で応対するようになった。些事に難癖をつけ、罰金をとることもなくなった。かれらは自国の作業員に向かって、採油所内で器物を壊すな、盗みをするな、作業時間中に職場を離れるなと命じた。

北樺太の地方幹部のそのような態度はモスクワからの命令に従ってのことだった。クレムリンは日本が背後から攻め入ってくるのではないかと恐れていた。日本側とすれば、北樺太の油田、あるいは採掘権の買収交渉をおこなう絶好の機会となっていた。

蔵相の賀屋興宣がこの提案をした。昭和十六年十一月一日、日本の運命を決することになった午前九時から深夜までの十七時間に及んだ会議で、賀屋は、「作戦開始の機は我にあるとしても、決戦の機は依然米国の掌中にある」と述べ、「米国に握られている二年後の決戦に確算のないような戦争は不安定である」と述べた。

そしてかれは、「米国から戦争をしかけてくる公算は少ない」と言い、外相東郷茂徳とともに臥薪嘗胆策を主張し、「北樺太ノ油田ヲ買収シ自存ヲ完ウスル案」を提出した⑬。

ところが、賀屋の提案はあっさり葬られた。北樺太の油田だけでは、とても海軍の必要量を満たすことができないというのが海軍側の反対理由だった。たしかに三十万トンでは少なすぎた。だが、北樺太油田の埋蔵量は六億トン、採油可能率をかりに一割として、六千万トンを採油できるといわれていた。油量豊富なエハビ、カタングリ、アルムダンをはじめ、未開発油田を採掘すれば、百万トン、百五十万トンの石油を得るのは容易なはずだった。

海軍首脳が賀屋の案を拒否したほんとうの理由はまたべつにあった。どう転んだところで、翌年の昭和十七年六月まで、向こう半年のあいだは北樺太の石油が入手できないということであった。生木に打ち込んだ釘をゆっくり抜くような音がして海氷が割れ、根室の漁民がいう海あけがはじまり、オホーツク海の流氷が消え、北樺太の港にタンカーのオハ丸が入港できるようになるのは、六月中旬になってのことだった。

ルーズベルトは英国、オランダと示し合わせ、スタンダード・ヴァキューム、ロイヤル・ダッチ・シェルに手を回し、日本を締めあげた。今度はスターリンを武器援助で釣り、自分の側に引きずり込もうとするにちがいない。九カ月にわたったオランダとの経済交渉と同じ轍《てつ》を踏むことにもなりかねなかった。モロトフにずるずると交渉を引き延ばされ、六月になっても石油利権の折衝がまとまらなければどうするのか。

横浜小柴、徳山大迫田《おおさこだ》のタンクは空になってしまうだろう。それにひきかえ、ハワイ、グアム、フィリピン、シンガポールの基地には空の要塞B17の爆撃機部隊が駐留し、戦艦、巡洋艦、空母が集結することになるだろう。海軍幹部が北樺太油田の買収案をにべもなく拒否したのは、こうした理由からだった。

臥薪嘗胆策の真意

木戸幸一は過去を振りかえり、それにしてもと溜息をつき、つぎのように考えることになったはずである。陸軍を味方につけ、海軍を抑え、隠忍自重を国策にして、ただちに北樺太油田の買収に取り組むべきだったのだ。海軍の中堅連中を敵に回すことになっても、たいしたことではなかった。机を叩いてでも、近衛にはっきりと言うべきだったのだ。
〈臥薪嘗胆策をとれば、あなたも、私も、海軍の過激分子に殺されるかもしれない。だが、海軍が暴れるだけなら、政権奪取につながることもないし、戦争になることもあるまい〉

そして木戸は四年前を振りかえって、つぎのように考えたのであろう。北樺太油田買収の交渉を開始し、あの年の冬を越してしまいさえすれば、ドイツの勝利を土台にしてつくりあげた対米英蘭戦争の見通しに、疑問の声は大きくなり、その戦争への計画を再検討することになったはずだった。

ソ連軍の大反撃がはじまったのは、昭和十六年の十二月六日だった。寒さのために潤滑油は凍り、ドイツ軍のトラックと戦車は動かなかった。兵站線は麻痺し、泥と雪のなかでドイツ将兵は凍死した。ドイツ軍は三十個師団、七十万を失った。それ以前のソ連軍の損害よりはるかに少ない数字であったが、ドイツ軍にとっては尋常ならざる出血だった。

ドイツ軍首脳のあいだでは、春になったらどうしたらよいかの議論がつづいていた。ロシアとの戦いが長びいた場合にどうするのかについて、ドイツはなんの準備もなかったのである。

木戸は回想をつづけたにちがいない。日本が隠忍自重策を公に宣言すれば、日米両国が相互に脅迫をつづける状態から脱却できたであろうし、ルーズベルトがどんなに戦争をやりたがっていたにせよ、アメリカ国民の支持獲得の道を開くことはできなかったのだ。

そして冷却期間をおきさえすれば、感情に走ることなく、より現実的な交渉を適当な時機を選んで再開でき、日本側も譲歩できたにちがいない。

そこで木戸は自分が犯した最大の誤りはなんだったのかと問うことになったにちがいない。前に語ったことだが、作戦部長の田中新一を参謀本部から逐うことをせず、統帥部内の主戦派を粉砕してしまわなかったことが、かれの最大の誤りだったのか。そんなことではない。

かれは、近衛のあとを継いだ首相東条に向かって、帝国国策遂行要領を白紙還元して、国策を再検討するようにと求めた。九月六日に定めたその要領については前にも述べた。十月上旬までに日本の要求が貫徹できないときには、「直チニ対米（英蘭）開戦ヲ決意ス」と定めた最高国策である。

九月六日の要領を白紙に戻し、国策を再検討したらどうかとは、天皇が木戸に述べたことであり、それを木戸は東条に伝えたのだが、それより十日たらず前、十月九日に木戸はそのとき首相だった近衛に同じことを説き、さらにつけ加えて、十年から十五年間にわたって臥薪嘗胆策を採るべきだと主張したのだった。ところが、木戸は東条に向かって、九月六日の国策の白紙還元を説きはしたものの、臥薪嘗胆策を採るようにしたらどうかとは説かなかったのである。

奇妙な話だった。九月六日に定めた国策を御破算にして、国策を再検討するようにと説いたところで、近衛が総辞職せざるをえなくなった対米交渉の条件を白紙に戻し、こちら側が大きな譲歩をしないかぎり、戦争への道しかないはずだった。政府と統帥部の幹部がなんど話し合ったところで、その結論がどのようなものになるか、どのように落ち着くか、かれははじめから見当がついていたはずであった。

十一月一日の連絡会議で、賀屋興宣と東郷茂徳が臥薪嘗胆策を述べた。だが、それは簡単に葬り去られた。それというのも、それより前の十月二十四日から連日開かれた連絡会議で、臥薪嘗胆策が真剣に検討されなかったからである。会議では臥薪嘗胆策の検討はごくごく小さな課題にしかすぎなかった。戦いに踏みだすか、それとも戦いを避けるか、そのいずれかを選ぶ二つの項目のうちのひとつとなってはいなかった。

臥薪嘗胆策は、「欧州戦局ノ見通シ如何」にはじまる十幾つの再検討項目のひとつだった。しかもその項目の主題は「戦争発起明年三月頃トセル場合」であって、そこから枝分かれした小項目が臥薪嘗胆策の検討だった。だれもが臥薪嘗胆策をはじめから問題にせず、真剣な討議などだれひとり期待していなかった証拠だった。その問いはつぎのようなものであった。

「右ニ関連シ対米英蘭戦争企図ヲ抛棄シ、人造石油ノ増産等ニ依リ、現状ヲ維持スルノ能否及ビ利害判断(14)」

木戸は臥薪嘗胆策を近衛には説いたが、東条に向かっては説かなかった。ましてや、消極的で、あいまいな態度をとりつづけている重臣たち、はっきり意見を言わない海軍の退役提督たちにも隠忍自重策を説こうとはしなかった。文官たちの協力を求め、世論を喚起し、国民の同意をつくりあげようとはまったく考えもしなかった。

この昭和二十年一月、情報に精通した人びとのなかには、四年前の木戸の胸中を疑う人がいたのではなかろうか。はたして木戸の臥薪嘗胆策は信念の奥底から生まれたものであったのかという疑問である。

木戸は近衛の頂上会談の計画を聞き、近衛の意図を知り、内大臣の自分がどのような危険を分担しなければならなくなるかに気づいたからこそ、近衛に向かって、臥薪嘗胆策を説いたのではなかったか。

近衛は頂上会談にすべてをかけようとしていた。かれはアメリカに大きく譲歩するつもりだった。それによって石油が解禁となれば、海軍は戦争に反対するはずだった。前に見たとおり、中国からの撤兵と三国同盟の形骸化を約束しようとかれは考えていた。

木戸はそれを恐れていたのではなかったか。すでに決まっている許諾条件からとてつもない逸脱をし、中国からの撤兵を約束して、対米交渉をまとめようと近衛が考えているのであれば、かれは非常手段に訴えようとするはずだった。ルーズベルトとの合意事項を、電信によって天皇に上奏し、その裁可を仰ぎ、調印しようとするにちがいなかった。

そこで宮内官筆頭の木戸は否応なしに近衛の非常手段の片棒を担がせられることになるはずだった。それどころか、かれが大陰謀の主役と目されることにもなりかねなかった。天皇を欺き、天皇を利用して、国を売ったとの非難の合唱はかれに向けられ、「君側の奸」「巨魁」といったいつもながらの毒毒しい罵言はかれに浴びせられ、かれはテロの血祭りにあげられることを覚悟しなければならなかった。そしてテロだけでは済まず、クーデターが起きる可能性もあった。木戸はそのことをも恐れなければならなかった。

その不安があったからこそ、木戸は近衛に向かって、臥薪嘗胆策を説いたのではなかったのか。そして首脳会談開催の見込みがなくなり、近衛が打開の道を求めた十月には、これまたかれが非常手段を採り、中国撤兵の問題を上奏するのではないかと木戸は恐れ、重ねて臥薪嘗胆策を説いたのではなかったか。

近衛が首相を辞め、東条が首相になり、もはや中国からの撤兵問題をだれももちだす気遣いがなくなってしまったとき、木戸は臥薪嘗胆策をきれいさっぱり忘れてしまったのではなかったか。木戸の胸中を推し量り、こんな具合に考えた人がいたはずである。

何度目か、かぶりを振り、木戸は眩暈に似た感じを味わいながら、四年前のことを考えるのをやめ、グレーの本を押しやった。壁にかけた木戸孝允の肖像画がかれを見おろしていた。今日一日、警戒警報のサイレンは鳴らなかった。

第5章

戦争終結への胎動（一月二十六日）

志賀直哉、コーヒーを嘆賞する

一月二十六日は金曜日だった。それは午後のことであった。世田谷区新町二丁目に住む志賀直哉は手紙を書きはじめていた。中江孝男に宛てたものだった。中江は次女寿々子の婿である。結婚して一年になるこの二人は、はなればなれに暮らしていた。農林省馬政局に勤める孝男は、北海道の十勝種馬場にいた。二十四歳の寿々子は体の具合が悪く、北多摩郡東村山の病院に入院していた。

志賀はこう書いた。

「御不沙汰しています　今年の寒さ特別にて今朝など家の中で氷点です　幸い無煙炭で助かります、寿々子の事色々心配しましたが年末に二三日来てあと東村山の方に落ちついています　東京郊外は何処も大概同じようなものという孝男さんの考え方は遠くにいるからの事で郊外によっては市内より遥かに危険あり、郊外の場所によっては百姓が疎開しているところもあるそうです、成城とか新町は最も危険少なく、村山はそれから見れば幾らか危険で九日には近いところに二百五十キロとかを落とされたそうです、然し案外で、それ程恐しいものでもないという人もあります、寿々子自身村山に落ちついている気になっているので、又実際病気が中途で残るような事あってはならぬので、それもいいと思いますが、戦局の進み方によっては病院そのものがいつまで続くかというような事にも不安を感じます、フィリッピン決戦の結果によってはそういう時が案外早く来るかも知れぬという話、二週間程前政府の多少責任ある人からきいて、心配していま す[1]」

志賀が手紙に書いたのは、外相秘書官の加瀬俊一が語った話だった。麴町三年町にある外相官邸の集まりで、直哉はそれを聞いた。

その会は、山本有三の肝煎りでできたものだった。昨年末のことであったか、山本が志賀に電話をかけてきて、相談をもちかけた。志賀は谷川徹三と連絡をとり、谷川が山本と会った。山本が語ったことを谷川はのちにつぎのように述べた。

「いまや敗北は必至だが、そのときに国内の混乱を防ぐにはどうしらたよいか。それを研究する会をつくりたい。メンバーを選ぶのに協力してくれないか[2]」

そして山本は谷川に向かって、外相秘書官の加瀬俊一とたまたま箱根の富士屋ホテルで出会い、研究会をつくることに決めたのだと語ったのである。

実際には事情はそれだけではなかったのであろう。山本は入生田《いりゅうだ》の近衛文麿の別荘を訪ね、近衛とも協議をした。志賀や谷川には語らなかったが、山本は近衛の擁立を心ひそかに考えていた。

谷川徹三はさっそく、研究会の人選にとりかかった。三十九歳になる谷川は法政大学の教授だった。かれは海軍が後援する思想懇談会の幹事をやっていた。海軍省調査課長だった高木惣吉が昭和十五年につくった研究会のひとつだった。築地の料理屋の増田や芝栄町にある水交社で月に二回ほど会合を開いていたのが、戦局の悪化につれて、海軍側に余裕がなくなった。そんな集まりをつづけていてもしようがないと思ったのであろう。集まりは、昭和十九年二月以降はとだえてしまっていた。

かれは新しい集まりのために、思想懇談会の仲間のなかから、安倍能成、和辻哲郎、富塚清、田中耕太郎を選んだ。山本有三、志賀直哉、谷川、加瀬を加えて、会員は全部で八人とした。

一月十二日金曜日の外相官邸における第一回の会合では、加瀬俊一ひとりが喋った。だれもが、このはじめて会うきびきびした男の明快な話に耳を傾けた。昼食がだされて、コーヒーが配られた。久しぶりに嗅ぐいい香りだった。帝国ホテルや第一ホテル、銀座の資生堂や田村町のニューキャッスルで飲むコーヒーとはまるっきり違っていた。加瀬が鼻高々なら、テーブルを囲んだ人びとも、この香りだけでも来た甲斐があったと顔を見合わせた。

それも道理だった。コーヒーらしいコーヒーは、純綿と同じく純珈琲と呼ばれたものだが、そんなコーヒーが飲めたのも昭和十五年までだった。昭和十六年、十七年に入ってからは、黒鉄砲、赤鹿の子と百合の名前でも付けたらいいようなコーヒーに変わった。百合根とチューリップの球根を焙煎《ほうせん》、挽砕《ばんさい》し、混合割合はコーヒー豆が五パーセントという代物だった。それでさえ、コーヒー問屋の最高級品であり、二号品、三号品となれば、コーヒー豆はまったく加えられず、百合根やチューリップの球根、とうもろこし、ひえの混合物だった。百合根やチューリップの球根を混ぜたのは、なにもコーヒーの代用品として最適だったからではなかった。昭和十六年七月に、アメリカが日本との全貿易を断ち切った。このとき、アメリカに輸出する百合根が、鹿児島や佐賀、長崎から横浜へ到着していた。農家への代金支払いをどうするかという騒ぎがもちあがった。知恵のある者がいて、百合根をコーヒーの代用品にしようということになった。そこで横浜市郊外にある製糸工場の乾繭《かんけん》機を使って、ざっと二千五百万個にのぼる百合根を乾燥させた。百合根はベネズエラ、コロンビアからの輸入コーヒー量ほどにもなった。チューリップの球根にしても、話は同じだった。

コーヒーの産地のジャワを占領しても、コーヒーを送る余裕はなかった。それでも昭和十七年にはジャワから二百トンを運んだ。そして十八年はじめに十トンほどを運んだのが最後となった。戦前にはジャワ・コーヒーはブラジル・コーヒーと覇を競い、年に一千トン、多いときには二千トンを輸入したこともあったのである。

ところが、昭和十八年、十九年には、コーヒー豆はもちろんのこと、百合根、チューリップの球根もなくなってしまった。苦いだけの黒い液体は、中身を知れば、だれも手をだしはしなかったであろう。混ぜものの種類を増やせば増やすほど、コーヒーの味に近くなると信じられていたから、屑大豆、漆の実、はぜの実、薩摩芋の皮、そら豆の皮、ぶどうの種など、それこそ材料は手当たり次第だった。

外相官邸のコーヒーは、外交団に配給しているわずかなコーヒーと同じく、軍が抱え込んでいるストックから分けてもらったものだったのであろう。海軍艦政本部の管轄下にある第一衣糧廠の羽田の倉庫には、軍艦と二式大艇がすこしずつ運んできていた蟻の蓄えの貴重品の山があり、コーヒー豆もそのひとつだった。

じつは陸軍もコーヒーを隠し持っていた。シベリア鉄道でドイツに輸出しようとした大量のコーヒーがあった。独ソ戦が勃発して輸送できなくなり、南京袋に入ったままの数千袋のコーヒー豆が新潟の倉庫に眠っていた。

外相官邸の懇談会で、加瀬俊一は昭和十六年の日米交渉の経緯を詳しく語り、同年の松岡外相の訪欧についても語った。そしてこれからさきの話になった。

ソ連との話し合いはできないのかとだれかが言い、特使派遣の話になった。だれが適任なのか。松岡洋右か。

「スターリンはやはり、松岡個人は、話せる男だと思ったようです」

日本とドイツと、どちらがさきにいけなくなるか。

「どうも日本の方が早いようです。もうあと、二カ月か、三カ月というところか」(3)

だれもがびっくりし、不安な表情になった。二カ月あと、三カ月あとはどうなるのか、なにが起きるのかと尋ねた者がいたのであろう。

加瀬は小磯内閣が向こう一、二カ月のあいだに行き詰まり、総辞職すると見ていた。それは政府部内の情報通のだれもが語るところだった。そして敵の本土上陸がそんなにさきのことではないという噂があった。そのあと政府首班にだれが選ばれるかによっては、暗殺が起きるかもしれず、歩兵大隊と砲兵中隊を引率した将校が首相官邸と警察庁を占拠する事態になる可能性も絶無とはいえなかった。ひとたびそんなことが起きれば、軍の巡察が秩序維持のただひとつの力となろう。加瀬はこうした話はしなかった。ただ混乱状態が起きるかもしれない、とだけかれは語った。

志賀直哉は、混乱状態が起きると語った加瀬の言葉が頭から離れなかった。中江孝男宛の手紙に、つぎのようにつづけた。

「混乱状態が恐しいという事です　混乱状態というのは実際にはどういう状態になるのか、配給米が丁度無くなった頃にそうなったら相当困るだろうと思います　兎に角不景気な話ですが、ポッシブルな事柄に対しては対策を研究すべきだと思います、右往左往あとから考えて遺憾だらけな事をして了ったのでは馬鹿々々しい事です、寿々子の方は病気は軽いながら実際にやっている事ですし、ポッシブルな場合に備え過ぎてその方を中途にしてはならぬとも思うので、現在は此まま、状況が余りにヒッパクして来たら、

その時はその時で出来るだけの事をするつもりでいます、……」(4)

高木惣吉少将、戦争終結研究を命ぜられる

同じ一月二十六日、午前中のことであった。高木惣吉は海軍省の三階にあがった。西側の狭い一画に軍令部の各部各課の部屋がつづき、総長室があった。高木は軍令部総長の及川古志郎に会った。

政変は起きるのか、起きないのか、高木は及川の見方を尋ねた。及川は答えた。

「現政局に対し梅津総長は、極力いまの内閣でやって貰う気だと言って居った。取巻きは別として、本人はそれ程謀略的だとは思って居らぬ。従って内閣を倒すということは含んで居らぬと見た」

つづいて戦局の話になった。

「現戦局に対し色々意見もあるが、私は重体ではあるが危篤とは見ない」

高木はノートをとりだし、総長の話の要点をまとめた。

「特攻兵器も大体揃って(二百五十)、今鹿屋《かのや》で大々的演習にかけている。連合艦隊長官も出て行ったし次長も出た。

これが準備出来れば、今敵の機動部隊はウルシーに引退っているが、次期には台湾なり、南西諸島なりに掛って来る算が大きく、直ちに本土上陸には行かぬと思う。さすれ

ばそれ迄に台湾に出してこれを邀撃すれば、敵機動部隊を相当『なめ』ることが出来る。これは昨年十二月迄整備して比島戦に間に合せる心組だったが、それが遅れたが、今度これが間に合えば、相当戦勢を逆転してマリアナ位迄は取り返したい」

南九州、東海、関東で訓練した第十一航空戦隊は、昨一月二十五日から六日間にわたって鹿児島県の鹿屋で総合訓練をはじめていた。第十一航空戦隊はT攻撃部隊の銀河と陸軍飛行隊の四式重爆を加えての八十四機、一人乗りの特攻機である桜花を胴体下にとりつけた一式陸攻五十四機、戦闘機五十六機、偵察機七機の陣容だった。これを台湾の台南と高雄の基地へ進出させる予定だった。

つづいて高木は、ルソン島の戦いの見通しを尋ねた。及川はこれまた楽観的だった。

「梅津君の話でも、敵の動員し得る陸上兵力は洗い晒《ざら》い出したところで十ケ師。我方の在比兵力は総勢二十万で五ケ師位で、そう悲観することはない。戦局は寧ろ思うつぼで、我方は東西山麓の堅固なる陣地に立てこもったのだから、敵が中央の平地を真直に南下出来ようとも思われぬ。次期作戦で敵輸送力二十五万トンの中十五万トン位を喰《く》えば、それだけでもかなりの打撃になると思う（三百隻撃沈）」

リンガエン湾に上陸した米軍はルソン中部平地を南下し、すでにクラークの空軍基地群に突入しようとしていた。

つづいて及川は言った。

「重臣や政府首脳が戦局に対して自信を強く国民に移すように指導して行って戴きたいが、その点特に政府に足りないところがあるように思う」

「飛行機の生産を促進して呉れれば、戦勢を返すことは算盤のとれる見通しだ、必ずしも希望的なものではない(5)」

高木惣吉は目黒の海軍大学校へ戻った。大学はすでに閉鎖されていた。閉鎖は二度目だった。最初に閉鎖されたのは昭和十五年だったが、昭和十八年七月に再開された。長期戦の用意をしなければいけないというのが理由だった。及川古志郎が校長となり、前に触れたことだが、かれが「聖武記」を覆刻する計画をたてたのはそのときのことであった。だが、そのあとまた大学どころではないという状況になった。そして昨十九年三月にふたたび閉鎖されてしまった。

高木の部屋は本庁舎の裏にある木造の二階建ての建物の一室だった。かれは軍令部総長が語ったことを思い浮かべてみた。安心したかったが、とてもそんな気持ちにはなれなかった。総長の話は、なにも心配することはない、五百発の高射砲弾があるのだから、五百機のB29を落とすことができるといった具合の話にすぎなかった。サイパンを取り戻したいなどと総長は本気で考えているのだろうか。

総長、次長、作戦部長が集まれば、台湾沖航空戦をもういちどといった話をしているのであろうか。その戦果が誇大にすぎたことは、かれらもいまでは分かっているはずだった。証拠はどうあろうとも、悪いことは信じまいというのがかれらの態度だった。参謀総長の梅津もルソン島の戦いは心配ないと言っているようであった。だが、それも真実を語っているとは思えなかった。陸海両軍の総長は顔を合わせれば、そんないい加減な話をしているのであろうか。

及川も、梅津も、じつは自分たちの楽観論を信じているのではなかった。部下に対して、外部に対して、天皇に対して、楽観論を説かねばならないとかれらは信じているのだった。

高木惣吉が海軍大学構内に部屋をもっていたのは、大学校の研究部員だからであった。その地位は、予備役の老士官が召集されて、ふたたび御用を務めることになったかのような軽い肩書きだった。

高木にはもうひとつほんとうの任務があった。かれの仕事をはっきり承知しているのは、海相米内光政と次官の井上成美、そしていましがた高木が会ったばかりの軍令部総長及川古志郎の三人しかいなかった。

それは昨年八月末のことだった。次官に就任したばかりの井上成美が、教育局長の高木惣吉を執務室に呼んだ。井上は声をひそめて言った。

「戦局の後始末を研究しなければならんが、これをいま現に戦争に打ち込んでいる者に言いつける訳にはいかぬ。ところで大臣は君にそれをやってもらいたい意向だが、さしつかえないか[6]」

高木は次官井上の命令にびっくりした。よもや正面きって戦争終結の研究の任務を授けられるとは思っていなかったからだ。かれは病気休養を名目に教育局長を辞めた。海軍大学校内の一室がかれの執務室となった。そして人と会う毎日がつづくことになった。

高木は五十一歳だった。昭和十八年に少将になった。体が弱く、船に乗ったのは海軍大学に入る前の数年だけだった。軍経歴のほとんどを海軍省の赤煉瓦のなかで過ごし、昭和十四年から十七年まで、軍務局の調査課長をやったことから、海軍外の人びととの接触がひろかった。

たとえば高木とつきあい、かれを高くかっているひとりに矢部貞治がいた。矢部は昭和十二年に欧州留学から帰国し、東大で行政学を講義し、論壇でも活躍し、新進気鋭の政治学者としてひとかどの評判を博していた。昭和十五年五月、法学部同僚の田中耕太郎の勧めで、かれは高木に会った。矢部は海軍省嘱託となり、海軍と外部をつなぐ政治懇談会の幹事になった。

矢部は行動家だった。後藤隆之助の紹介で、近衛に会い、新体制運動のブレーンのひとりにもなった。矢部が近衛のことを「狼に出会うごとに一匹ずつ馬を殺して与える性格」と怒りをぶちまけたことは前に触れた。近衛が新体制運動を見捨てたときのことだった。

そのあと矢部は、高木とともに末次信正の擁立を図ろうとした。昭和十六年八月のことであり、第三次近衛内閣のときである。昨年末、昭和十九年十二月の末のことだが、高木と矢部は末次の死を知ったとき、複雑な思いがかれらの胸をよぎったはずであった。アメリカの経済封鎖を断ち切るためには、アメリカと戦わねばならぬと高木は考えていた。首相は末次しかいなかった。矢部も賛成した。二人はともに末次の決断力と実行力をかっていた。その工作は結局失敗に終わった。

その年、昭和十六年末の政治懇談会には、高木、矢部をはじめ、朝日新聞政治部長の田中慎次郎、朝日新聞論説委員の佐々弘雄、外務省の湯川盛夫、法政大学教授の岸本誠二郎ら会員のすべてが集まった。酒が入れば、だれもが興奮を抑えきれなかった。真珠湾、マレー沖海戦の話になって、高木が泣きはじめ、逮捕された尾崎秀実の話がでて、佐々も泣いたのだった。

同盟通信記者の森元治郎も、高木を尊敬してきたひとりだった。森はどこへ顔をだしても、その場の雰囲気にたちまちとけ込むといった典型的な記者気質の男だった。ポーランド支局長だったのが、ポーランドがあっというまに独ソ両国に分割されてしまったため、昭和十五年に帰国した。高木を知ったのはそのときだった。

森は、高木が各界の一流人士を集めていくつもの懇談会をつくった手腕に感心していた。また高木の情報収集力と分析力に敬服し、かれこそ海軍の外交代表だと思った。森は高木を和尚と呼んでいた。その容貌から受ける感じだったが、敬意を表してのことであった。

西園寺公望の生前にかれの政治秘書だった原田熊雄も、高木を信頼していた。二人が知り合ったのは昭和十一年だった。高木が調査課に入った年である。原田の紹介で、高木は近衛とかれの部下たちとも親しくなった。

細川護貞はそのひとりだった。高木が調査課長から舞鶴鎮守府参謀長に転任し、昭和十八年の秋にふたたび東京へ戻ってきたとき、細川は日記につぎのように書いた。

「氏の風貌は以前に増して内なる魂の磨かれたるを現すが如く高貴を加え、その眼は山深き処、岩窟の前に立ちたるが如き心地す」(7)

高木はこれらの人びとと意見を交わし、かれらが紹介してくれる人たちと会った。どうしたら戦争を終結できるか。だれも見当がつかなかった。だれの議論も型にはまったものだった。いちど敵に大打撃を与えて、和平にもち込むことはできないだろうかとだれもが言った。だが、敵は譲歩するだろうか。また、ソ連、あるいは重慶政府を利用できないものかと多くの人が語った。だが、交渉の運びとなったとき、その交渉はうまくいくだろうか。

戦争終結の大事を任せられるような首相候補もいなかった。それどころか海軍の頼みとする米内光政が、政府の主要閣員として留まることができなくなる恐れすらあった。

高木が懸念しているのは米内が辞めることになる政変だった。

いまの小磯内閣は小磯と米内の連立内閣だった。実際にはかたちばかりの連立内閣だったが、総辞職となれば、米内は小磯とともに辞めねばならず、つぎの内閣に留任できないのではないかと思えた。

高木は米内に代わる人物はいないと考えていた。次官の井上成美はどうか。かれは戦争を終結させねばならないとはっきりとした考えをもっていた。だが、かれは他との折り合いの悪い男だった。

海軍兵学校の校長だった井上を次官に据えたのは米内だった。井上をかっているのは米内だけだった。伏見宮を筆頭に海軍長老から同僚にいたるまでが井上を嫌っていた。井上が旧弊な思想の持ち主、古い御託《ごたく》にしがみついている連中を軽蔑していたからだった。

もうひとつ懸念があった。前々から陸軍側には、米内の態度がぶっきらぼうだ、非協力的だという不満があるようだった。このうえ米内に輪をかけた井上が海軍大臣になったなら、それこそ陸軍と正面きっての喧嘩になるのは目に見えていた。

四日前、一月二十二日、高木は近衛に会った。じつは、多くの人たちのなかで、戦争を終結させる構想をもっているのが、ただひとり近衛だった。高木はその構想を以前から承知していた。高木は近衛が語ったことの要点をノートに書きとめた。

「米国の戦争目的は日本民族の絶滅でもなければ、また国体の変革でもない。要するに……陸軍の実質を一変するに在る。……

陸軍を一新するには現陸軍の勢力を変えない限り到底期待は出来ぬ。どうせそれは無理を伴うことなくしては出来ぬ。また結果が良く行くかも保障は出来ぬが、今となっては左様する以外に方策はないと言う外はない」

「次期政権は誰が誰を知って居るとか、誰が手頃だとかいうことでなくして、今後どういう方向に国内を持って行くか、それには誰が適格者かということで決めなければならぬと思う」(8)

だが、その適格者がいなかった。そして高木は、近衛の陸軍一新の主張には反対だった。近衛のその構想についてはこのさき述べねばならないが、高木はそれがうまくいくとは思っていなかった。

戦争を終結させる方法はどこにもなかった。それをやることができるような首相候補もいなかった。

どうにもならなかった。高木は細川護貞の悲痛な表情を思い浮かべることがあり、そのとき自分が語った言葉を思いだすことがあるはずだった。それは昨年六月のことだった。かれは細川に向かって、つぎのように言ったのだった。

「自分の見通しでは、決戦も思うようには行かず、またさりとて、酒井氏の如くにも行

かず、結局もっとも惨憺たる結末に終るのではないかと思います」(9)

高木が酒井氏と言ったのは、酒井鎬次のことだった。一日も早く戦争を終わりにしなくてはならぬと酒井は説いた。高木はその主張を聞いた。しかし、そうやすやすと実現できることではなかった。そして、いまに至るもそれは実現できなかった。いまや、いよいよ事態は高木自身の予言に近づこうとしていた。

酒井鎬次中将の戦争論

ここで酒井鎬次について述べねばなるまい。かれは、五十九歳だった。山下奉文、阿《あ》南惟幾《なみこれちか》と同期で、陸軍士官学校第十八期の出身だった。第一次大戦中の大正四年から七年までのあいだ、かれは観戦武官としてフランス軍の総司令部にいた。つけ加えるなら、山下奉文、東条英機がスイスのベルンの武官室に着任したのはそのあとの大正八年だった。

酒井は陸軍士官学校と陸軍大学校を通じて首席だった。その経歴と戦歴も申し分なかった。だが、かれは参謀本部、陸軍省の重要ポストに坐ったことはいちどもなかった。かれはよく上官と議論し、見くびったような態度をとり、辛辣な口をきいた。昭和十二年にかれが関東軍の機械化兵団長だったときには、華北出兵をめぐって、関東軍参謀長の東条と争ったこともあった。

上官とやりあい、しかも自分をかばってくれる親分をつくらないようでは、この階級序列の社会で出世することはできなかった。酒井は、第百九師団長を最後に昭和十五年に予備役に編入された。そのあとふたたび召集され、参謀本部に勤めたが、昨十九年七月に召集解除となった。そのいきさつはこのさきで触れることがあろう。

予備役となった酒井は、昭和十六年三月に「戦争指導の実際」と題する本を改造社から出版した。昭和十八年には「戦争類型史論」をだした。また昨十九年十二月には大阪新聞社から「戦うクレマンソー内閣」を刊行した。これは翻訳書だった。正直な話、あまりおもしろい本ではなかった。酒井が自分の考えを明らかにしたのは、「戦争指導の実際」のなかでだった。かれが軍内部で孤立し、作戦課、あるいは軍務局の主要な椅子に就くことができなかった理由をうかがわせる内容の本だった。

かれがこの本で試みたのは、第一次大戦の表舞台に登場した軍事指導者の品定めだった。かれが称賛したのは、フランスにいたとき、その姿を見、その声音を耳にしたことのある連合国最高司令官のフォッシュではなかった。フォッシュはマルヌの戦い、ソンヌの戦いを指揮し、参謀総長となり、コンピエーヌの森で休戦協定に署名をした。ジョフル、ガリエニ、ペタン、さらにはルーデンドルフやヒンデンブルグといったフランス、ドイツの将軍たち、そのいずれをも酒井は買わなかった。

酒井がとりあげたのはエーリヒ・フォン・ファルケンハインだった。一介の武弁ではない、国家指導の経綸をもった軍人であり、大局からドイツの将来を見通すことができた人物だとかれは称賛した。開戦一カ月あとのマルヌの会戦が膠着状態に終わったときに、ファルケンハインは小モルトケに代わって参謀総長になった。東部戦線でかれは見事な勝利を収めた。そのときまでに交戦国双方のあいだでかれほど大きな成果を収めた最高指揮官はほかにはいなかった。ところが、譲歩と妥協による平和を望んだのも、両陣営でこの勝利の将軍ただひとりだった。速戦即決の大方針が破れたいま、持久戦はドイツに不利だとかれは見通していた。

ドイツをはじめ、フランス、英国の議会と報道機関は熱心に戦争を支持し、徹底的な勝利をめざす政策を強く要求した。新聞が英雄と褒めたたえたのは、決定的な勝利を獲得しなければならぬと説くキッチナー、ジョフル、ヒンデンブルグといった将軍たちだった。勝利を求めようとせず、戦争の終結を望む将軍ファルケンハインは政府と世論から爪はじきにされた。

かれは、ヒンデンブルグとルーデンドルフの主戦派のコンビに戦争指導を譲らねばならなくなった。そして交戦国の指導者のいずれもが戦いをはじめたときにはまったく予想もしなかった大量殺戮がずるずるとつづき、フランス、ドイツはそれぞれ百五十万、英国は七十万人の青年を殺すことになったのだった。そこで戦争をやめよと説いたファルケンハインを「村正の名刀の冴えを見る思いがする」と褒めた酒井のその本が、昭和十六年ではなく、昭和十七年か、十八年、それとも十九年に出版されていたら、口から口に伝えられて大きな評判になり、情報局が騒ぎ、陸軍省が怒り、その本を回収せよと命令することになったにちがいなかった。

酒井が近衛にはじめて会ったのは昭和十七年八月だった。そのはじめての会見で、一刻も早く和平にもっていく責任があなたにある、と酒井は近衛に向かって説いた。酒井と近衛は親しくなった。昭和十八年に酒井は召集を受けた。参謀本部第四部に勤めることになり、毎日戦場から送られてくる電報に目を通すようになってからは、戦いの状況を近衛側近の富田健治と細川護貞に知らせることにした。かれは近衛に戦争の全貌を掌握してもらおうとしたのである。

酒井の「戦争指導の実際」に感銘を受けた者が陸軍内にいなかったわけではない。そのひとりに参謀本部の戦争指導課長だった松谷誠がいた。戦争の終結を研究するためには、酒井の教示をあおぐ必要があるとかれは考えた。かれは四谷南元町の酒井の家をひそかに訪ねた。この戦いをどのように結着させるかについて、「戦争指導の実際」をテキストにして、酒井と議論を交わし、さきの見通しについて考え、とるべき政策を思案した。

昭和十八年十一月の酒井の戦争終末に対する見方は、つぎのようなものであった。

「最後の一兵まで戦わんとするもの。これは全くの下策であって、どうにかしてこの方向に進まないように、われわれも努力しなければならない。

ドイツの降伏と同時に降伏をなすこと。その時期は昭和十九年五月か、六月ではないか。まだわが戦力も消耗していないから、相当の発言力をもっていようし、降伏をしても、それほど苛酷な条件とはなるまい。しかし、この場合でもわが国の状態は日露戦争当時に遡るであろう。

ドイツ敗北のあと、しばらく戦いを継続し、適当な機会に降伏すること。これは最後の一兵に到るまで戦うことになる可能性が大きい。

ドイツ敗北の見通しをたて、いま直ちに休戦の覚悟を決め、太平洋もしくはインド洋において、敵に一大打撃を与え、そのうえで戦争目的を戦前の対米交渉の条件に限定し、直ちに休戦に入る。これが上策であろう(10)」

同じ頃のことであろう。酒井鎬次が海軍大学校で講演し、教官と学生たちをひどく驚かせたことがあった。クレマンソーの話をするはずなのが、酒井はその話をせず、とんでもないことを喋ったのである。

酒井がこの講演をすることになったのは、千早正隆という学生がクレマンソーについて知りたいと思ったのがきっかけだった。昭和二十年のこの一月、千早は横浜日吉の連合艦隊司令部にいた。鼻っ柱の強い、頭のいい、勤勉な三十四歳になる士官だった。昭和十七年十一月のガダルカナル沖の夜戦で、かれは戦艦比叡の艦橋にいて、負傷した。昭和十八年七月にかれは海軍大学校に入学した。本来なら昭和十五年に入学の予定だった。大学が閉鎖となって入学できなかったのだが、戦いが長期戦となったことから、大学は再開されたのだった。

かれは担当の教官にクレマンソーについて勉強したいと申しでた。その教官の口ききで、クレマンソーの研究をしている酒井鎬次に海軍大学校で話してもらうことにした。ところが、酒井はクレマンソーについては語らなかった。かれが二時間にわたって論じたのは、大東亜戦争の出直し論だった。速やかに矛を収めて、やり直すべきだと説いた。学生と教官のだれもが驚愕した。それこそクレマンソーがいたら、敗戦主義者、反逆者と糾弾される講演だった。千早正隆は、クレマンソーが戦争第一、勝利第一を唱えて、なにをやったかを知りたかったのだが、かれは酒井のその思いもかけぬ話に心を惹かれた。千早は四谷南元町の酒井の家を訪ねた。二度目の訪問の帰りに、千早は酒井からつぎのように言われた。

「これからは私のところに来ないでほしい。私は憲兵隊にマークされているから、君が来訪したことは憲兵隊に知れ、君のためにならないからだ(11)」

昨年、昭和十九年に入ってからのことになるが、酒井鎬次に敬意を払っている朝日新聞の佐々弘雄と元内閣書記官長の富田健治が、酒井を高木惣吉に紹介した。酒井と高木の二人が協力することをかれらは望んだのである。

三月末に二人は会った。酒井が喋り、高木は聴き役だった。戦争指導方針を大転換するためには海軍内閣にしなければならぬと酒井は説いた。しかし、酒井は本気ではなかったのであろう。海軍がそんな責任を負いはしないことを承知していた。はたして高木が反対した。近衛公はどうかと酒井が問うた。これが酒井の本心だったにちがいない。近衛公には勇断がないと高木が言った。掘りさげた意見の交換がないままに、二人の話し合いは終わった。

高木は酒井の構想に感心するところはなにひとつなかった。高木から酒井の話を聞いた軍務局員の伏木哲夫や中山定義の意見も同じだった。まず第一に、かれらは酒井の戦局に対する見方が気に入らなかった。まるっきりの敗戦主義ではないか、戦いを投げだして見ているとかれらは批判した。

かりに大転換をおこなうことになって、陸軍がそれにおとなしく従うだろうかという問題があった。酒井が名前を挙げた下村定や村上啓作を陸軍の最高指導者にもってきて、はたして陸軍を抑えることができるのだろうか。五十七歳になる下村は北支那方面軍司令官だった。北京にいた。村上は五十五歳、第三軍司令官だった。かれは満洲にいた。酒井の構想は、中央の責任ある部署に就いたことのない者の空論だというのが高木や中山の結論だった。そしてかれらが気に入らなかったのは、つぎの内閣は海軍でやってもらいたいと酒井が説いたことだった。海軍に後始末を押しつけようとする肚なのだとかれらは思った。

そこでそれから三カ月あとに東条内閣が倒れようとしたとき、酒井は酒井、高木は高木、べつべつに動くことになった。

昭和十九年六月十九日、連合艦隊はマリアナ水域で敗退した。制海権と制空権を失い、サイパンの運命は決まった。太平洋の戦いで軍事的勝利を得る可能性ももはやなかった。六月二十八日に酒井鎬次は近衛に会った。現政権を更迭せねばならぬと酒井は主張した。このさき戦局は急速度に悪化し、国民大衆の絶大なる死傷、物的施設の根底的な破壊となり、わが国体の堅持をも危うからしめるだろうと述べ、日本の再建も困難になると酒井は言った。もはやドイツの敗北を待つ考えは酒井にはなかった。「一大決断をもって平和条件を提起し、速やかに和平に入る新方針をとるべき秋《とき》である」とかれは説いた。(12)

高木惣吉も東条内閣を打倒しようと動きだしていた。戦争終結のためではなかった。海軍の最高首脳を一新しようとしたのだ。これは高木だけの考えではなかった。連合艦隊司令部の幕僚から退役老提督までが海相兼軍令部総長の嶋田繁太郎をその椅子から逐おうと望んでいた。嶋田もろとも、東条内閣を倒すことになるのなら、かれらは諸手を挙げて賛成だった。

東条内閣を実際に倒したのは、内大臣の木戸幸一と国務大臣の岸信介だった。もちろん、酒井鎬次に強く説得された近衛が倒閣の音頭をとったことが大きな流れをつくりあげ、木戸をのっぴきならなくさせたのである。だが、もうひとり、高木の働きを無視することはできなかった。

かれは海軍出身の重臣、岡田啓介と結び、近衛、木戸、岸の部下たちと連絡をとり、内務省、外務省の幹部たちに手を回し、倒閣の指揮をとった。

前に見たとおり、海軍次官の井上成美が高木に戦争終結の研究を命じたのは、かれのそのような手腕をかってのことだった。政府や陸軍の内部で動いている力や流れを知っているのは高木だった。しかもその要所要所にいる人たちをかれは知っていた。戦争終結の工作は高木以外に任せる者はいないと、井上、そして大臣の米内は判断したのである。

陸軍大臣の策謀

ところで、それよりすこし遅れて、陸軍でも、高木惣吉と同じような任務を授けられた男がいた。松谷誠である。かれが酒井鎬次の家に通い、ひそかに戦争終結の研究をしたことがあるのは前に触れた。昨年、昭和十九年の十一月、陸相の杉山元が松谷を自分の秘書官とした。

実際には杉山は、松谷になんの任務も授けはしなかった。だが、杉山は松谷にかれの意図は充分通じると思ったのだし、いっそう肝心なことは、自分の考えを知らせたいと思う人びとにそれを告げることができると考えたのである。杉山はいったいなにを考えているのか、なにをだれに分からせようとしたのか。それをまず説明しなければならない。

昭和二十年のこの一月、杉山元は六十五歳だった。士官学校は第十二期生だった。俊英が揃っているといわれたクラスだった。そのなかで、同期の四人男と称されたのが、杉山元、小磯国昭、二宮治重、畑俊六の顔ぶれだった。四人が四人、中央の要職にあった。小磯は首相であり、二宮は文部大臣、畑は教育総監だった。

そこで陸相の杉山元だが、かれは大きな造作の顔に片方の目だけが小さかった。左目が大きく開かないのは、日露戦争に中尉で出征して、砲弾の破片による戦傷が原因だった。かれのことをネジがゆるんでいるとこきおろしたのは近衛だった。第一次近衛内閣で杉山が陸相だったときのことである。杉山の好人物に見える容貌を思い浮かべた人はさもありなんとうなずいた。

陸軍部内でも、三十代の生意気な高級課員や班長たちは、昨年七月にふたたび陸相に返り咲いた杉山のことを、陰では「グズ元《げん》」とか、「ボヤ元」と呼んでいた。だが、陸相、総長、教育総監と軍の三つの最高ポストを歴任してきた将官は、杉山の前には上原勇作ひとりがいるだけだった。上原は明治の末に陸相となり、大正のはじめに教育総監、参謀総長を歴任した。かれは昭和八年に没していた。

上原と並ぶ杉山が、愚鈍な将軍であるはずがなかった。なんでもこなせるはずだ、のらりくらりのずるい親爺だからと杉山を評したのは木戸幸一だった。なるほど杉山は議員たちを相手にしてソツがなかったし、皇族や政界の大物たちの応接に如才がなかったし、軍内部では、部下たちにすべてを任せて、かれらのあいだで人気があった。そしてかれ自身は、風見章が言ったとおり、「なにごとにもおおまかな、茫洋とした風格」の将軍とみられるのを好んだ。

杉山だけではなかった。多くの上級将官がまねたのは、日露戦争における満洲軍司令官、大正五年に没して国葬となった大山巌のスタイルだった。まったくのロボットのふりをし、単純な輪郭をもった男とみせかけ、しかも大山《たいざん》前に崩れて色を変じない度胸の持ち主とふるまうのがかれらの理想像だった。

そこで将官たるものはすべからく軍旗でなければならなかった。風の吹く方向になびくのが軍旗だった。「そうか、そうか、お前、うまくやっておけ」と判を押し、幕僚たちの言いなりになっているのが、酸いも甘いもわきまえた、だれからも好かれ、信望の厚い将軍だった。べつの言い方をすれば、有能な幕僚たちを配下に揃え、難しい問題は前もってかれらに解決させ、なんの疑問も自分の机にもち込まないようにさせるのが、それこそ偉大な将軍なのであった。

この統率の常道を杉山は守ってきた。平時であれば、心地よい風に旗ははためき、器の大きい将軍と称賛されたことであろう。だが、いまや暴風雨は吹き荒れ、軍旗は吹きちぎれんばかりの有様となっていた。無知と不勉強を覆い隠すために無感動を装うだけでは済まされなくなっていた。そして、部下たちの言いなりになってはいても、閣議で陸軍の要求を貫き通すことができなければ、部下たちから尊敬されることもなかった。

杉山に対する不満の声は、東条内閣が総辞職のあと、陸相の椅子にかれが坐ったときただちに起きた。いまさら杉山でもあるまい、かれには重大な決断ができない、新たに海相となった米内にあしらわれることになるだけだと、だれもが不平を鳴らした。市谷台の課長や班長たちの不満はやがて形をとった。

軍務局の若手の連中が、杉山に代えて阿南惟幾を陸相に据えようとして、陸軍に籍をおく皇族たちに働きかけた。阿南を高く評価している三笠宮と竹田宮がこの更迭計画を支持した。竹田宮は東久邇宮を説得した。東久邇宮もこれに賛成した。

朝香宮もこの動きに加わり、陸軍最長老の梨本宮もこれに同調した。陸軍系の全皇族が団結した。かれらは参謀総長梅津美治郎と侍従武官長蓮沼蕃に陸相の更迭を迫った。

つづいて三笠宮が木戸に向かって、陸軍内はあたかも二・二六の前夜のごとき状況だと語り、陸相を更迭しなければ収まりがつかないと説いた。それが昨十九年の九月二十五日のことだった。翌九月二十六日、朝香宮が木戸と会見した。これまた杉山を辞めさせねばならぬと主張した。明日にでも梨本宮が天皇にこれを進言すると朝香宮はつけ加えた。

木戸は居ずまいを正した。皇族がたが協議し、その地位を利用して、陸軍の最高人事に嘴《くちばし》を入れ、軍の統制を破壊するようなことを、陛下が許されるはずがないと言った。木戸はさらに畳みかけ、かりに陛下の指図があっても、陸軍首脳部は容易に受け入れないであろうし、かれらは皇族たちの背後に「なんらかの魔手」があると考えるだろうから、皇族の立場はきわめて困難になるだろうと語った。嵩《かさ》にかかっての威しだった。

木戸は皇族たちが杉山を更迭しようとするのを抑えつけた。どうしてかれはそんなことをしたのか。かれは皇族を担いでの、こうした首のすげ替えが定例となるのを許すつもりはなかった。東条内閣の打倒、つづいて杉山の追放、こんな具合につづけば、つぎにはだれかが同じ皇族たちを担いで、自分を追いだそうとするにちがいないとかれは思ったからである。

木戸より二歳年長、陸軍大将の朝香宮は、なにも抗弁しないままに引き下がった。おかしな話だった。木戸の威しがこのとおりのものであったのなら、かりに朝香宮が黙って引き下がったとしても、他の皇族たちが黙ってはいないはずだった。杉山はもちろん、木戸も更迭せよと怒りだしたにちがいなかった。

〈なにを小癪なことを木戸は言うのか。木戸の言い草たるや、まさに恐喝ではないか。

二カ月前、お上は東条に向かって、統帥を兼任しているのはよくないと述べられ、「宮家からもその上奏がある」と申されたばかりではないか。だいたいがあの豆タンクは、自分が犯した誤りをいちどたりとも反省したことがあるのか〉

だが、かれらの怒りもそのまましぼんでしまった。というのも、木戸は朝香宮に向かって、またべつのことを告げていたからであろう。

それより三カ月前のこと、ひとりの陸軍軍人が極秘裡にひとつの意見書を書いた。支那派遣軍総司令部から参謀本部の編成動員課へ転任したばかりの津野田知重《ともしげ》という二十七歳の若い将校だった。まだ敵軍がサイパンに攻撃をおこなう前、昨年六月はじめのことだった。

「大東亜戦争現局ニ関スル観察」と題するその意見書のなかで、津野田は戦争をいかに早く終結せしめるかが現下の中心課題であると述べ、新たな外交手段の必要性を説き、ソ連、中国を通じて和平工作をおこなわねばならないと説いた。

そのためには皇族内閣をつくらねばならず、東条内閣をすみやかに退陣させねばならないと主張し、非常手段もまたやむをえないとつけ加えたのだった。

東条内閣が総辞職してしまって、その非常手段、津野田の東条暗殺計画は立ち消えのままに終わった。そのあとその未遂の暗殺事件が発覚した。九月二日、津野田知重は逮捕された。かれの協力者の牛島辰熊という柔道教師も捕らえられた。

木戸がその事件の全貌を知ったのは九月二十六日だった。かれが朝香宮をこっぴどく威した日のことであった。木戸はその日の日記に、東条内閣の末期ごろから、内閣転覆の陰謀があったと記し、後継内閣の陸相に石原莞爾、参謀総長に小畑敏四郎、三笠宮を支那派遣軍総司令官とする人事構想があったと書いた。

木戸は日記に、東条を暗殺する陰謀があったとは記さなかったが、もちろん、かれは計画のその部分も聞いたのである。そしてもうひとつ肝心なこと、暗殺計画者の意見書が秩父宮、高松宮、三笠宮、東久邇宮の四人の皇族の手に届いていたこと、その事実も明らかになっていると耳にしたのである。

木戸は杉山放逐を説く朝香宮に向かって、その事実を告げ、このうえ、なおごたごたを起こすつもりかと皇族たちを威圧したのである。では、皇族たちが企んだ杉山追放の動きを抑えつけるために、東条暗殺未遂事件を木戸の耳に入れさせるように仕組んだのはだれだったのであろうか。参謀総長の梅津美治郎だったにちがいない。

梅津はなにを考えていたのか。かれは阿南を嫌っていたわけではなかった。かれが腹立たしかったのは、軍務局の若手の連中が皇族を煽動し、阿南担ぎだしを図ったその考えの甘さだった。阿南を陸相にもってきたからといって、戦いを有利に導く見込みなどありはしなかった。それは石原莞爾や小畑敏四郎を陸軍のトップに立てたからといって、やはり名誉ある戦争の出口を見つけだす容易な手だてがないのと同じだった。梅津はそう考えて、陸軍省の若い連中が勝手なことをしているのを怒ったのであろう。

そして杉山の追放に加担した皇族たちに対しても、かれは苦々しい思いを抱いたはずであった。軍務局の若手と皇族の考え方は杉山放逐という点では一致していたが、その目的も中身も違っていた。勝利の信念が揺らぎ、戦いの前途に不安を抱くようになった皇族たちは、われわれは取り返しのつかないことをしてしまったのではないか、王冠も、宮廷も、自分たちの特権も、財産も失われることになるかもしれないと思うようになっていた。そこで、かれらは、かつて自分たちが言っていたこと、考えていたことをきれいさっぱりと忘れ、開戦時の二人の主戦論者、東条と杉山に対する怒りを抑えることができないようになっていた。東条を逐った。つぎは杉山だった。梅津は皇族たちの杉山追放の動機をこのように考えたにちがいなかった。

梅津は木戸に東条暗殺未遂事件を知らせただけではなかろう。杉山に向かって、陸軍系の皇族がかれに対して陰謀を企んでいたことを告げたのである。杉山はびっくりした。考えてもいなかったことだった。かれがただちにやったことは、南京にいる松谷誠を自分の手元に引っ張ってくることだった。十月一日、松谷を自分の秘書官に任命した。

なぜ松谷を秘書官にしたのか。そこで、松谷がしてきたことを見なければならない。

昭和二十年の現在、松谷誠は四十一歳だった。陸軍士官学校は第三十五期の出身だった。かれは昭和十五年から支那派遣軍の総司令部にいた。昭和十八年三月、参謀本部の戦争指導課長となった。戦争指導課は作戦部に附属していた。戦争指導課は外交、軍事の全般をにらみ、国家戦略を立案するのがその任務であるはずだった。それを作戦部長の指揮下に置くのは妥当ではなかった。

昭和十八年十月、戦争指導課は作戦部からはずされて、総長、次長が直轄する戦争指導班となった。イタリアが降伏した翌月のことだった。松谷がひそかに戦争収拾の研究をはじめたのはそのときからだった。また、かれが酒井鎬次に示教を乞うたのはこうしたわけからだった。

昨年、昭和十九年六月十九日、連合艦隊はそれこそミッドウェー海戦以来の艦隊決戦を決行して、大敗した。勝利はもはやおぼつかなかった、いや、これでおしまいだと松谷は思った。いよいよ決意しなければならないときがきたのだ。ドイツが敗北したときに、日本も戦争終結を図らねばならないとかれは考えた。ソ連に和平の仲介を求める案をつくった。

かれは酒井に相談したのであろう。ドイツの敗北を待つことはできない、と酒井は言ったにちがいない。だが酒井の案ではだれからの支持も得られる見込みがなかった。六月二十一日の夜、松谷は外相重光の秘書官加瀬俊一に会い、戦いの現状を告げ、自分の戦争終結の案を説明した。加瀬は賛成した。

六月二十三日、松谷は作戦部長の真田穣一郎と次級参謀次長の秦彦三郎に自分の案を具申した。真田は、その案の趣旨に同意するが、それを印刷することには反対だと言った。秦は後宮高級次長と東条総長へその案を提出するなと言い、しばらく時機を待つようにと告げた。

だが、どうしても最高責任者に言わねばならないと松谷は思った。六月二十九日、かれは総長と高級次長後宮淳に自分の考えを申し述べた。後宮はうなずきながら聞いていた。東条英機は不快な表情を隠さず、なにも言わなかった。

東条は自分の決意と信念に動揺がないことを示そうとした。松谷を戦争指導班長のポストからはずすようにと指示した。七月三日、松谷は支那派遣軍への転任を命じられた。松谷が酒井鎬次と接触していること、そして酒井の言動も憲兵隊は抑えていた。七月十一日、酒井は召集解除となった。

これが松谷のやったことの一部始終だった。かれは内大臣秘書官長の松平康昌と親しく、外相秘書官の加瀬俊一と接触をつづけていた。だから、松谷が参謀本部を逐われたいきさつは、かれらを通じて、少なからずの人びとの耳に入っていた。

陸相杉山元は、松谷がやったこと、東条のしたことが噂となってひろまっているのを承知していた。そこで東条の手で放逐されて三カ月にもならない松谷を自分の秘書官にすれば、自分を逐おうとした皇族たち、かれらの周囲の人びとに自分がなにを望んでいるか、どのような用意をしているかを分からせることができると考えたのである。

松谷は漢口の前進司令部にいて、湘桂作戦の後方兵站の仕事をしていた。一カ月の赴任延期の許可を得て、東京へ戻ったのが昨十九年の十一月上旬だった。杉山は松谷に向かって言った。

「大臣秘書官本来の仕事は、小林四男治元帥副官が十分承知しているから、君は平常の仕事をかれに任せ、この戦局に対し、大臣はどうすべきかをじっくりと考え、ときどき進言するようにしてもらいたい⑬」

松谷は以前と同じように酒井鎬次の家を訪ねた。加瀬俊一や松平康昌と情報を交換した。戦争指導班長のときに協力を求めたことのある毛里英於菟《ひでおと》と協議を重ねた。毛里についてはこのさき触れる機会があろう。松谷は高木惣吉とも会った。二週間近く前、一月十三日のことだった。松平康昌の紹介だった。

五月か六月に、ヨーロッパか、極東に大変動が起きれば、宮様内閣としなければならないと松谷は高木に説いた。五月か六月には、ドイツは敗北するだろうと松谷は見ていた。また、その頃にはフィリピンの戦いの大勢は決し、敵は山東省あたりに上陸するかもしれないと予測していた。

混乱を防ぎ、戦争終結に備えるためには、戒厳令の施行が不可欠だと松谷は考えていた。だが、五月、六月にドイツが敗北するという事態になれば、戒厳令の準備は整わず、小磯内閣ではとても戦争終結の大事はできず、皇族内閣で取り組まねばならないというのがかれの考えだった。

皇族はだれをたてたらいいのか。高木は問わなかったし、松谷も言わなかった。戦争を終結するのであれ、継続するのであれ、いまや陸軍が発言力を握っていた。そこで、選ばれるのは陸軍系の皇族でなければならなかった。年齢と地位からいって、朝香宮と東久邇宮しかいなかった。異母兄弟であり、同じ五十七歳のこの二人の大将は仲が悪く、嫉妬深い競争心をもっていた。

いざこざが起きるのを避けるために、扱いの厄介なこの二人の処遇にバランスを配慮するのが、人事局長の頭痛の種となっていた。それというのも、朝香宮の能力に疑問をもつ人が多く、責任ある地位を任せられないからであった。

首相候補は東久邇宮しかいなかった。だが、高木は岡田啓介が語った言葉を記憶していた。名前こそ挙げなかったが、明らかに東久邇宮を指しての批判だった。

「宮様内閣を言う者があるが、宮様はいずれも適当な方がなく、宜しくないと思う。また我々の思いもよらぬ人が附いているので、すこぶる危険である」

高木は、松谷の皇族内閣の考えに対し、慎重な口調ながら疑問をはさんだ。宮様内閣を表看板にして、陸軍がその陰に隠れ、責任をとらないようなことになれば、政局は収まらぬのではないかとかれは言ったのだった。

小泉信三、六本木で花を買う

今日、一月二十六日に戻れば、近衛は京都にいた。午後、かれは左京区御室《おむろ》にある別荘で高松宮と話し合っていた。

近衛の別荘は仁和寺の山門から数分のところにあった。保元の乱で焼かれたという禅寺の跡地を切り開き、昭和十五年に書庫二棟の建設にとりかかった。この建物は翌十六年にできあがり、陽明文庫と名付けられた。近衛家が陽明家とも呼ばれていたからだった。桃の定紋がついた扉のなかには、近衛家の古文書十万点が保管されていた。

高松宮が陽明文庫を見学し、そのあと近衛と会談することは早くから決まっていた。近衛は木舎幾三郎に宛てて、「晩餐其の他は先便申上候通り。尚女中は不要、接待は千代子及前田、三井両未亡人にて致すべし」と書き送っていた。

木舎幾三郎については前に触れた。雑誌の刊行はずっと以前にやめ、かれは京都に移り、近衛の京都支配人格となっていた。書庫完成のあと、住まいをその隣につくったときには、木舎は自分のことを普請奉行と言っていた。建築の制限があったから、幾棟にも分けて建て、あわせて百二十坪ほどの家だった。

近衛とその一行が京都へ向かったのは、一月二十四日の午後十時発の大阪行きの急行だった。出発に先立つ数日のあいだ、近衛は精力的に人と会った。出発する二日前の一月二十二日、近衛が高木惣吉を大磯の原田熊雄の別荘に呼んだことは前に触れた。その夜には、山王星ヶ岡茶寮で内田信也の招宴にでた。岡田啓介、賀屋興宣、吉田茂といった顔ぶれだった。近衛は別室でしばらく岡田と二人だけで話し合った。京都出発の前日の一月二十三日の昼には、元首相たちの会合に出席した。そしてその夜には、荒木貞夫、小畑敏四郎、吉田茂らの集まりにでた。

近衛はこれらの会合で、陸軍首脳陣を一新しなければならぬと説いた。開戦の責任がある陸軍の現在の指導者たちには戦争を終結することはできないというのがかれの主張だった。かれのこの考えについてはこのさきで述べねばなるまい。

近衛は高松宮にも同じ話を語った。近衛は、海軍、重臣、そして宮廷をつなぐ連合戦線を結成しようとしていた。東京へ戻ったら、いよいよかれは木戸に会うつもりだった。近衛と高松宮の話し合いは日が暮れてもつづいた。高松宮は最終の夜行で東京へ帰る予定だった。

同じ一月二十六日、午後四時すぎのことだった。慶応大学から三田綱町の自宅に戻っていた小泉信三はふたたび身支度をした。ゲートルを巻き、外套を着込み、ステッキを手にした。今日は妻とみ子の誕生日だった。夜には妻の弟を招くことになっていた。妻に花を贈ろうとかれは考え、出かけようとしていた。このとき、玄関まで送りにでてきた下の娘のタエに、内証だよと念を押した。

小泉の家は四人住まいだった。長女の加代子は慶応大学の亜細亜研究所に通っていた。彼女の婚約相手の秋山正は三菱銀行に勤めていたが、昭和十八年の夏に召集されて、満洲にいた。手紙がくるたびに発信地は変わっていた。現在は遼陽にいた。長男の信吉は昭和十七年十月に戦死した。二十四歳だった。海軍経理学校で七カ月の速成教育を受けた、大学、高専卒業生の主計科士官のひとりだった。かれは七期生だった。卒業は昭和十六年十二月、アメリカとの戦争がはじまって十二日目だった。同期生は九十八人いた。信吉のほかにすでに十八人が戦死していた。

小泉信三が向かう花屋は六本木の後藤だった。あらかたの花屋は店を閉じていた。花どころではなかった。百合の根やチューリップの球根を繭乾燥場で煎り、コーヒーに変えてしまったのは、前に語ったとおり、四年以前のことだった。

かつては花卉《かき》が並んでいた温室にしたところで、もう何年も前からガラスは割れたまま、温室内を風が吹き抜けていた。毎年箱根の別荘の温室のために石炭を運ばせていた金持ちがいたが、とうとう昨年の十一月には石炭を手に入れることができず、温室内のすべての洋蘭を枯らしてしまった。

放りっぱなしにされていたのが、修理されて、煙突から煙があがっている温室があった。紡績会社が借りている温室だった。たとえば、愛知県の渥美半島に散在する温室を借りていたのは日清紡績だった。どこもヒマを栽培していた。

ヒマはエリ蚕の食葉だった。エリ蚕は温度を調整しさえすれば、一年中飼うことができた。その繊維は洋服地にもなった。羊毛が手に入らなくなっていたから、陸海軍が軍服地にしようとしたのがエリ蚕の繊維だった。その繊維は紡績工場の機械で紡績できたから、昭和十七年、十八年から、鐘淵紡績、大和紡績、敷島紡績のいずれもが、各地にエリ蚕の飼育場を設け、農家に勧め、国民学校に説き、ヒマとニワウルシを植えるようにさせていた。ニワウルシは、だれもが神樹と呼んでいたが、これもエリ蚕の食葉だった。紡績会社が温室を借りて、ヒマを育てていたのは、冬のあいだエリ蚕を飼いつなぐためだった。

たしかに花どころではなかった。だが、すこし前までは花の需要は増えていた。人手不足、肥料不足といいながら、花の作付けは減らなかった。戦死者が増え、慰霊祭が市や町でおこなわれることが重なって、花の出荷は伸びていたのである。

花の栽培が禁じられたのは昨年だった。それでも花の需要はあったから、千葉や静岡の海沿いの村では、半ば黙認のかたちで、花の栽培は細々とつづけられていた。

小泉信三が本通りから短い急な坂をあがり、後藤の店の前に立ったときには、すでに日が暮れていた。戸はしまっていた。ガラス戸をたたき、声をかけた。傍の家から男がでてきて、戸を開けてくれた。かれが店内に入ると、これまた待っていたらしいひとりの長身の外国人と、またべつに、防空頭巾をかぶり、ズボン姿の日本人の女性がつづいて入ってきた。

いい香りが鼻をくすぐり、忽然と現れた色彩のあふれる世界だった。二キロ近い道を早足で歩いてきて、かれは爽快な気分だった。われ知らず上機嫌になった。「女の人の誕生日に贈るんだから、適当にえらんでください」と言ってから、余計なことを言ったものだと思い、いかにも西洋の通俗小説にありそうな言い方をしたことに、自分でおかしくなった。

選ぶほどの花の種類はなかった。カーネーションも、アイリスも、バラも、チューリップもなかった。花屋がとってくれたのは、黄房の水仙、白と淡紅のストック、それに淡紫の小花がむらがり咲いているエリカだった。いずれも房総南部安房郡の露地栽培の花だった。水仙は日当たりのよい土手で蕾をつけていたのであろう。痩せ地の好きなエリカは農家の裏山に生い茂っていたものにちがいない。花の色がひときわ鮮やかなのは、この冬の寒さのためだった。ストックは防風林のかげの日だまりで育っていた。水仙の匂いとともに、信三を機嫌よくさせたよい香りの主がこのストックだった。

外へ出ようとしたとき、かれのあとから店に入って、待っていた婦人と視線があった。「小泉先生」と呼びかけられた。「長坂好子でございます。昔、徳川さんのお邸でよくお目にかかりました」と彼女が挨拶した。

かれはすぐに思いだした。徳川頼貞の邸で彼女の歌を聞いたことがあった。頼貞は音楽好きだった。かれは内外の音楽家を麻布飯倉に招き、ソワレエを催した。信三のところに招待状が毎回とどいた。かれと頼貞は大正のはじめにともにケンブリッジで学んだ縁があった。そして祖父の代に戻れば、家臣と藩主の間柄であった。

薄暗い燈火の下の長坂好子の顔が二十代に戻った。深く息を吸い込み、やがて唱いはじめる歌姫の顔に変わった。南葵堂の高いドームを満たしてヘンデルの頌歌が聞こえてきた。その頃、彼女は東京音楽学校を卒業し、華々しい活躍のスタートを切ったばかりのソプラノ歌手だった。四半世紀以前、大正半ばのことだった。

「あんな時代もありましたね」とかれが言えば、彼女も同じ言葉を返した。「しかし、東京でまだ花屋で花が買えるのは頼もしい次第ですよ」とかれが語って、ともに笑った。

外は明るかった。大きな月は谷をへだてた芝の山を離れて空にあった。ちょっぴりいびつな月は、十二夜か、十三夜と思えた。この戦いのさなか、妻の誕生日に花屋に花を買いにきたことが、なにかわくわくする冒険のようで、愉快だった。その店で、久しぶりに芸術家、しかも女性の芸術家と邂逅したことも、なにか自分の行為に色彩を添えたように思えた。妻が驚き、娘たちが歓声をあげることを想像すれば、これまた楽しかった。そしてかれのこの行為に、うっとりするような贈り物を月が与えてくれて、まばゆいばかりの光をふりまいてくれているのが嬉しかった。風はなかった。月の光が降りそ

そぎ、ひっそりと静まり返った道を、かれは行きと同じく、活発に歩いた。(14)

第6章

近衛と吉田の構想（二月十日）

皇道派と統制派

近衛文麿が数多くの部下と支持者を擁していることは前に述べた。首相になる以前から、そして首相を辞めたあとになってもなお、かれは顧問、側近、家来を抱え、これらの人たちに従う者たちがその裾野をひろげ、擬似封建制をかたちづくっていた。

ところで、この五年のあいだに、かれは少なからずの顧問と家来たちを見捨てた。前に述べた秋山定輔だけではなかった。そして近衛は新たな顧問を迎えた。その筆頭に吉田茂がいた。吉田は元駐英大使であり、近衛より十三歳年上で、この昭和二十年には六十六歳だった。昭和二十年のこの一月、かれは近衛の最大の協力者となっていた。

近衛はいったいだれを見捨てたのか。それはなぜだったのか。それに答えれば、近衛がこの戦争を回避しようとしながら、逆にこの戦争を引き寄せてしまったそのいきさつを明らかにできるはずである。また近衛と吉田はどうして結びついたのか。それを説明すれば、この二人がこの戦争を、どうやって終わりにしようとしているのかを明らかにすることもできるであろう。

そこで、近衛と吉田が疎遠であったとき、というよりは二人が喧嘩状態にあった昭和十五年のことを振りかえっておこう。

吉田が駐英大使の職を解かれ、帰国したのは昭和十三年の十一月だった。退官して、浪人生活に入ったかれは麴町区永田町に住み、昼は三年町の東京俱楽部で玉を突き、夜は新橋の山口で遊んでいた。かれは黄と黒の斑のグレイハウンドを飼っていたが、その犬を連れて朝の散歩にでて、近くの官舎に住んでいる阿南惟幾と行きあい、挨拶を交わしたものだった。阿南が陸軍次官だったときだから、昭和十四年末から十五年春までのあいだのことであった。

近衛が首相となったのは、その年の七月二十二日だった。九月十七日、吉田は近衛に手紙を送った。近衛に辞職を勧める書簡だった。

吉田が憤激したのは近衛内閣の三国同盟の締結だった。かれは駐英大使だったときから、ドイツと同盟を結ぼうとする動きにずっと反対をつづけていた。ところが近衛内閣が成立して、ドイツとの交渉は秘密のうちに、迅速におこなわれ、同盟の成立を求める御前会議が数日中に開かれる予定にまで進捗した。吉田はそれを知って、それこそ癇癪玉を破裂させたのである。それだけではなかった。かれは新体制運動にも反対だった。かれは近衛内閣が左の方向に大きく旋回することに不安を抱いたのである。

大胆率直さは吉田の地であったが、それにしてもいささか乱暴な書簡だった。かれの辞職の勧告は正面から近衛に喧嘩を売ったものであり、近衛に対する絶縁状だった。かれはつぎのように書いた。

「……そもそも日支事変の思うように片付かぬは、助けにならぬ独、伊を頼みて、英、米の在支勢力利用の用意を欠く故なるは、しばしば進言の通りにこれあり、昨今さらにまた仏印、蘭印にことを発せんとするやの風聞に、世間の不安憂愁を加えおり候ところ、物資欠亡、米穀不足、産業萎靡《いび》、生活難等の社会相は日々に都会生活者を脅かし、巷間市井不平不満、怨嗟の声頻々にして、まことに近年の有様は容易ならざる事態にござ候。

而して今日公を擁する輩《やから》の多くは、公によりて功を急がんとするものにて、その失政はひっきょう公によりて生ぜるがごとく世間これを感じて、彼等に対する衆怨《しゅうえん》今や閣下の身辺に集まるの趣これあり、真に憂うべき状勢に候（1）」

それから二年少々たった昭和十七年の秋には、吉田は近衛と仲直りし、手をとりあっていた。近衛は遅ればせながら吉田のかつての勧告が正しかったと思うようになっていたのであろうか。それはこのさきで見るとして、まず手を握ったこの二人の政治構想から見てみよう。

近衛文麿と吉田茂は戦争を終結させようと考えていた。皇道派の復活を図り、その力を借りて、統制派の粛清をおこない、戦争終結へもっていこうという計画だった。前に触れたことだが、近衛が高木惣吉に向かって、陸軍の一新を説いたのはこの意味であった。そのシナリオの背後には、さらに肝心な狙いを隠していたのだが、それはこのさきで述べる機会があろう。

ところで近衛が語る皇道派、統制派とは、いったいだれを指してのことなのか。

かつて、荒木貞夫、真崎甚三郎、小畑敏四郎、柳川平助といった将官たちを中心にして、その周りを一群の佐官たちが固め、さらに荒木や真崎を領袖とあおぐ師団配属の若い尉官たちが徒党を組んでいた時代があった。これが皇道派と呼ばれていた集団だった。だが、この派閥が勢威をふるったのは一昔前の話であった。その強大な勢力はいまは跡形もなかった。荒木、真崎、小畑といった将軍たちは十年も昔に現役を離れ、いまは将校団にまったく影響力を失ってしまい、皇道派の将軍たちのひとりである柳川平助はこの一月二十二日に他界していた。

これに対して、皇道派と対立していた高級軍人のグループが統制派だった。双方の名称とも、憲兵隊内部で使われていた色分けの符牒だったものが、いつか政治用語となっていたのである。

だが、統制派は皇道派のような強固な派閥を形成したことはいちどもなかった。それだからこそ、皇道派が瓦解したあと、統制派といった名称もいつか人びとの口にのぼることはなくなってしまったのである。

こうして皇道派も、統制派も消えてしまっていたのだから、新聞記者が回って歩くさきざきの会話や議論のなかで、皇道派や統制派といった黴《かび》の生えた言葉がでてくることは滅多になかったのだし、陸軍省や参謀本部の幕僚たちがそんな昔話に興じる余裕などあるはずもなかった。

皇道派のはじまりは十数年昔にさかのぼる。荒木貞夫が新聞のトップを飾るスターとなったのは、近衛を将来のホープと期待する声がそろそろでてきた頃のことだった。昭和六年には荒木は五十四歳、教育総監部本部長だった。かれは談論風発、なかなかの雄弁家であり、喜んで人と会った。地方の軍機関を視察すれば、在郷軍人や小学校の教師を集め、農村の経済的窮迫を憂い、祖国は危機にあるのだと叫び、昭和維新を説いて、何度も熱狂的な拍手を受けた。そして夜には連隊の若手将校と無礼講で酒を飲み、その翌朝は歓呼の声に送られて、つぎの視察地へと向かったのだった。

昭和六年十月、軍中央の幕僚たちが杜撰《ずさん》なクーデターの計画をたてた。のちに十月事件と呼ばれることになる未遂のクーデター計画である。かれらは革命政府の首相兼陸相に荒木を推すつもりだった。荒木はこの陰謀を聞き知って驚いた。かれは首謀者のひとりである長《ちょう》勇が潜んでいる築地の待合へ赴いた。北京公使館付き武官の長は無断で東京に潜入していた。長と酒を酌み交わし、荒木はその計画の実行を思いとどまらせた。

この未発のクーデターは秘密のうちに葬られ、事件首謀者は行政処分となっただけだった。昭和二十年の現在、五十歳になる長勇は第三十二軍の参謀長として沖縄那覇の軍司令部にいた。その計画に加わったひとりで、現在五十三歳になる根本博は駐蒙軍の司令官として張家口にいた。

これも首謀者のひとりの橋本欣五郎は昭和十一年八月の粛軍人事で予備役に逐われ、そのあと召集されてまたもひと騒ぎを起こしたが、昭和十七年の総選挙に福岡から出馬して、衆議院議員になっていた。このあと触れる機会もあろうが、岸信介がつくろうとしている反政府党にかれは加わろうとしていた。

こんな具合に未発のクーデターの参加者は処罰されることもなかった。だが、陸相南次郎はそのクーデター事件とその直前に関東軍がおこなった満洲における軍事的冒険の責任をとらざるをえなくなり、参謀総長の金谷範三とともに辞任することになった。金谷はその数年後に没したが、南は昭和二十年の現在七十一歳、枢密顧問官だった。

昭和六年十二月、南次郎のあとを継いで陸相に就任したのが、教育総監部本部長の荒木だった。かれは参謀本部を真崎甚三郎に任せようとした。陸士第九期同学のこの二人の仲は親密だった。参謀総長に六十六歳の閑院宮載仁《ことひと》親王を担ぎだし、次長に真崎を据え、荒木はかれに実権を握らせた。

さらに荒木は、かれがもっとも信頼する小畑敏四郎を参謀本部の第三部長にもってきて、軍務局長には山岡重厚を据えた。山岡はれっきとした荒木派の闘将であったが、事務処理にはさっぱり興味をもたなかった。かれに代わって、小畑がすべてにわたって采配をふるい、毎朝、省議の前に荒木と内談した。人びとは小畑を荒木の私設参謀長と呼び、いや、荒木のほうが小畑のロボットなのだと陰口をきいた。

軍務課には才気煥発の鈴木貞一がいた。荒木を陸相に据えるための根回しをしたのがかれだった。鈴木は白足袋をはいて茶屋に通い、近衛や木戸とつきあい、政財界の幹部と接触していた。この切れ者を高くかう者がいれば、ひどく嫌う者もいた。昭和二十年の現在、京城日報の社長をやっている高宮太平は以前に陸軍省づめの記者をやったことのある陸軍通だったが、大の鈴木嫌いだった。「天稟《てんぴん》の処生術は、軍人に珍しいというより、前後に比類なき才物である」というのが高宮の鈴木評だった。

企画院総裁だった鈴木の昭和十八年のことについては、前に触れた。現在、かれは産業報国会の会長だが、かれのことにはこのさきまだ触れなければならなくなろう。

荒木、真崎、そして小畑のトリオのことに戻れば、かれらは人事局長の椅子を自派で押さえ、佐官以下の人事権をにぎる課長の椅子も自派で支配した。また秦真次というたいそう党派性の強い男を憲兵司令官に据え、自分たちの耳目とした。次官を更迭して、これも仲間のひとりである柳川平助をそのポストに据えた。

こうして、みずからの言葉と仕種にうっとりとしているようなところのある荒木と、ねちねち子分づくりにはげむ真崎、逆毛をたてて闘志満々の闘鶏といった小畑がスクラムを組み、この一団がわが世の春を謳歌すれば、皇道派の専横ぶりに対する反発も大きくなった。袖にされた南次郎や、祭りあげられた閑院宮をはじめ、選別除草にさらされ、中央のポストから逐われた将校たちが、皇道派に対する怒りを強めることになった。そのようなときに、小畑敏四郎と永田鉄山が対ソ戦略をめぐって衝突した。これが血で血を洗う抗争の発端となった。

参謀本部第三部長の小畑敏四郎は、対ソ予防戦争の計画をたてた。昭和七年に満洲国が建設され、満洲北部までが日本の支配下に置かれるようになって、国境の向こう側でソ連が戦力を強化しはじめた。手遅れとならぬうちにソ連を叩くべし、と小畑が主張した。

戦いの準備をおこない、有利な瞬間にいつでも作戦を実施できるようにしたい、できれば翌昭和八年春の解氷期に戦いをはじめたいとの考えを小畑は語った。荒木や真崎がこれに同意を示した。

そして小畑に協力したのが作戦課長の鈴木率道《よりみち》だった。鈴木は小畑が絶対の信頼をおく部下だった。

それから十年あまりのちのことになるが、昭和十八年五月に真崎甚三郎は日記に、「小畑来訪、小畑は第一に鈴木率道が退職せしめられたる由を告ぐ。ああ無恥漢等、此の最大有為の士を罷免す。いよいよ敗戦の兆か(2)」と記した。

鈴木は昭和十八年のそのとき、第二航空軍司令官だった。同軍経理部の絹布横長し事件の責任をとらされて、かれは解任となったのだ。つづいてかれは予備役編入の憂き目にあった。そして、かれはその三カ月あと、昭和十八年八月に急死した。情報に通じた人びとがひそひそ話し合い、久方ぶりに皇道派と統制派の確執といった話をしたのはそのときのことだった。

十数年前に話を戻す。小畑がソ連を叩くべしと主張したと述べたが、そのとき、沿海州における殲滅戦、大興安嶺における決戦といった対ソ進攻構想の土台となる戦いの方式は、小畑自身がつくった。昭和七年から将校に配布されはじめた「対ソ軍歩兵戦闘」「対ソ戦闘法要綱」といった教科書がそれだった。「赤本」と呼ばれたこれら指導書は、ソ連軍の強大な火力にいかに対応するかを眼目とし、夜間戦闘と白兵戦を説いていた。統帥の卓越、訓練の精到、必勝の信念を唱った赤本の精神第一主義は、歩兵、砲兵をはじめ、各兵科の実施学校で強調される基本原則となった。

小畑の対ソ予防戦争論に反対したのが参謀本部第二部長の永田鉄山だった。小畑の主張に対し、かれは満洲国境の防衛を固めるにとどめるべきだと説いた。「合理適正」が口癖のかれは、戦略と政治、経済のからみ合いにだれよりも鋭い眼をもち、原料資源、生産、輸送組織をこのさき長期にわたって建設することがいかに重要であるかを認識していた。火遊び、そして戦争なんぞとんでもなかった。

小畑の対ソ戦略に反対したのは、永田ひとりではなかった。だが、昭和八年はじめ、国際連盟からの脱退に強く反対したのは、陸軍部内では第二部長のかれであり、かれひとりだった。

永田は同郷長野県の後輩である関東軍旅団参謀の矢崎勘十に宛てて、昭和八年につぎのように書き送り、陸軍部内に氾濫する厳秘の判を押した赤本の洪水を批判した。

「近世物質的威力の進歩の程度が理解出来ず、青竜刀式頭脳、まだ残って居ること、及び過度に日本人の国民性を自負する錯誤に陥って居る者の多いことが危険なり」

「国が貧乏にして思う丈けの事が出来ず、理想の改造の出来ないのが欧米と日本との国情の差中最大なるものなるべし、此の欠陥を糊塗するため粉飾する為に、まけ惜しみの抽象的文句を列べて気勢をつけるは止むを得ぬ事ながら之を実際の事と思い誤るが如きは大に注意を要す(3)」

ソ連軍は昭和七年にはコンクリート製の地下陣地を満洲の国境沿いにつくりだした。翌昭和八年には、二列目、三列目の陣地を構築しはじめた。沿海州の飛行場には四発の大型爆撃機が出現した。こうした状況となって、小畑が主唱し、荒木、真崎が賛成する対ソ作戦計画は、放棄はされないながらも、だれもが自信を失い、いつか立ち消えとなった。だが、小畑と永田とのあいだの確執は尾をひき、小畑の側に永田に対する怒りと恨みが残ることになった。

昭和八年六月に真崎が大将に昇進し、参謀次長の椅子を明け渡さざるをえなくなった。次長の資格は中将だった。植田謙吉が次長になった。小畑と永田は参謀本部をでて、それぞれ旅団長となった。

その年の末、荒木はベルギー公使と会見した。大臣室の寒さにその外来者は驚いた。芝居がかってのことか、それともそれがいつものことなのか、部屋には火の気がなかった。荒木は風邪をひき、急性肺炎を併発し、翌九年一月に辞任した。

荒木は自分の後任に真崎を推した。だが、これに失敗し、林銑十郎が大臣になり、真崎は林のあとを継いで教育総監となった。皇道派の圧力とそれに対抗する南次郎一派の反発力のあいだに挟まった林は、自分の地位を固めようとして、軍務局長のポストに第一旅団長の永田鉄山をもってきた。荒木と真崎の強い反対を押し切ってのことだった。

これによって皇道派と反皇道派の権力闘争はいよいよ激しくなった。陸軍省、参謀本部の課員たちは同室内の同僚を互いに警戒し、憲兵は真崎や柳川のために林や永田の動静を探って回り、三月、そして八月の人事異動の時期ともなれば、双方が相手側の勢力を切り崩そうとして火花を散らすことになった。

すでに荒木は後景の椅子に退き、皇道派の若手将校たちは真崎を自分たちの首領とあおぐようになっていた。昭和十年七月、林はこの苛烈な内紛の源泉となっている真崎を教育総監の椅子から逐おうとした。真崎は最後まで頑強に抵抗したが、ついに罷免となった。皇道派の将校たちの怒りは爆発した。小畑が永田を「国軍の癌だ」と罵倒した。それに類した毒気を含んだ文句の入った両陣営の怪文書が乱れ飛び、ここかしこで陰謀がめぐらされるようになった。

敵意と憎悪はたぎりたった。同年八月、永田鉄山が軍務局長室で殺害された。下手人は相沢三郎、台湾に転任予定の福山連隊付きの中佐だった。かれを裁く軍事裁判が翌十一年一月に開かれた。だが、その法廷は、政府、財閥、そして軍中央を攻撃する軍内煽動家の宣伝の場となった。

そして規模、衝撃度ともに最大の事件が起きた。昭和十一年二月二十六日、一千四百人の軍隊が蜂起した。この五年のあいだ、何度となく計画がたてられ、線香花火に終わり、また繰り返されてきた修羅場づくりの謀議は、第一師団と近衛師団の二十余人の青年将校によってついに決行された。かれらは、首相、蔵相、内大臣、前内大臣、侍従長、教育総監を襲った。

だが、この反乱が陸軍部内の二つの派閥の争いを終わりにさせた。最年少の三人の大将を残して、荒木、真崎以下、南、林、本庄、阿部、川島の七人の大将が現役を退くことになった。つづく半年あとの大異動で、柳川、小畑をはじめ、皇道派の将官たちはきれいに一掃されてしまった。

近衛、皇道派と手を握る

「われわれを辞めさせて、いったいだれがやるのか」と荒木貞夫は胸のうちの無念を語った。新たに登場した実力者はだれかといえば、梅津美治郎、武藤章、それに東条英機の三人を挙げるのが順当であろう。

この三人のなかでは、梅津美治郎が最年長だった。そのときかれは五十四歳だった。永田鉄山、小畑敏四郎とかれは陸軍大学校で同期だった。梅津が首席だったが、永田の支持者は、永田が病気で最後の演習旅行を落としたからだと悔しがった。もっとも、陸軍士官学校では梅津はかれらの一期上の第十五期だった。参謀本部第二部長の永田と第三部長の小畑が対立したときには、梅津は総務部長だった。この三人が転出させられて、梅津は天津軍の司令官となった。二月のクーデターが起きる半年前に、かれは仙台の第二師団長となっていた。

梅津は万事に慎重な男だった。軍務課長をやり、軍政畑を歩きながら、かれは政治家との接触を避けた。新聞記者や政治浪人を寄せつけることもしなかった。政治の話をもちかける者がいても、さりげなく話題を変えるといった用心深さで、軍内部の派閥争いにはまったく無縁だった。この明哲保身の男がその二月の反乱に際して、ついぞ示したことのない大胆、迅速な決定をくだした。かれは陸軍中央に向かって、反乱軍の討伐を勧告した。

そんなことはそのとき、だれにもできないことだった。多くの軍人は重苦しい雰囲気を肌で感じてはいたが、その日の朝までなにも知らなかった。とはいっても、穏やかならぬかずかずの情報を入手し、第一師団の若い連中がなにかを企んでいるといった噂を小耳にはさみ、血腥いことが近く起きるのではないかと思い、それが四年前の首相暗殺事件よりはるかに大規模なものになると予測している者もいた。かれらは第一報を聞き、やっぱりと思ったのだった。

前もって仄めかされ、承知していたのかどうかはべつとして、真崎甚三郎をはじめ、皇道派の将軍たちは、いまこそ自分たちの出番と考え、混乱を収拾し、指導権を握ろうとして動きはじめた。

だれもがわかりかねたのは、蜂起した連中が尊王討奸の義軍としてもてはやされることになるのか、それとも反乱軍の烙印を押されることになるのかということだった。こうして陸相の川島義之をはじめ、軍中央の幹部たちは二股をかけ、三人寄ればそれぞれほかの二人の顔色をうかがっていた。川島は永田鉄山斬殺の責任をとって辞任した林銑十郎のあとを継いでその任にあった。

あらかたの師団長も同じだった。かれらは息をひそめ、触らぬ神にたたりなしときめこみ、どうにでもとれるあいまいな意見具申の電報を打ち、情勢がどう動くのかを探ろうとして、師団参謀を東京へ派遣していた。

梅津はそうしたことには委細かまわず、「小職ハ動員ヲ下令シテ　出発準備ノ情勢ニアリ」と打電したのだった。事件の一カ月あと、梅津が陸軍次官となり、粛軍の執行者となったのは当然の次第だった。

かれは、寺内寿一、中村孝太郎、杉山元とつづく三人の陸相のもとで、実力をもった脇役として、軍の最高管理者だった。もっともかれが軍中央にいたのは二年あまりだった。そのあとずっと中国、満洲にいた。かれが東京へ戻ってきたのは昨十九年七月のことだった。昭和二十年の現在、かれは参謀総長だった。

武藤章は陸士第二十五期、田中新一と同期であることは前に述べた。昭和十一年の二月の事件のときには四十三歳だった。荒木貞夫、真崎甚三郎が第九期、寺内寿一が第十一期、柳川平助、畑俊六、小磯国昭が第十二期、小畑敏四郎、岡村寧次が第十六期だったのだから、武藤などはるかな若輩にすぎなかった。

かれが軍務局軍事課に入ったのは昭和十年だった。まだそのときは、軍事課と軍務課は分かれていなかった。かれは他人の失敗や不幸を利用しなくても、どのみち頭角を現し、国家的な舞台で活躍することになったにちがいなかったが、かれの出世の踏み台となったのが昭和十一年二月の非常事態だった。

なにをしていいのかわからず、周囲をうかがっている局長や部長を尻目に、この活気横溢な男は主導権を握った。かれは反乱軍の鎮圧を説き、軍事課の若手課員を指揮して、その事件の後始末をした。そしてかれは武力蜂起が引き起こした衝撃と緊張の局面を利用して、軍の発言権を大きいものにし、外交、政治の分野にかかわり合うようになった。

武藤は昭和十二年に参謀本部の作戦課長となった。華北で戦いがはじまったが、そのときかれは戦争拡大を主張した旗頭のひとりだった。昭和十四年九月にかれは軍務局長となった。陸軍大臣の畑俊六、東条英機のもとでというより、阿部、米内、近衛、東条とつづく四代の内閣で、歴史のもっとも重大な時期に、かれは国の歯車を動かしたひとりだった。

昭和二十年の現在、かれはルソン島のバギオにいた。かれは第十四方面軍の参謀長だった。ルソン島の北部地域を拠点として、持久戦をおこなおうとしていた。だが昨年、昭和十九年の末までは、レイテ島につづき、ルソン島で決戦をおこなうのが大本営の作戦方針であり、政府の公約だった。ルソン島に敵軍の上陸が迫ってから、決戦を持久戦に切り換えさせたのが武藤だった。

北部ルソンをラバウルにするのだと武藤は言った。永久抗戦が新しい方針となった。決戦なのか、持久戦なのか、どちらともとれるようなことを参謀総長の梅津が語るようになった。ほんとうのところは、アメリカに対しはるかに劣る戦力で、決戦の敢行は不可能だった。だが、準備が整わず、食糧が不足していて、永久抗戦もまたできはしなかった。飛行機がなく、大砲、戦車が不足し、食糧もない戦場では、火花が飛び散るような武藤のヴァイタリティもはや発揮のしようがなかった。

東条英機は、永田鉄山や小畑敏四郎の一期下の陸士第十六期の出身だった。かれは永田に兄事していた。永田が軍務局長から次官に昇進すれば、東条がそのあとを襲って軍務局長になるだろうといわれた。

軍事課員で、局長永田の鞄持ちだった池田純久は、永田と東条の二人が「血を分けた兄弟以上の間柄」だったと記した。それだけに東条は永田の横死をだれよりも深く悲しんだ。かれは、永田の暗殺を巧みに煽動したばかりか、その非凡で公正な人物の屍に鞭打ち、悪逆非道の極悪人に仕立てあげた真崎甚三郎や小畑敏四郎に憎しみを燃やした。

昭和十一年二月の反乱が起きたとき、東条は五十二歳、関東軍憲兵司令官だった。東京からの電報を受けとるや、かれは部下に命じ、満洲各地の動きを調べさせた。東京の態度が決まると同時に行動をとった。皇道派と目される将校五百人を拘留し、民間人二百余人を逮捕した。かれらのなかには、大同学院の教授、満洲電電の支社長、満洲炭鉱の監事、満鉄の職員がいた。東条は一斉検束したこれらの者を好ましからざる人物として、満洲から放逐してしまった。

こうして太い枠付き眼鏡の奥から鋭い睨みをきかせる男は、その鉄腕ぶりを、満洲全土、陸軍省、参謀本部、そして全陸軍に鳴り響かせることになった。かれは昭和十三年五月に陸相板垣征四郎のもとで次官となった。そして昭和十五年七月に陸相、つづいて首相となったことは、ここで語る必要はなかろう。

ここで近衛、そして吉田茂が説くところの統制派の話に戻ろう。皇道派だ、統制派だなどとだれひとり口にしなくなったあと、近衛と吉田が統制派と呼んでいたのは、これら梅津、武藤、東条に代表される高級軍人の一団のことであった。たしかにこの三人は、昭和十一年二月の反乱を鎮圧する側の先頭に立った。

だが、かれらは前もってなんの打ち合わせもしなかったのだし、そのあと連絡を交わしたこともなかった。だいたいがかれらは互いに私宅を訪ねたり、招いたりすることはなかったのだし、私的な手紙をやりとりしたこともなかった。当然ながらひとつの派閥を形成してはいなかった。

近衛もこのような事実を知らないわけではなかった。かれはときに梅津系と呼び、永田鉄山のグループと言ったが、まだしもこのほうが人びとの想像をかきたてるものがあった。梅津系といえば、大分県出身の梅津の同郷先輩である南次郎を加え、梅津の部下の大分県出身者、池田純久と秋永月三が含まれた。また永田のグループといえば、永田が軍事課長だった昭和五年から七年のあいだ、かれのもとに集まっていた東条英機、今村均、武藤章、富永恭次、池田純久、四方諒二らを指すことができた。

だが、ほんとうはこうした誇張だてはどうでもよいことであった。近衛が口にする統制派とは、昭和十一年二月の反乱のあとの陸軍首脳陣のことであり、もうすこしはっきりいうなら、近衛が首相であった時期の陸軍幹部のことであった。

もともと近衛は多くの陸軍軍人と個人的なつきあいがあった。貴族院副議長、つづいて議長だったときから、かれは木戸幸一や原田熊雄とともに軍務局長や軍事課長を招いて、軍の考えや軍の状況を尋ねていたのだし、かれの別荘や虎ノ門の東亜同文会の貴賓室で将軍たちの話を聞いていた。かれが一番の信頼をおき、かれの性格に合ったのは小畑敏四郎だった。

小畑は学習院初等科に学んだ。土佐藩士の小畑の父は司法官、香川県知事を務め、男爵だった。もっとも近衛と小畑は学習院初等科の時代に知り合う機会はなかった。小畑は近衛の六歳年上だったし、しかも途中で転校した。担任の教師がよそへ行ってしまったその子のことを褒めたのを覚えていたのは武者小路実篤だった。実篤はなぜか先生のその話に子供心に嫉妬心を抱いたことと、その頭のいい子が小畑敏四郎という名前であったのをのちのちまで記憶していた。

近衛は小畑敏四郎のほかに、荒木貞夫、柳川平助、鈴木貞一とも親しくしていた。要するに、実際の政治に足を踏み入れてはいたが、かれが政治の責任をまだ自分の双肩に負ってはいなかったとき、その時期に軍の主流派であった実力者たちと昵懇《じっこん》だった。そこでかれとかれらのあいだで、いがみ合うようなことが起きる気遣いはなかった。

昭和十一年二月の反乱事件のあと、西園寺公望は近衛を首相に推した。天皇は近衛に「ぜひとも」組閣するようにと求めた。だが、かれは体の不調を理由に固辞した。それから一週間あと、荒木貞夫が近衛の邸を訪ねた。軍事参議官を辞め、不承不承、予備役編入願いを出さざるをえなくなったかれが、退官の挨拶に来たのだった。近衛は組閣を辞退したいきさつを語り、「自分は大命を受けても、もう陸軍に相談する人がいない」と言ったのである。

広田内閣、つづいての林内閣はいずれも短命に終わり、昭和十二年六月、ふたたび近衛に大命がくだった。かれはある考えを抱き、機はまさに熟していると思い、首相になる決意を固めていた。ある考えとは大赦の構想だった。就任式の翌日、かれは書記官長の風見章に向かい、さっそく用意にとりかかろうと言った。

かれはなにを考えていたのか。昨十一年二月の反乱事件にかかわって処刑された人びとの名誉回復を求める世論があり、自分にそれを期待していることをかれは承知していた。なによりも肝心なことは真崎甚三郎の救済だった。

真崎は「叛乱者ヲ利スル罪」で起訴され、代々木衛戍刑務所に収監されていた。近衛は荒木や小畑から、真崎を救ってくれ、大赦をおこなってくれとせつかれていた。それはかれら自身の問題でもあった。昭和十一年二月の事件の関係者をすべて赦免すれば、予備役に回された者の復活の道も開かれる可能性があった。

そして近衛にしてみれば、それまで親しくしていた将官たちにここで恩を売っておけば、陸軍をしっかりと自分の手で押さえることができるといった計算があった。

かれは時の勢いを最大限に活かそうとした。大多数の国民が大赦を望んでいるときに、それをやりとげねばならなかった。かれは大赦の詔勅案をつくり、閣員数人の支持をとりつけた。だが、西園寺公望が首を横に振った。国家の秩序も、社会の規律もなくなってしまうと怒り、そんなことをすれば、近衛は右翼の傀儡になってしまうぞと警告した。内大臣湯浅倉平と重臣たち、海軍首脳陣も反対した。木戸も賛成しなかった。当然ながら陸軍も反対した。

近衛の皇道派復活のもくろみは陽の目を見なかった。同じときに蘆溝橋の戦いが華北にひろがり、華中へ飛び火し、相次ぐ兵力の投入となり、戦いはみるみるうちに拡大してしまった。すでに見たように近衛の考えは揺れ動き、和平を望むかと思えば、戦いの継続に手を貸し、また他の策を弄するといったことになったのだが、いずれもかれが考えるようにはいかず、うまくいかなければ他人のせいにしたくなり、陸軍に対するかれの憤懣はつのった。

そして皇道派の退役将軍たちが陸軍執行部に対する隠微で根の深い批判者に回り、自分たちの軍事、外交戦略が正しかったのだと語れば、それは近衛の耳にも入り、かれは大赦の構想が挫折したことを無念に思うことにもなったのである。

なるほど皇道派の将官たちが権勢を揮っていた時期、かれらが英国、アメリカとの協調を望み、南京の国民政府と提携したいと考えていたのは事実だった。だが、かれらは平和を望んでいたわけではなかった。ソ連と戦うためには、背後の安泰を求めねばならず、米、英、国民政府とのぼろぼろの関係に継ぎを当てねばならないということだった。

昭和九年五月に近衛が訪米したのは、アメリカとなんらかの協定を結ぶことができるかどうかを探るためであり、荒木貞夫、小畑敏四郎、鈴木貞一の強い支持があった。だが、近衛の訪米はひとつの挿話に終わってしまった。

それはともかくとして、皇道派の将軍たちが陸軍省と参謀本部を支配していたのであれば、中国との戦いを回避でき、南京政府との関係改善はできたのであろうか。

モスクワは、皇道派の将軍たちが意図する極東ソ連への攻撃を恐れ、どうにかして日本の攻撃の矛先を中国へそらそうと努力していた。中国共産党に命じて、その基本政策を変えさせ、国民政府との戦いを停止させ、「一致抗日」の新路線に向かわせようとしていた。

しかし、スターリンは対日軍事力として、中国共産党の武装部隊に期待をかけていたわけではなかった。昭和八年から九年、中国共産党の軍隊は国民政府と地方軍閥の軍隊と戦いながら、中国奥地で移動をつづけ、落ち着くさきを探し求めていた。

そのわずかな武装勢力が潰滅してしまったところで、あるいはまた昭和十一年に西安で蔣介石が監禁され、心ならずも内戦停止を約束し、共産党との共同戦線が成立することにならなかったとしても、満洲を奪った日本に対する中国の怒りの炎を燃えたたせるのは、容易なことだとモスクワは見ていたはずであった。

都市を活動と宣伝の中心の場とし、学生、青年たちに抗日を叫ばせ、国民政府の中央集権に抵抗する地方軍閥に抗日の大義名分を与えてやれば、日本を国民政府とかちあわせる計画は軌道にのると考えたのである。

真崎甚三郎や小畑敏四郎は、スターリンのそのような計画に対抗できる方策をもっていたのであろうか。中国政策を是正することは、もちろん必要だった。そして、さらに英米両国との関係を改善し、とりわけ英国と中国政策で共同歩調をとることは、もうひとつやらねばならないことであった。

そのためには、昭和十一年に満了するロンドン軍縮条約の延長を求めねばならなかった。その条約を廃棄してしまえば、英米両国を結託させることになり、日本はこの両国と対立する羽目にならざるをえなかった。しかも無条約状態となれば、海軍はアメリカ、英国を仮想敵国として建艦競争に乗りだすことになり、陸軍は限られた軍事予算を海軍と奪い合うことになるのも必定だった。

そこで皇道派の将軍たちにとって、国際協調を唱え、軍縮条約を支持する提督たちと手を握ることが不可欠となった。ロンドン軍縮条約を支持する海軍上級将官たち、言い換えればワシントン軍縮条約を結んだ加藤友三郎の衣鉢《いはつ》をつぐ提督たち、いわゆる条約派の海軍軍人と提携しなければならなかった。

だが、軍拡による財政破綻を回避しようとして米英との協調を選んだ海軍主流の提督たちが、ソ連と事を構えたがっている陸軍将官の主張に共鳴するはずはなかった。ソ連とごたごたを起こさないようにすることが、これまた加藤友三郎以来の海軍正統派の外交路線だった。そこで条約派の提督たちが皇道派の将軍たちとのあいだに、冷たく一定の距離をおいたのは当たり前のことだった。

昭和十一年二月二十六日の早朝、真崎甚三郎が加藤寛治とともに表舞台に乗りだそうとしたことは、権力を握ろうとする皇道派の将軍が、海軍のだれと組むのかを明らかにした象徴的な出来事だった。

首相、内大臣、侍従長が反乱部隊に襲われ、政治の中枢部が麻痺状態に陥っているとき、真崎と加藤の二人は伏見宮の邸に赴いた。そのとき六十一歳の伏見宮は元帥、そして軍令部総長だった。加藤は伏見宮に向かって、「時局の収拾は真崎大将に任せることをしなければ、大変なことになる。よって殿下よりこの旨を奏上するように願います」と説いたのである。

そのとき加藤寛治は六十五歳、現役ではなかった。そのすこし前には大きな力をもった軍事参議官、それ以前には軍令部長の椅子に坐って、日米戦必至を唱えた海軍強硬派の首領であり、なによりもまず熱情家だった。かれはワシントン軍縮条約とロンドン軍縮条約に激しく反対し、それを破棄するために全力を尽くした。

大正十一年のワシントン条約は主力艦の制限を定め、対米比率が六割と決められた。

八年あとの昭和五年のロンドン条約は補助艦の制限を実施して、対米比率は七割だった。加藤はそのような劣勢比率に日本が抑えられたのは、アメリカの圧迫だといきりたった。

昭和八年、九年には、かれは昭和五年のロンドン条約の締結に尽力した条約派の提督たちを予備役に逐った。そしてかれは政府に圧力をかけ、ワシントン条約を破棄させた。そしてこの反乱事件が起きる一カ月前、日本はロンドン条約から脱退していた。加藤の願いどおり、昭和十一年に日本は無条約時代に入ろうとしていた。

そこで考えてみたいのは、皇道派の将軍たちが権力を握り、対米対決を唱える提督たちが海軍を牛耳るようになって、戦争を回避できるといった可能性があったか、ということだ。まずは、なかったといってよかろう。だがたしかに、中国との戦いを起こしたのは、真崎や小畑ではなかった。また、アメリカとの戦いをはじめたのが、かれらでないのも事実であった。

近衛、木戸宛書簡で統制派陰謀説を唱える

こうしてかれらは、陸軍に不満と危惧の念をもつ人びとの耳に、自分たちこそが穏健で素性が正しいのだと印象づけることに努めるようになった。そして戦いの前途に人びとが不安を抱くようになれば、われわれならあんなばかなことをしなかったのだと説き、「東条はどの科目も五十点以下、殊に人格は二十点以下」などと言うようにもなったの

である。

そして数こそ少なかったが、真崎や小畑のための宣伝家がいた。たとえば岩淵辰雄である。五十三歳になる岩淵は政治評論家だった。読売新聞、毎日新聞の記者だったことのあるかれは、陸軍内で起きた陰謀や争いのかずかずを承知していたが、かれに喋らせれば、いずれも悪の元凶は統制派となり、皇道派は殉教者というメロドラマになった。

当然ながらかれは真崎甚三郎、柳川平助、小畑敏四郎らを高くかい、とりわけ真崎に惚れ込み、かれらと親密な交際をつづけてきていた。岩淵は古島一雄や鳩山一郎とも親しかった。古島は貴族院勅選議員、鳩山は衆議院議員、ともに政府与党の翼政会に加わってはおらず、野党的立場をとっていた。岩淵はまた近衛の邸にもちょくちょく通っていた。岩淵と吉田茂のつきあいは浅く、昭和十七年秋に鳩山一郎に紹介されてからのことだが、この二人はたちまち意気投合した。こうして近衛を上にいただき、吉田、真崎、小畑、岩淵をメンバーとするグループができあがった。

そこで、かれらが説く皇道派と統制派の話は黒白あきらかなものとなった。皇道派が米英との戦いを回避することに努めてきたのに対し、統制派はドイツ支持派ということになった。皇道派はソ連の脅威に備えての防衛を主張しただけにすぎず、統制派は中国に戦いを仕掛けた陰謀集団となった。皇道派に陸軍を握らせ、戦争を終結へもち込もうとする近衛と吉田の計画は、これだけですでに充分なものと思えた。

近衛と吉田茂の構想を補強する、もうひとりの協力者がいた。殖田俊吉だった。五十四歳の殖田は大蔵省の出身だった。昭和二年にかれは首相田中義一の秘書官になった。田中は外相を兼任していたから、殖田は兼摂外相の秘書官をも兼ねるというかたちになった。翌昭和三年に田中は吉田茂を外務次官に据え、吉田と殖田とのつきあいはそのときにはじまった。次官になった吉田は前次官の出淵勝次のときの賞与の三倍もはずんでくれて、殖田は吉田を大いに徳としたのだった。

田中が首相を辞めたあと、殖田は拓務省の殖産局長になった。まもなく、台湾総督府の殖産局長に左遷された。そのとき真崎甚三郎が台湾の軍司令官となってやってきた。都落ちした真崎は、これまた同じ境遇の殖田と親しくなった。このあと荒木が陸相となって、真崎は椅子を暖める暇もなく、東京へ呼び戻され、参謀次長となるのだが、真崎と殖田の交友はそのあともつづくことになった。

昭和八年に殖田は官界から足を洗った。かれが真崎や小畑と組み、吉田と手を握り、あるひとつの話をもって回るようになったのは、いよいよ戦局が悪化してからである。吉田が殖田を近衛に引き合わせたのは、それより前のこと、昭和十八年一月末だった。

このさきで触れることもあろうが、そのとき首相兼陸相の東条が突然の発熱で倒れた。吉田、小畑らは、これこそ願ってもないチャンスだと考えた。うまくやれば、陸軍の指導部を一新できるかもしれないと思った。

殖田は小畑と連れだって近衛を訪ねた。殖田は半日にわたって存分に喋り、この十数年の歴史の裏面をあばいて、つぎのように説いた。

〈昭和のはじめに、陸軍内にひとつの秘密組織が結成された。永田鉄山を中心とするグループである。この一派の考えは共産主義そのものである。かれらは政治機構改造の計画書と戦争指導の計画書を作成した。この二つの行動表に沿って、かれらは戦争を行いながら、日本の共産化を目指してきたのである〉(4)

殖田はこうした話を繰りひろげ、統制派の陰謀を見抜いていたのは真崎大将ただひとりだったのだ、荒木大将などはわからなかったのだと語り、それゆえにこそ真崎大将が迫害を受けたのだと説明した。そして、「公爵、あなたはあの連中にすっかり騙されていたのですよ」と殖田は語ったのである。

近衛はうなずきながら、ときにはびっくりしたような身振りをして、聞き返しもしたであろう。だが、この十数年、政治舞台の中心にいて、さまざまな情報に通じてきたかれは、そのたぐいの話には食傷していたはずであった。

殖田の話は、だれかれにけちをつけようとしたスキャンダル、いい加減な想像の話、なんの根拠もない噂話をつなぎ合わせ、もっともらしい筋書きに仕立てただけのものであった。

しかし、殖田が尾崎秀実の話をはじめたときには、近衛はかすかに身構えたにちがいなかった。触れてもらいたくない話題だった。

ここで、尾崎の事件と近衛との関係についてすこし触れておこう。

尾崎が目黒警察署に留置されたとのニュースを、近衛は前に秘書官だった岸道三から聞いたのは、昭和十六年十月十五日のことだった。そして近衛が総辞職をしたのはその翌日だった。

あとになれば、尾崎の逮捕と近衛の内閣投げ出しとの関連を疑い、双方を結びつけ、背後で糸をひく者がいたのだと喋る人はいくらでもでてきた。たとえば岩淵辰雄は、近衛が「その日に限って、ほとんど座に耐えられないような姿で、部屋の中を歩いたり、ソファに横になったりした。懊悩困憊《おうのうこんぱい》の色がアリアリと見えた。尾崎事件が近衛に与えた衝動が、いかに大きいものだったかということが、よく、わかった」と述べた(5)。

それは事実と虚構が入り混じった話だった。近衛が疲労し、意気消沈していたというのは、まさにそのとおりだった。戦争を回避しようとして努力をつづけてきたが、どうにもならなかった。そして総辞職を決意したかれが、そのとき疲れきっていたのは当然のことだった。だが、かれの脳裡に、尾崎のことなどかけらもあるはずがなかった。そのときにはまだ、岸道三も、近衛も、尾崎はなにか些細な筆禍事件にひっかかったのであろうと思っていたからである。

それからすこしあとのことになれば、もちろんのこと、話は違った。近衛とかれの側近たちは尾崎の名を口にせず、その事件に触れることを避けるようになった。どうして尾崎はソ連のスパイ網にひっかかったのか。かれに反逆の大罪を犯させた動機はなんだったのか。だれもが自分を納得させうる説明ができないいらだたしさがあった。かれとの交友から、わが身に面倒がふりかかるかもしれないという煩わしさと恐怖がべつにあった。それだけではなかった。事件の裏に悪魔的な大陰謀があったのではないかという、これまた解明できないもうひとつの謎があった。

悪魔的な大陰謀とはこういうことだった。もし近衛が政権を投げだしたりせず、そのとき絶頂にあった危機と取り組む決意を固めていたら、その後の局面はどう動いただろうか。精根傾ける努力によって、かれは陸軍に中国からの撤兵を呑ませることができたかもしれなかった。あるいは臥薪嘗胆策を採ることで、陸海軍を合意させることが可能となったかもしれなかった。

だが、それはたちまちのうちに引っくり返されただろう。というのも、近衛の譲歩を売国的だ、屈辱的だと非難の声を張りあげる勢力、あるいは臥薪嘗胆策を自滅の道だと憂慮する人びとのなかに必ずやリヒアルト・ゾルゲと尾崎秀実の口供書を入手する者がいたはずだからである。

口供書の入手は衆議院における爆弾質問を呼び起こしただろう。秘密会の開催を要求するのは、それこそ小山亮といった代議士の役回りとなったかもしれない。小山は「一本刀土俵入り」の異名をもつ長野県第二区選出の一匹狼である。昭和十六年二月の決算委員会で、商工大臣の小林一三をつるしあげ、かれを辞任に追い込んだのが小山だった。

そこで小山亮が書類の束を振りかざし、首相を睨みすえ、御前会議で決まった最高国策から、米大統領宛の首相メッセージ、軍の機密までがスターリンの手に渡っていたという暴露にはじまって、総理官邸の門内に入っていたソ連恐怖機関の手先が日本の内外の政策を操っていたのだとつづければ、その電撃のような衝撃波はすべての議員を金縛りにさせ、居並ぶ全大臣の顔の血の気を失わせたにちがいない。

そしてその爆弾質問は近衛を打ちのめし、内閣を倒壊に追い込み、その和平路線をも叩き潰すことになったであろう。

近衛とかつてかれの周りにいた人たちが、眠れないままにこうしたことを考える夜があったのであれば、つぎのような疑惑にさいなまれたはずであった。

スターリンの大陰謀の脚本があって、尾崎秀実、特高警察、そしてほかのだれもが躍らされたのではないかという疑惑である。スターリンはゾルゲや尾崎を使って日本の最高機密を手に入れていただけでなく、日本で使っていたほかのスパイを利用して、ゾルゲ・スパイ団の存在を日本の警察に密告させたのではないかという疑いである。

スターリンは、どうにかして日本の力を弱めようとしてきた。はじめは中国共産党を利用して日本を中国との戦いに引き入れ、日本をその泥沼から抜けだせないようにした。つづいて日本をアメリカとの戦いにひきずり込もうとした。そこでモスクワにとって邪魔となったのが、是が非でも対米戦を回避しようとする近衛内閣だった。スターリンは近衛内閣の打倒をもくろんだ。すでに用済みとなった手先を売り払えば、それができるとクレムリンは読んだのではなかったか。

だが、殖田俊吉の話は、近衛のそのような疑問に答えるものではなかったし、かれの古傷をえぐることにもならなかった。つまらぬ話だった。

殖田の話はつづいた。

〈尾崎秀実は陸軍の申し子である。ところが陸軍は自分のほうを調べさせなかった。手をつけられたら大変なことになったからだ。陸軍に触れないゾルゲ事件、陸軍なしのゾルゲ事件はなにごとも解決していない〉

殖田の話によれば、尾崎のスパイの仲間が陸軍にいたということなのであろう。殖田はその名前を挙げたのかもしれない。たとえば池田純久である。このあと述べることもあろうが、池田はそのとき満洲新京の関東軍司令部にいた。

だが、近衛は池田と尾崎がつながっているといった話を耳にしたことはなかったにちがいない。そして、それを耳にしなかったのは、陸軍がすべてを覆い隠したからだという説明も、近衛は信じなかったはずだ。しかし、かれにとって、その話の真偽などどうでもよいことであった。かれは殖田の話を聞き終わって、つぎのように言った。

〈私は三べん内閣を組織して、いろんな人に対する実験をしてきた。全部思い当たることばかりです〉(6)

近衛はほんとうにそう思ったのか。それは疑わしい。だが、かれはだれかに絵解きをしてもらいたいと望んでいた大陰謀の解明を、はじめて殖田の口から聞くことができたと思ったのである。そして、これだと思ったのである。はっきりいってしまえば、殖田の話は、幾多の事実らしきものを拾いだし、それらを自分の都合のいいように組み立て、そこからようやく姿を現す大陰謀の全容といったものだった。

その同じ日、昭和十八年一月三十一日の夜と思える。かれは木戸幸一に手紙を書いた。

「……戦争を完遂せんが為には、国内体制を革新して高度国防国家を建設せざる可らずとは誰しも一応首肯し得らるる所にして、恐らく軍部にありても大部分の人々は真面目にしかく考え居るものなるべく、前記石原莞爾の如きも此の思想より出発せしものなること疑を容れず。即ち此の論は飽く迄も戦争完遂が目的にして国内革新は其の手段なり。然るに少数なれども全く之と反対の思想を抱くものあり。即ち革新其の物が目的にして戦争は革新を実現せん為の手段となさんとす。

……彼等に取りては戦争の勝敗の如きは問題外なり。否むしろ敗戦こそ望ましと考え居るに相違なし。

軍部内の一団がまさかかかる赤の思想を抱き居るものとは考えられず、然れども第一次内閣に於ける支那事変、第二次内閣に於ける日米交渉等に関し軍部と折衝したる体験を顧るに、故意に事変を拡大し、故意に交渉を遷延したりと思わるる節極めて多し。勿論陸相始め首脳部にかかる意図ありしとは考えられざるも、少くも右の一団が尋常手段にては実現困難なる革新政策を行わんと意図しつつありし事実に想到すれば、彼等が故意に戦争を拡大し、故意に戦争を誘発する行動に出ずる事ありしとするも怪しむに足らざるなり。

さて右の軍部内の一団の中心人物は誰なるかを推するに、小生は池田純久なりと睨み居れり。池田が企画院を去りて後、其の後釜に同郷の秋永を推し、秋永の周囲に革新官僚を集め革新政策を濫発しつつあるが、池田は依然背後より糸を引き居る筈なり。而して秋永も革新官僚も革新政策の奥の院に何が鎮坐しますかは知らざるが如し」

近衛は木戸宛の手紙を、さらにつぎのようにつづけた。

「池田純久は麻生久、亀井貫一郎等と親交ありて常に相伴いて小生を訪問せしことあり。第一次内閣当時最も頻繁なりしと記憶す。池田は支那事変勃発当時天津軍にあり、作戦主任和知が満洲に出張中事変勃発し其の間自ら作戦主任として事変を拡大せしめたり。

……

池田は大分県出身なり（秋永も然り）、南、梅津は同県先輩なり。支那事変勃発当時参謀本部（次長多田、作戦部長石原）は明白に不拡大方針なり。然るに陸軍省（大臣杉山、次官梅津）の態度は甚だ曖昧なりしことは御承知の如し。此の事は池田―梅津の関係、及び其の当時南より首相宛に事変徹底解決を要望する電報ありし事実等を彼れ是れ考え合す時肯かるる節あり。……(7)」

近衛は池田純久を支那事変の火付け役とした。そして梅津美治郎、南次郎といった大分閥を支那事変拡大の元凶とした。さらに近衛は、断定することを避けはしたものの、池田を地下共産主義者だと匂わせた。こうして、日本を戦争に巻き込むことによって、共産体制の実現を図ろうとする大陰謀はいまもなおつづいているのだとかれは結論づけたのである。

歯に衣着せぬ、まことに激しい内容であった。だが、近衛はなかなか慎重だった。その書簡のなかで、かれは首相東条を批判したり、非難することをまったくしなかった。陸軍指導部は皇道派の将官に任せねばならぬとも書かなかった。もちろんのこと、戦争終結の問題についても、一言も触れなかった。

東条が病気辞任のあと、梅津美治郎の一派が陸軍中央部を支配することになるのを深く懸念していると近衛は述べただけだった。かれがなにを考え、吉田茂、小畑敏四郎がなにを意図していたにせよ、東条はまもなく健康を回復した。

池田純久は地下共産主義者なのか

ここで見ておかねばならないのは、近衛が木戸宛の書簡で説いた問題である。陸軍の幹部のなかに、共産主義者が潜み、日本を戦争に巻き込み、日本を共産化しようとする計画を進めているといった話はほんとうのことなのであろうか。

この話は、殖田俊吉が入手し、写しをとったという秘密の計画書だけでは、人を説得する力をもたなかった。しかし、それは陰謀の総指揮者が池田純久であるとはっきりその名前をだして、はじめて現実性を帯びるものとなった。

池田純久は昭和二十年の現在、五十歳だった。かれは新京にいた。関東軍の参謀副長だった。陸軍大学校を出て、東大経済学部に学んだかれは、政治好き、策略好きの技巧派だった。かれが軍務局軍事課員として、局長永田鉄山の鞄持ちであったことは前に触れた。

昭和十年八月のある日の出来事は、かれにとって忘れることのできない記憶となった。「局長室が火事だ」の叫びに軍事課の大部屋にいた者は一斉に立ちあがった。局長室へ駈け込み、かれは同じ課員の武藤章とともに、血の池のなかの永田を抱きかかえた。「大事だ」の声が池田の耳には火事だと聞こえたのだった。その年の末に池田は支那駐屯軍、いわゆる天津軍の参謀に転出した。昭和十二年七月、蘆溝橋の衝突が起きたときには、天津にいた。そのあとかれは企画院へ出向し、二年間にわたって調査官をやり、多数の政治家、知識人、工業家と接触することになった。

池田は北京に戦いの火をつけ、炎があがるのを見とどけて東京へ戻ったのか。そしてかれは国家総動員の中枢機構である企画院に入り込み、地下共産主義者たちを集め、内から共産化に取り組んだということなのか。近衛は木戸宛の手紙のなかでは、ミスを犯さないように注意深く筆を運んだ。池田のことを「最警戒を要する革新分子」と述べただけであり、「池田は麻生久、亀井貫一郎等と親交ありて」と書くにとどめた。

池田と麻生、亀井を結びつけるとなれば、近衛や木戸に限らず、だれもが記憶している出来事があった。政財界に大きな衝撃を与え、非難と反発の喧噪をもたらしたいわゆる陸軍パンフレットの責任者が池田だった。昭和九年に陸軍省新聞班が発表したその文書は、そのとき軍事課政策班長の池田がまとめたものだった。

戦時経済に備えて統制経済政策をとるべきだとそのパンフレットは力説していた。政友会と民政党の二大政党が軍の政治介入だといきりたった。かれらがたいそうな剣幕だったのは、そのパンフレットが、経済の無統制、利潤の追求、富の集中を批判していたからだった。

逆に社会大衆党書記長の麻生が陸軍を支持したのは、それが資本主義経済の改革を求めていたからだった。それも当然だった。パンフレット作成の参画者のひとりには、かれの右腕である亀井貫一郎がいた。

そこで、麻生など赤い着衣の上に俄《にわか》仕立ての黒紋付きを羽織っただけの男だと思っている人にしてみれば、そしてまた麻生が資本主義の打破を改革と言い換え、階級政党を国民政党と変えたのは単なる偽装にすぎないと見ていた人びとにしてみれば、まさに池田純久は地下共産主義者だったのである。

では、池田は華北の戦火拡大の張本人でもあったのか。

昭和十二年七月七日の最初の衝突のあと、事態収拾の努力の足を引っ張る小ぜり合いがつづき、戦うべしとの底流が本流となり、ついに本格的な武力発動となったのが七月二十八日だった。

七月七日から二十一日間は、結局のところ、導火線が燃えているあいだだったとは、そのとき参謀本部の作戦課にいた三十四歳の井本熊男の表現である。池田が天津軍の参謀からはずされたのは、導火線の口火がダイナマイトに移ろうとしたまさにそのときだった。

じつは池田は、戦いの拡大に反対していたのである。かれが政治的解決を説いていたことが、軍人の風上におけぬ奴と非難される原因となり、いよいよ戦う段になって、東京へ戻され、企画院の前身である資源局へ叩きだされてしまったのだ。

なかなかの自信と才能の持ち主である池田は、それっきり陸軍中枢のポストに戻ることができなかった。かれ自身の言葉にしたがえば、「田舎回りの旅役者」となったのである。池田はこの左遷を、作戦課長武藤章の指し金だと恨みつづけることになった。

こうしたわけであったから、池田に地下共産主義者の烙印を押すことができたとしても、かれを支那事変の火付け役に仕立てるのはいささか無理な注文だった。近衛はその事実を知らなかったのか。聞いたことはあるはずだった。しかし、知っている、知らないは、たいしたことではなかった。

かれは大陰謀の話をしながらも、自分の耳にしつこく聞こえてくる声があることに気づいていたはずであった。

〈戦争を拡大してしまったのは、池田純久でも、南次郎でも、梅津美治郎でもありはしない。お前ではないか。革新政策を推進するために戦争を拡大してしまったのは、池田純久ではなく、お前自身ではないか〉

国家総動員法案と電力国家管理法案を議会で通すために、「国民政府ヲ対手トセズ」の声明をだし、事実上、和平交渉を打ち切ってしまったのは近衛だった。お前の責任だという声が聞こえてきて、かれが思い浮かべることになるのは、秋山定輔、中溝多摩吉との会合のはずであった。つづいてはかれの脳裡に麻生久の顔が浮かんだにちがいない。

近衛は木戸に宛てて、「池田は麻生久、亀井貫一郎等と親交ありて常に相伴いて小生を訪問せしことあり」と書いた。かれらと接触があったことを認めながらも、池田がうさんくさいことは麻生と親しかったことでわかるといった調子であり、麻生が赤であることは言わずもがなといった書きぶりだった。

どうして近衛はそんな態度をとったのか。かれと麻生との政治協力関係は、麻生の死までつづいたのではなかったか。麻生が没し、かれは麻生の家を弔問した。そのためにかれは、蒙古で戦死した北白川宮永久《ながひさ》王の遺骨を東京駅に迎えることができなかった。そしてそれを右翼に騒ぎたてられ、糾弾されたことをかれは忘れてはいないはずだった。

近衛はいつ心変わりしたのか。それはなぜだったのか。これを解明するためには、いささか長い話をしなければならない。

麻生久と有馬頼寧

近衛が麻生久と親しくしていたことは、それこそ知らない人とてなかった。近衛が最初に首相だった昭和十三年の夏、大阪東区本町で戯歌《ざれうた》がはやった。

「ぼんち育ちの近衛の大将　世間知らずに内閣とって　麻生久を師匠と定め　そこではじめた統制経済……」

江州音頭の替え歌だった。大阪市東区本町に軒を並べる綿問屋は、いずれも江州出身者の経営だったからである。

いったい、大阪の綿問屋街で、どうしてそんな戯歌がはやったのか。昭和十三年の六月二十八日、商工省は綿製品の非常管理をおこなうと発表し、七月一日から綿製品、綿混紡製品の国内向けの供給を禁止した。繊維製品はすべてスフにしてしまおうという政策だった。外貨節約がその理由だった。綿花輸入の金額は輸入総額の四分の一を占めていた。綿花の輸入を減らし、スフにその代わりをさせようとしたのである。スフはステープル・ファイバーの略である。パルプからつくるスフは愛国繊維、国策繊維と呼ばれはしたものの、実際には、スフ入りといえば粗悪品の代名詞だった。スフのタオルは、縮むのは我慢するとして、ごしごし洗えばちぎれてしまうのだった。

そして非常管理令はつぎのように定めた。小売商は、手持ちの綿製品や綿混紡製品を売ってもよい。だが、卸商の手許にある糸や布は政府の管理下におき、政府が買い上げることにするというのである。

東京日本橋の堀留町、横山町から、名古屋、大阪の綿問屋は商工省のその禁止令にびっくり仰天した。百貨店、小売商が驚き、全国の中小の機業家が息を呑んだ。問屋は手持ちの布や糸を隠匿しようとした。機屋は急いで糸を買おうとした。問屋はまた、手持ちの製品を小売商に売ってしまおうとし、小売商は綿製品や綿布を買いだめしようとした。

そして大変な騒ぎと混乱になった。商人たちは、自由に仕入れて自由に売ることが政府によって禁止され、それに違反すれば処罰されるという異常な事態に戸惑い、不平たらたらだった。その前年、昭和十二年の総選挙で躍進した社会大衆党の書記長が首相にとりついているから、こんなことも起きるのだとかれらは憤慨し、そこで江州音頭の替え歌が歌われることになったのだった。

国民は指導者がなにをするのかを判断しようとするとき、指導者が選んだ部下の顔ぶれを見て、おおよその見当をつけるのが普通である。近衛が数多くの側近と顧問をもってきたことは再三のべてきたことだが、第一次近衛内閣の最初から昭和十五年の末近くまで、かれがその踏みだす足を革新勢力にかけ、かれが選んだ協力者、助言者たちは、真ん中より左寄りの人びとであったのはまぎれもない事実であった。

まず近衛の協力者に有馬頼寧がいた。その時期にかれは近衛の右腕であり、新体制運動の中心人物であった。かれは筑後久留米藩二十三万石の大名の嫡流であり、伯爵だった。かれはトルストイ主義者だった。かれを評して、詩人と言ったのは政治評論家の山浦貫一だった。有馬は新平民運動の同愛会を興し、労働学校をつくった。そのために家産をつぎこみ、本邸を売り、土地を切り売りした。こうしたわけで、久留米の旧家臣から華族仲間のあいだでは、かれはまごうことなき社会主義者と思われていた。

そして昭和十一年に、有馬は産業組合中央会の会頭となった。産業組合は農業協同組合だった。略して産組と呼ばれていた。すでにそのとき、産組は四十年の歴史をもっていた。機関誌「家の光」を百四十万部も発行していたことから察しがつくように、産組は巨大な組織だった。それだけに産組は多くの敵に囲まれていた。産業組合は肥料商、米穀商、柑橘輸出業者、商工会議所と喧嘩をしたし、医師会とも対立し、保険業界とも衝突した。農村における流通分野の支配をめぐっての攻防だった。そして産組は村落の指導権を争って、地主勢力を主体とする帝国農会とも犬猿の仲にあった。

当然のことながら、既存勢力は産組を敵視し、産組が唱える協同主義を共産主義へ道を開くものだと非難し、独裁者然とふるまっていた産組指導者の千石興太郎を蛇蝎《だかつ》のように嫌っていた。そしてかれらは、産組を後押ししていた農林省の一部の役人たちに疑惑を投げかけ、陸軍軍務局が産組を支持していることにも不満を抱いていた。

帝国農会、商工会議所の幹部たちにとって、有馬頼寧はまさに階級の裏切り者だった。千石興太郎にうまうまと利用され、産組のボスに祭りあげられるなど、どうして許すことができようか。しかもその有馬が「老人隠居論」を唱え、貴族院のあり方を批判したりしたものだから、貴族院の有爵議員の怒りはさらに沸騰した。既成秩序をくつがえそうとするような男は赤にきまっていた。

有馬頼寧は東大農学科を出て、農商務省勤めから政界に入り、斎藤内閣で農林政務次官となった。第一次近衛内閣でかれは農林大臣となったが、前に述べたように、それ以前に産業組合中央会の会頭をやり、農相を辞めてからも、ふたたび会頭の椅子に坐った。

昭和十四年一月、第一次近衛内閣総辞職のあと、近衛は有馬に向かって、農村の若い人たちを糾合する新しい政治団体を結成することを求めた(8)。これが近衛の新体制運動のはじまりだった。

そのとき、有馬は千石興太郎、麻生久らと定期的に会合を重ねていた。昭和十年、十一年、いやそれより前から、過熱する雰囲気のなかで、政治刷新を論じ、社会改革を説き、外交問題を研究する研究会や協議会が雨後の筍のように簇生《そうせい》していた。政権の獲得を望む政治家を中心とした時局懇談会のたぐいが一方の極にあれば、テロと蜂起の破壊活動を画策する過激主義者の秘密組織がもう一方の極にあり、そのあいだに、高級官吏、国会議員、財界人を加えての倶楽部、中堅官吏や佐官クラスの軍人、大学教授、新聞記者を集めた研究会がいくつも存在し、宣言文をつくり、同志を集め、一連の改革プランを練っていた。

有馬、千石、麻生らの集まりは、そうしたグループのひとつだった。だが、かれらの集まりは、他の政治集団や研究サークルと大きく異なる点がひとつあった。背後に大衆組織をもっていることだった。千石興太郎は昭和八年に産業組合青年政治連盟をつくっていた。いわゆる産青連と呼ばれるその団体は、既存勢力の反産組運動に対抗しようとして、地方産業組合の青年を糾合した組織だった。昭和十三年にはその会員は五十万人となっていた。

その産青連と提携していたのが社会大衆党だった。昭和十二年四月の総選挙で、社会大衆党は「革新の一票を社大党へ」のスローガンを掲げ、三十七人を当選させていた。そのなかには十九人の最高当選者が含まれていた。とはいっても、民政党と政友会はそれぞれ百七十人ほどを当選させていたのだから、社会大衆党はとるに足りない少数政党にすぎなかった。

有馬頼寧が考えていたのは、近衛の旗のもとで、農村と都市にまたがる支持者たちを集めて、新国民組織と新政党をつくることだった。近衛の考えが揺れ動き、有馬のサークル内の考えも割れ、かれらの計画に割り込もうとする数多くのグループ、さらにはかれらに反対する勢力の攪乱のなかで、有馬の計画は瓦解してしまったのだが、かれの構想の根本にあったのは、耕作農民と工場労働者を基盤として、活動家の組織をつくることであった。

上げ潮の革新勢力

近衛の協力者にはもうひとり、風見章がいた。かれは長野の信濃毎日新聞の記者から政界入りした。昭和三年の総選挙では落選したが、昭和五年からは連続当選した。はじめは政友会に所属していたが、いつか無所属となった。昭和十二年に近衛が首相になって、この茨城県選出の田舎代議士を書記官長に据えたときには、貴族院の勅選議員から政治部の記者までが呆気《あっけ》にとられた。

近衛はそのときまで、風見とのあいだに個人的な接触はなかった。そこで近衛に風見を推薦したのはだれかと、新聞記者は尋ねて回ることになった。

近衛に風見を推したのは、多くの人の言うところによると志賀直方ということだった。志賀は近衛家二代にわたる忠臣であり、のちに瑞穂《みずほ》倶楽部と改名した三六倶楽部の重鎮だった。この会は、国体明徴運動で活躍した貴族院議員や陸海軍の退役将官を会員に集めた守旧派の牙城であり、伝統への挑戦と睨んだすべてのものに激しい敵意を燃やしていた。

その志賀が「草莽《そうもう》では風見、堂上では近衛」と言っていたのであれば、かれは風見の一面を見ただけのことであったのは間違いのないところであった。風見を高くかい、かれを後藤隆之助に紹介し、近衛に推薦した人びととは、それこそ瑞穂倶楽部の面々が目の仇にした麻生、有馬、千石、亀井らのグループだった。あけっぴろげに語るようにみせながら、ほんとうは口の堅い風見の本質は左寄りだったのである。

風見は第一次近衛内閣で書記官長をやったあと、有馬とともに新体制運動の発起人となった。そもそもが新体制という言葉をつくったのが風見だった。短い期間ではあったが、大多数の人びとにとって、その言葉は希望に満ちた言葉であり、輝かしい言葉であった。

風見は書記官長を辞めたあとも、相変わらず近衛のスポークスマンのようにふるまい、近衛グループ内の実力者だった。かれは有馬とともに、近衛新党をつくろうとした。前にも触れたとおり、革新勢力は議会内ではとるに足らぬ少数派だった。かれは政友会と民政党を切り崩そうとした。

既成政党の解体工作がかれの手で積極的にすすめられた。「材木の文句を言うのは叩き大工にきまっている」とはかれが繰り返し語った言葉であり、「敵を味方にしなければ大きくならない。現状維持派だって、背中を撫でて現状打破派にしてしまう」とは、かれが仲間内で説いた得意の科白だった。

そしてもうひとり、近衛の協力者として後藤隆之助を挙げねばならない。かれが近衛とは青年時代からの友人であることはすでに述べた。かれは青年団、壮年団の運動をやり、昭和八年に昭和研究会、昭和十三年には昭和塾をつくった。

三多摩の活動家たちに豪傑と呼ばれ、松本重治から弁慶のようにいかつい顔と評された後藤は、だれにとっても、およそえたいのしれない人物だった。学究の徒とはとても思えず、事業家ではなく、右なのか、左なのか、偉いのか、ばかなのか、まるっきり見当のつかない男だった。

昭和十四年に昭和研究会のなかに文化委員会がつくられ、三木清に誘われて清水幾太郎が加入した。清水が後藤の喋るのを聞いたのは、第一回の会合でかれがぼそぼそと挨拶したときだけだった。その後の会合に後藤はいつも出席していたが、会議の始めと終わりの二回、深く頭を垂れる以外、いちども口を開かなかった。

有馬頼寧、風見章、後藤隆之助を中心にして、かれらと緊密な関係をもつ人たちがその周りに集まり、近衛の革新勢力を形成していた。そしてかれらの周辺にさらに多くの人たちが結集していた。中央政府の役人、大学教授、研究者、新聞記者たちの政策立案者であり、大半の人は年若く、使命感に燃えていた。

かれらはヴェルサイユ体制に代わる新しい世界秩序を求めた。世界は四つのブロックへ移行し、ヨーロッパ圏、ソ連圏、アメリカ圏、そして日本を中心とする東アジア圏ができるとかれらは考えた。声をひそめて語るだけだったが、世界新秩序の建設のためには、四国同盟の構築が必要だとかれらは思っていた。

かれらはまた強力政治を説き、強力な行政府をつくることを望んだ。公然と語ることを避けはしたものの、強力政治の狙いのひとつは、首相が軍事上の指導権をしっかりと握ることであった。陸軍を政府の統制のもとに押さえ込もうという願いがかれらのあいだにはあった。

重化学工業化の推進はかれらの目標のひとつだった。そのためには資本主義の体制を変えねばならないとかれらは考えていた。またかれらは労資関係の改善を望んだ。農業分野では、小作農の自作農化をさらに進めねばならず、いっそうの小作農保護の政策をとらねばならないと考えていた。

こうして政治、外交、経済の各分野にわたる改革を求める新体制の言葉に、多くの人びとは将来への期待を抱いた。それは、たとえば人民戦線の言葉に少なからずのフランス人が希望を抱き、あるいはニューディールの言葉に多くのアメリカ人が希望を託したのと同じだった。だが、人民戦線やニューディールに対して敵意を抱く人びとがいたのと同じように、新体制の言葉に反対する人たちがいた。

当然ながら財界は新体制運動を警戒した。財界に敵対する人びとが新国民組織を牛耳ることになるのではないかと不安を抱き、反資本主義的な考えの持ち主が政府機関を支配することになるのではないかと恐れた。新体制運動に反対するのは財界だけではなかった。

自分の選挙地盤を新人に奪われはしないかと恐れる衆議院議員、変化を恐れる貴族院の有爵議員、法と秩序の守り手を自任する司法省の思想係の検事、国粋主義とテロという脅迫の武器をもち、財界から金をもらっている右翼の群小集団がこぞって新体制運動に反対した。

革新勢力の人びとは新しい国民組織をつくり、現状維持勢力のこの反対を突破しようと考えていた。そしてかれらは近衛を自分たちの夢の実現者と思っていた。

たとえば、朝日新聞論説委員の笠信太郎がそのようなひとりだった。かれは昭和十三年に昭和研究会に入会し、経済部門を担当した。同じその年につくられた昭和塾の経済班の主任にもなった。「陸軍発案になる利潤統制案の作成にも笠は深くタッチしている」[9]といわれた。かれは、資本と経営の分離、産業別の連絡調整の機構をつくる案をたてた。また、政治新体制の構想をまとめもした。

現在、昭和二十年の二月、笠はスイスのベルンにいた。その前にはベルリンにいた。二年半ほど住んでいたかれの家はベルリン荻外荘と呼ばれた。命名者は昭和十七年十一月にマドリードからベルリンに転任してきた朝日新聞特派員の伊藤昇だった。ベルリンにいる商社員、銀行員、大使館書記官、武官補佐官らが笠の家の客間に集まり、訪問客がひきもきらなかったからだが、肝心なのは、庭園のさきに赤松の林があることだった。ドイツに来た日本人が驚き、ドイツ赤松と呼んでいた松だった。荻外荘の名が伊藤の口からでれば、笠も近衛の邸を訪ねた日のことを思いだしたはずであった。

近衛の邸内の赤松は老木だった。その昔の武蔵野の面影を残す松だった。近衛邸を訪れた笠は、木立のあいだを抜け、車回しの広場に出て、玄関に立った。その壁に横額がかかり、西園寺公望の雅やかな書きぶりの「荻外荘」の文字があったのを覚えていた。新体制運動に胸の火を燃やしていたときのことであり、笠はそのとき三十九歳だった。

のちに笠はつぎのように語って、絶句した。

「私は近衛公爵とはあまり深い縁のあるものではありません。荻外荘でお目にかかったに過ぎないのであります。ただ、私も当時非常にあのむつかしい時代、……近衛公に希望をかけました一人であることに相違ないのでございます⑩」

笠だけではなかった。かれの仲間も近衛に希望を託した。だが、それは空しい希望だった。新体制運動はたちまちのうちに消えてしまった。現れた瞬間に消えてしまう流星のようなものであった。新しい国民組織はできなかった。大政翼賛会という空虚な官僚組織ができただけだった。

なぜだったのか。司法大臣は風見章、内務大臣はこれも近衛系の一員である安井英二だったのだから、内務省や司法省の部下たちがかれらの意思に反することをするのを阻止できたはずであった。多数派の議員を味方につけることも、風見章にならできたであろう。財界や右翼からの攻撃をはねかえすこともでき、革新勢力は状況を制する力を示すことができたはずだった。

どうしてそれができなかったのか。近衛に決断力が欠けていたからか。有馬、風見、後藤がもたもたし、内輪もめで争い、なにもできなかったからか。

それとも、麻生久の死が革新勢力の力を大きく削いでしまったのか。麻生の協力者のひとりだった亀井貫一郎は、麻生の死をつぎのように綴っている。

「盟友、麻生久君、心臓発作のため溘然《こうぜん》として逝く。近衛公、武藤章軍務局長の来弔あり。

近衛、武藤、亀井相対し、言葉なかりしも、三人共胸中に去来したるもの一つ。即ち『麻生逝きて、我国改憲革命の業、已に挫折す』とのことなり[11]」

亀井がこのように書いたのは、おそらく麻生の死からだいぶ月日がたってからのことにちがいない。この言葉には帰らざる過去へのノスタルジアがあり、麻生の死をそのように記憶したいというかれの願望があったのであろう。

だが、殖田俊吉が近衛に喋った話、「公爵は共産主義者の麻生や亀井にすっかり騙されていたのですよ」といった話と比べれば、亀井のその言葉のほうが間違いなく正しかったのである。

そしてまた、近衛が木戸に宛てた書簡のなかで、「面会を求められ、麻生や亀井に会ったことはある、話も聞いた覚えがある」といった具合にごまかしたのと比べれば、亀井のその言葉のほうに、ほんとうは近衛自身もはっきり認めるはずの、はるかに大きな真実があったのである。

有馬頼寧もまた、のちに述べた。

「若し麻生氏が存命であったら、恐らくは第二次或は第三次近衛内閣の時、氏の入閣を懇請し、それによって国民大衆とのつながりを作ることによって、……幸に近衛公の意図が達せられたとしたら、其の後の政治情勢はもっと違った形態を採ったであろうし、大政翼賛会というが如きものは恐らく生れなかったのではなかろうかと思う[12]」

有馬は近衛より十歳近く年長であった。だが、かれは近衛の弱点をあげつらうことなく、かれに愛着の念をもちつづけていた。だが、有馬が言うように、麻生が生きていたとして、昭和十五年十二月、あるいは十六年七月に、近衛ははたして麻生を内閣の一員に加えたであろうか。

昭和十五年十二月、昭和十六年七月に、麻生が近衛内閣の閣員になることはけっしてなかったといっていいだろう。有馬自身、それがありえなかったことを知りながら、そんなことを言ったのは、早すぎた麻生の死を残念に思ったからであろう。

麻生が健在ならば、昭和二十年の現在、五十三歳になるはずだった。かれは旧社会大衆党の仲間たち、たとえば三輪寿壮、三宅正一、亀井貫一郎らと会合を重ね、有馬頼寧、千石興太郎とも連絡をとり、ひとつの構想を描いていたことであろう。産業報国会と翼賛壮年団の下部組織を基盤にして、かつての革新勢力の結集を図ろうという計画である。産業報国会内にはかつての労働組合があり、翼賛壮年団の地方活動家のなかにはかつての産業組合の青年組織のメンバーがいた。戦後に備えての用意だと麻生はもらしたにちがいない。

麻生が没したのは昭和十五年九月六日だった。杉原正巳は、麻生が死の直前、すでに近衛と新体制運動に失望し、政治引退を決意していたのだと、のちに語った。杉原は政治評論家だった。「解剖時代」という機関誌をだし、各省の革新的な役人たちと政策論、組織論を語り合い、支持者をもっていた。杉原は、麻生が亀井貫一郎とかれに向かって、つぎのように述べたのだと言った。

「もう終ったよ。三人で鎌倉に家でも借りて、釣りでもしよう(13)」

麻生は昭和十五年八月二十八日に、総理官邸で開かれた近衛を委員長とする新体制準備会の第一回会議に出席した。二回目の会議に出ることなく、かれはその十日ほどあとに没したのだった。

たしかのそのとき、状況は麻生が失望したとおりのものになっていた。新しい国民組織をつくるための準備委員会は、革新勢力のなかから委員を選ばねばならないはずであった。ところが、委員会は現状維持勢力からの圧力に抗しきれなかった。結局のところ、委員には右翼の領袖、財界代表、既成政党の幹部が顔を並べてしまった。

だが、第一回の会合が終わったとき、革新派の人びとはまだ勝つことができると思っていた。麻生もほんとうはまだ諦めてはいなかったのである。

麻生の突然の死があり、それから二カ月のちに大政翼賛会が成立した。新国民組織は内務省が主導する国民精神総動員運動の二番煎じになろうとしていた。革新勢力の人びとはだれもが落胆した。だがその時点においてもなお、有馬頼寧、風見章、後藤隆之助は、まだ巻き返すことができると望みを抱いていた。

そしてなによりも肝心なことは、近衛もまだ諦めていなかったことである。かれは麻生久の突然の死を残念に思った。むろんのこと、有馬頼寧、風見章、後藤隆之助、全革新勢力を、かれは見捨ててはいなかった。当然ながら、大政翼賛会を地方行政機構の補助機関にさせてしまうつもりなどまったくなかった。やがては反撃し、革新勢力を主体とする国民組織にしようという考えだった。

その近衛が革新勢力を見捨てる決意をしたのは十一月の下旬だった。十一月二十七日、近衛は内大臣官邸に木戸を訪ねた。近衛は平沼騏一郎を無任所大臣に起用すると述べ、風見章と安井英二を勇退させると語った。

どうして近衛はかれらを放りだす決意をしたのか。井上日召や天野辰夫に威しをかけられ、現状維持派の政治家たちに新体制運動を辞めるようにと迫られたからか。相変わらず真剣でなかったのか。そうではなかった。四国同盟ができる見込みが消えたときに、かれは路線の転換を決めたのである。

隠されていた近衛の外交構想

四国同盟とはなにか。それについて語るためには、まず、三国同盟の話からしなければならない。三国同盟を締結したのは、第二次近衛内閣が発足して二カ月あと、昭和十五年九月二十七日のことだった。

大いに期待され、大いに歓迎された同盟であったが、同盟推進者たちの浅慮と錯覚はたちどころに明らかとなった。その同盟はアメリカを英国にいっそう接近させてしまった。それればかりか、アメリカの対日態度をさらに硬化させ、その結果、ワシントンをして太平洋と大西洋の政治・軍事状況を結びつけて考えさせるように仕向けたのである。日米戦争を防止するための条約といった触れ込みは、虫のいい望みであったことを人びとは思い知った。

こうしたことが近衛に前もって予測できなかったわけではない。じつはかれが望んでいたのは三国同盟ではなかった。四国同盟だった。四国ブロック、四国協商、モスクワ条約、その呼称も、その中身もはっきり定まってはいなかったが、日独伊ソの四国間の同盟こそが、近衛の目指していた目標だった。

だが、その事実は極秘にされていたから、ほとんどの人がそれを知らなかった。三国同盟が締結された昭和十五年九月、近衛は四国同盟のことなどおくびにもださなかった。外相の松岡洋右もそんなことは一言も言わなかった。三国同盟条約を審議した枢密院においても、四国同盟を口にした者はいなかった。

首相の近衛、質問のひとつひとつに答えた松岡、陸海軍両相いずれもがまったく四国同盟に触れなかった。政府側だけではなかった。十二時間におよぶ質疑応答がつづくあいだ、十六人の顧問官のうちのだれひとり、四国同盟について言及する者がいなかった。

枢密院での審議に出席した枢密顧問官の深井英五がその秘密を知ったのは、昨年、昭和十九年六月のことだった。八日会が近衛を招待した。八日会は財界首脳の懇談会で、日銀総裁の経歴をもつ深井も会員だった。その席で近衛が語る話を聞いて、深井ははじめて三国同盟の背後に四国同盟の構想があったのを知ったのだった。かれはノートにそれを書きとめた。

「近衛公曰く、日独伊同盟条約は日独ソを連結して英米に当るの趣旨を以て成立せるものなり。ドイツは欧州に勢力を張り、ソ連はインド方面に進出し、日本は東亜に発展するを期すとドイツ側は言えり。……

日独ソの固き連結を以てせば、米国の参戦を阻止し得たるならん。我方の狙いは此にありしなり。……」(14)

昭和十五年に、近衛が四国同盟を結ぶつもりでいたことは、まったく秘密にされていたが、四国同盟の構想が存在することは多くの人びとが承知していた。そして四国同盟を締結せよと説く人もいた。白鳥敏夫がその主唱者だった。

現在、五十八歳になる白鳥は千葉県第三区選出の衆議院議員だった。それ以前にかれは外務省の役人であり、外務省革新派のボスだった。かれがイタリア駐在大使だったときには、ドイツ駐在大使の大島浩と協力して、三国同盟の締結を東京に働きかけた。ところが、ドイツは日本をだしぬき、ソ連と不可侵条約を結んだ。平沼内閣は総辞職し、白鳥、そして大島は大使を辞任した。

このことにより、白鳥、大島は坊主になって謝罪すべきだと非難されたのだが、白鳥は自分に誤りがあったとは思っていなかった。ドイツがソ連と結ぶ四カ月前、かれは大島浩とともにドイツ外相に会った。日本が狐疑逡巡しているのなら、ドイツはソ連と結ぶことになろうと外相リッベントロープは言った。白鳥は東京にそれを告げ、注意を喚起したのだった。

そこで、このみじめな結末の責任を負わねばならないのは、日本国内の優柔不断で無気力な連中だと白鳥は思っていた。かれは帰国する前にリッベントロープに会い、かれから、日独ソの共同戦線の示唆を受けた。白鳥はそれが三国同盟よりいっそう建設的な外交路線だと考えた。

白鳥は東京に戻り、首相阿部信行をはじめ、政財界の要人たちに四国同盟を説いて回りだした。だが、日本を裏切って、ソ連と結んだドイツに対する怒りは渦を巻いていた。それにも増して大きいのはソ連に対する嫌悪の感情だった。

英国大使館はここぞとばかり積極的に政治家や政府高官を招待した。フランス大使も陸軍将官にレジオン・ド・ヌール勲章を気前よくふるまい、英仏両国の巻き返しがはじまっていた。

近衛は白鳥が四国同盟を説いていることを承知し、ドイツ大使オットーや前駐独大使の大島浩が同じ構想を主張していることも知っていた。そして、政界上層部は日独ソ連合論に反対であっても、賛成者は増えつつあり、かれらは独ソと結び英米と対決すべきだと主張し、たとえば外務省の若手のあいだに共鳴する者が多く、革新系の人びとのあいだに大きな支持があることを近衛は知っていた。

じつは、白鳥、大島、オットーが四国連合を説く以前から、近衛はその構想を承知していた。かれがそれをはじめて知ったのは昭和十四年夏のことであり、ドイツとソ連が提携する前のことだった。三国同盟を締結せよという声がますます大きくなっていたときだった。

そのとき三国同盟に反対をつづけていたのが海軍だった。海軍省には毎日のように右翼が押しかけた。海軍次官の山本五十六が遺書を書いたのが昭和十四年五月末のことだった。軍務局長の井上成美も遺書をしたためた。海軍省の構内に陸戦隊一個小隊を置き、玄関脇の部屋にかれらを待機させるようにしていた。

そして六月には、同盟推進派の火の玉小僧が登場した。イタリア在勤武官の有末精三が帰国したのである。イタリア駐在大使の白鳥敏夫と同様、有末もまた熱烈なムッソリーニの賛美者であり、三国同盟を締結せよと叫びつづけていた。帰国した有末は軍務課長になった。その人事はかれ自身が求め、白鳥敏夫がかれに望み、陸軍がかれに期待してのことだった。かれは八面六臂の活動を開始した。

各地で一斉に排英運動がはじまった。デモ行進や街頭署名がおこなわれ、英国人排撃のビラが貼られた。平沼内閣はその運動に神経をいらだて、警察はそれを取り締まった。だが、排英運動を背後で支援し、煽っていたのは陸軍であり、その指揮者は軍務課長の有末精三だった。三国同盟に反対する勢力に圧力をかけるのを狙いとしていた。

そんな喧騒がつづく昭和十四年の七月末、あるいは八月に入ってからのことかもしれない。近衛はある文書を手にした。「事変ヲ迅速且ツ有利ニ終熄セシムベキ方途」と題する意見書だった。その文書のなかで説かれていたのが四国同盟の構想だった。

日独伊の枢軸ブロック案に反対して、その意見書はつぎのように述べた。

「日独軍事同盟ガ成立スレバ、一体ドンナコトニナルカ。……ソ連トシテハ腹背ニ敵ヲ受クル形勢トナリ晏関トシテ居ラレナイ立場ニ立ツ。必ズヤ英仏トノ軍事的提携ノ必要ヲ感ズルニ相違ナイ。

故ニ日独軍事同盟ヲツクルコトハ、見様ニヨッテハ、英ソ仏ノ相互援助条約ヲ好ンデツクラス様ナモノデアル」

その意見書はつぎのようにつづけた。

「ソ連ハ日本ヲ敵視シ、日本ハソ連ヲ敵トシテキタ。コノ行キ掛リヲ棄テテ、コノ状態ヲ逆ニスルコトハ出来ナイカ。即チ英仏ノ陣営ヨリソ連ヲ離間シ、目下行ワレツツアル英ソノ交渉ヲ暗礁ニ乗リ上ゲサセルコトハ出来ナイカ。ソシテ日ソ独伊ノ陣営ヲ結成スル方法ハ無イカ。……」

そしてその意見書は、ソ連を加えての四国同盟こそが世界戦争を回避でき、支那事変を完全に終熄せしめることができると言い、つぎのように結んでいた。

「日ソ独伊ノ締盟ガ成リ立テバ世界ハ挙ゲテ驚愕スルニ相違ナイガ、特ニ英国ト蔣政権ハ狼狽、度ヲ失スルデアロウコト見ルガ如シデアル。……日ソ独伊の締盟ハ事変解決ニ最後ノ決定力ヲ有ツ⑮」

その年、昭和十四年の五月から満洲と外蒙古の国境で小ぜり合いがつづき、六月には空中戦が起き、外蒙古の航空基地を日本軍の百機の戦爆の編隊が襲い、第二十三師団が国境を越えていた。ソ連を加えての四国同盟の結成など夢物語だった。だれの念頭にもそんな現実ばなれのした考えはなかった。

ところが、近衛がその意見書を読んで一月たらずあと、それこそそんな夢物語が現実のものとなった。八月二十一日にドイツとソ連の両政府が独ソ不可侵条約の締結決定を発表した。首相の平沼騏一郎は「複雑怪奇」と狐につままれたその気持ちを語り、侍従武官長の畑俊六は「青天の霹靂《へきれき》」とその驚愕を記した。同盟促進派はだれもが呆然自失の有様だった。

じつは衝撃と混乱はそれがはじまりだった。つづいて、ノモンハンでソ連軍が大攻勢を開始した。第二十三師団は全滅寸前となった。陸軍には戦いをつづける用意がなく、停戦しなければならなかった。九月十五日に停戦協定を結ぶことができ、陸軍は安堵の胸をなでおろしはしたものの、ソ連の意図を測りかね、またも狐につままれる思いとなった。

同じときヨーロッパでは、ソ連軍がポーランドに攻め込んでいた。九月二十八日にはクレムリンでスターリンとリッベントロープがふたたび会い、この結果、ドイツとソ連はポーランドをきれいさっぱりと分割してしまうことで合意していた。

驚愕と狼狽がつづくあいだ、近衛は荻窪の邸に届けられる外交電報の写しや国家政策に関するペーパーを読み、多くの人びとが説く情勢分析や政策アイデアを聞いていたのだが、かれの脳裡から離れず、かれの意識にいよいよ深く刻まれるようになったのは、「事変ヲ迅速且ツ有利ニ終熄セシムベキ方途」の意見書であったことは間違いない。

かれはその無署名の文書に鋭い予見力と遠大な構想があることを認め、それこそが将来に扉を開く政策文書だと思ったのである。

ところで、近衛はその文書をだれから受け取ったのか。「一四・七・一九稿」と記されたその文書の作成者はいったいだれだったのであろうか。

昭和十四年の夏、中溝多摩吉は四谷の慶応病院に入院していた。かれが防共護国団を率いたことがあるのは前に述べた。かれが政友会と民政党に圧力をかけ、国家総動員法案と電力国家管理法案の議会通過のための掩護射撃をしたことも前に触れた。

中溝多摩吉の部下に青木保三がいたことも前に述べた。青木は同じ慶応病院に麻生久が入院していることを知り、かれを見舞った。麻生は分厚い書類を青木に渡し、「秋山先生を通じて、近衛公に手渡してもらいたい」と頼んだ。そのときにはまだ近衛は秋山との交遊を断ってはいなかった。そして麻生、中溝らはかれらの仲間のあいだの長老として秋山に敬意を払っていた。

麻生はまたその書類を渡すとき「中溝君だけには、見て貰ってさしつかえない」と青木に言った。その文書のなかで説いていたのが、四国同盟の構想だった。翌日、中溝は病院をでて、これを秋山定輔に手交し、近衛への伝達を依頼した。「中溝、麻生両氏の最後の別れが、この手紙の使者ということになった[16]」と青木保三はのちに記した。

麻生久が、その日独ソ連携の計画書をみずから起草したことは間違いのない事実であった。じつはかれの協力者の亀井貫一郎がずっとその構想を抱いていたのである。

ここで亀井貫一郎について説明しておかねばなるまい。昭和二十年の現在、亀井は五十二歳だった。かれは変わった経歴の持ち主だった。もともとかれは外務官僚だった。大正末に外務省を辞めて、昭和三年に政界に進出し、連続四回当選した。かれは石州津和野亀井藩主の後裔だった。ところが、かれは八幡製鉄所の労働組合を基盤とする無産党の代議士となった。もっとも昭和十七年の総選挙では福岡の地盤を伊藤卯四郎に譲り、東京第四区から立候補して、落選した。

かれは昭和十二年から十三年にかけてドイツに滞在した。外相に就任したばかりのリッベントロープが、日本とのあいだにある防共協定を軍事同盟に拡大強化したいと望むようになっていたときだった。

ところが、日独ソ提携の着想がドイツ政府内部にあることを知り、亀井はその動きに注目した。

亀井は帰国してからも、ドイツとソ連の動きに注意を払った。かれは独ソ両国の提携が近いのではないかと考えるようになった。こうして麻生と亀井は、四国同盟の大胆な構想をたてたのである。

近衛が読んだ「事変ヲ迅速且ツ有利ニ終熄セシムベキ方途」と題する意見書は、間違いなく麻生が起草したものだった。

ところで、麻生はその意見書に書くことはしなかったが、もうひとつの目的を日独伊ソ締盟の構想に秘めていたのである。四国同盟を締結したならば、革新陣営を勇気づけ、政治、社会、経済の改革の運動に大きなはずみをつけることができるという狙いだった。

事実、四国同盟の構想はそのような影響を及ぼしそうな気配だった。ローマから帰国した白鳥敏夫は、昭和十四年九月、十月、四国同盟を説いて回った。現状維持派の人びとは眉をひそめた。だが、前にも述べたとおり、革新系の知識人のあいだでは、四国同盟を歓迎する雰囲気がひそかにひろがりはじめた。

共産党からの脱党者、マルクス主義から離れた人たちは、ソ連に惹かれる感情をどこかに残し、隠していた。ソ連を加えた同盟ができれば、進歩の車輪は回りはじめるとかれらはひそかな希望を燃やすようになっていた。

車の両輪、四国同盟と新体制運動

近衛は「事変ヲ……終熄セシムベキ方途」の意見書の背後にあるもうひとつの目的を知り、麻生久が抱く構想を承知し、それに賛成したのである。そこで昭和十五年の四月から五月には、近衛はひとつの構想を抱くようになっていた。四国同盟の構築と新体制運動の二つをおこなうことである。

昭和十五年七月十七日、あらかたの人びとが期待し、予想したとおり、近衛が首相となった。かれは第一番に外相を選んだ。松岡洋右に決めた。松岡自身が近衛に売り込んでいたのだし、麻生久と亀井貫一郎が近衛に松岡を推していた。陸軍は陸相に東条英機を推し、海軍は海相に吉田善吾を留任させたいと申し入れていた。

近衛は松岡、東条、吉田の三人を荻窪の自邸に招いた。まだ他の閣僚を決めていないときだった。前にも触れた七月十九日のその会合で、いったい四人はなにを協議したのか。差し障りのない部分は、そのときに発表があったし、出席者たちが語りもした。東条英機はあとになって、首相が支那事変の完遂に重きをおきたいと語り、政治と統帥の調整と陸海両軍の調和を望み、かれ自身も、支那事変解決の促進と国防の充実を主張したのだと説明した。

吉田善吾は、これものちに語ったことだが、三国同盟の問題などだれも口にはしない、申合せ事項などなにもなかった、雑談に終始したのだと語った(17)。

そして近衛自身も、昭和二十年のこの二月三日、天羽英二の質問に答え、「松岡、吉田、東条と共に三国同盟のこと話し合わず。三国関係強化を話す」と語ったのだった。

その会合には、前もって近衛の用意した討議資料があった。松岡洋右が持ってきたものだった。世界政策、支那事変解決、国内体制と分け、いくつかの項目が並んでいた。たしかにそのなかにも三国同盟の文字はなく、「枢軸強化ヲ図リ」とあるだけだった。

とはいっても三国同盟支持派にとって、枢軸強化とは三国同盟の締結のことにほかならなかった。それより以前、昭和十三年に三国同盟締結を望む陸軍が防共協定強化を叫んでいたのと同じだった。

討議資料にはまた「ソ連トノアイダニ不可侵条約ヲ結ビ」とあった。それも前政権から近衛内閣に引き継がれた外交課題であり、だれもが一読して、うなずいただけのことであったにちがいない。

暑い一日だった。午後の静寂を破り、庭のかなたから低音のバスが聞こえてきた。近衛は池にいる食用蛙の話をし、荻外荘の名の由来を説明したのであろうか。そして前の所有者、医学博士の入沢達吉がここを楓萩凹処《ふうしゅうおうしょ》と呼んでいたのだと語って、夕食をともにしただけで散会したのであろうか。

近衛が昭和十四年一月に挂冠《かいかん》したあと、平沼、阿部、米内と三代つづいた内閣はいずれも平均六カ月の寿命で倒れた。かれらは三国同盟の扱いに手を焼いた。二つの勢力の双方から手を引っ張られ、足をとられ、そのあいだの割れ目に落ち込み、あるいは蹴落とされたのだった。ドイツとの提携を求める勢力と英米との関係維持を望む勢力とのあいだにある裂け目だった。

平沼、阿部、米内だけではなかった。それ以前に近衛が昭和十四年一月に最初の内閣を放りだしたのも、三国同盟の扱いに困ってのことだとは、情報に通じた人びとのだれもが承知している事実だった。

一年半をおいてふたたび首相となった近衛は、心中期するところがあり、なみなみならぬ決意を固めていたはずであった。かれがまず口を開き、松岡、東条、吉田に向かって、あなた方と相談し、確信をもてたら内閣を引き受けると語ったのは、その三国同盟の問題を念頭に置いてのことであった。枢軸強化といった玉虫色の合意をとりつけること、そんな散漫な話し合いをすることがかれのはじめからの狙いであったはずがない。

その会談で決めたただひとつの重大な合意事項を、書きとめていた男がいる。永井八津次である。昭和二十年のこの二月、四十四歳になるかれは陸軍軍務局の軍務課長だった。かれは口八丁手八丁の活動家だった。かれは松岡洋右にかわいがられ、信頼され、あれこれ秘密を教えられたこともあったし、秘密の相談をもちかけられたこともあった。

昭和十五年七月には、彼は軍務課員だった。陸相東条から直接聞いたのか、それとも軍務局長の武藤章から教えられたのか、かれはつぎのように記していた。

「参加者は近衛文麿、松岡洋右、東条英機、吉田善吾……会談の要旨は、支那事変の急速解決を図るため、日本単独の力では不可能につき、この外交施策を活発にし、その力の利用により、支那を浮き上がらせる。これがため独伊との提携を強化し、ソ連をこれに引き入れて四国同盟とする。この力によってアメリカを支那から引かせる。できれば日米で英独和平の斡旋をする、ということで意見一致[18]」

奇怪な話だった。永井のメモと近衛、東条、吉田の三人が語ったことの、はたしてどちらが真実なのであろうか。近衛、東条、吉田は自分たちが決めたもっとも重大な合意事項をきれいに忘れてしまっていたのであろうか。それとも永井八津次は、実際には決まりもしなかったことをメモに残すことになったのか。

想像をすれば、つぎのようになろう。永井は東条英機からその合意事項を聞いたのではなかった。かれは松岡洋右からそれを聞いたのである。そしてそれは四人のあいだの合意事項ではなかった。

たしかに近衛は三人に向かって、四国同盟の構想を語り、一応のコンセンサスをとりつけるつもりだったにちがいない。だが、心変わりしたのであろう。それが外に洩れれば、現状維持勢力の人びとが警戒の声をあげ、ドイツ、イタリアとの同盟にとどまらず、ソ連までを加えるのかと内務省OBや財界が騒ぎだし、そんな同盟を結べば、ソ連寄りの本心を隠している革新勢力の連中を勇気づけることになると神経をとがらせ、反対の合唱が高まり、きわめて面倒なことになると思ったのである。

かれはそれを口にすることを断念した。三人との話し合いが終わったあと、かれは松岡に残るように求めた。そしてかれは松岡とのあいだで、四国同盟を結ぶことを確認したのである。

その間の事情はなんであれ、永井が記したところの取り決めは、それこそきっかり一年前につくられた無署名の意見書、「支那事変ヲ迅速且ツ有利ニ終熄セシムベキ方途」そのものであった。

その荻窪会議から五十日ばかりあと、昭和十五年九月七日にドイツからの特使のスターマーが東京に到着した。そしてそれから二十日あと、九月二十七日に三国同盟条約はベルリンで調印された。

そこでもっとも肝心な問題である四国同盟について、松岡洋右はハインリヒ・スターマーとどのような話し合いをし、いかなる合意を得たのか。それは松岡の胸中にしかなかった。

外交交渉をおこなって、自分が説いたことを手心を加えずに書きとめ、相手の発言を丹念に書き残し、その記録を注意深く保管しておくことは外交官の当然の義務であった。ところが、松岡はその職務を果たさなかった。

松岡はこのあと渡欧して、ヒトラーやスターリンと会談した。スターリンとの会談は、通訳をしたモスクワ大使館の宮川船夫がその会談記録を作成していた。だが、ヒトラーとの話し合いについて、松岡は会談録をつくらなかった。

たしかに帰国した松岡は会議の席で滔々と自慢話を繰り返し、ヒトラーさんに向かって我が輩はこう言った、ムッソリーニさんがこう答えたと気焔をあげた。しかし、かれは次官の大橋忠一に会談録を渡すことをしなかった[19]。そして松岡が外相を辞めたあと、新たに次官となった天羽英二の請求が何度かあったにもかかわらず、ついに松岡は記録を引き渡さなかった[20]。

もちろん、ドイツ側は詳細な記録をつくっていた。松岡がヒトラーにお世辞を並べたてたことから、日本の指導者は私なのだとヒトラーに印象づけ、ほかの者はだめだと匂わせるようなことを喋っていることがその記録に残っていた。

松岡はまた、日本では機密が洩れるから、電報のやりとりをやめ、伝書使を交換しようと提案していた。かれはヒトラーとのあいだに個人的なパイプをつなごうと望んでいたのである。これが松岡の外交の流儀であり、手法だった。

かれはアメリカ大使のグルーに対しても同じやり方をとった。グルーに送った手紙や覚え書きを、グルーがワシントンへ報告したと知るや、松岡はひどく怒った。友人としてのグルーに宛てたものであり、アメリカ大使に宛てたものではないとかれは主張したのだった。

そこでリッベントロープの特使スターマーのことに戻れば、かれがソ連の問題について触れた部分は、ただひとつ明らかにされただけだった。松岡と交渉をはじめるにあたって、外相リッベントロープの公式発言だと言い、スターマーが述べた言葉である。それは交換文書にも載せられた。

「日独伊三国間ノ約定ヲ成立セシメ、然ルノチ、直チニソ連ニ接近スルニ如カズ。日ソ親善ニツキ、ドイツハ正直ナル仲買人タル用意アリ」

ドイツ側のこの約束をあとで読んだ外務省の幹部や枢密顧問官は、日ソ中立条約の締結にドイツが助力を惜しまないことを申しでたものだと思った。

だが、近衛と松岡が望んでいたのは、日ソ中立条約や日ソ不可侵条約ではなかった。しかも、ソ連と中立条約を結ぶだけのことであれば、ドイツの仲介を必要とはしなかった。「三国間ノ約定ヲ成立セシメ、然ルノチ、直チニソ連ニ接近スルニ如カズ」と述べたリッベントロープの言葉は、日ソ中立条約のことではなく、四国同盟に言及したものだったのである。

松岡はスターマーに向かい、四国同盟について、詳細な説明を求めたはずであった。

〈政治同盟のかたちをとった四国連合となるのか。それとも軍事同盟の色彩を帯びるのか。ソ連はなにを要求してくるのか。ソ連に認める勢力範囲はどことなるのか。ソ連との交渉はいつ開始するのか。日本はその交渉のどの段階で加わるのか。そこで最後に重ねてうかがうが、その交渉の成功の公算はどれだけあるのか〉

スターマーはこれらの問いにひとつひとつ答えたのであろうか。昭和二十年のこの二月三日、近衛が天羽英二に向かって、荻窪会談の説明をしたことは前に述べたが、四国同盟のことについてもわずかながら語った。天羽はそれを日記に要約した。

「拝謁の時、陛下は日独で英米と対抗するに物足りぬではないかとの御言葉。日独に蘇を加うる意味を申上ぐ。陛下もそのことお気にせらる。松岡は日独蘇連携は桂、後藤以来の考えなりと言う。スターマー、オットも其の意味にて日独同盟締結。……」

スターマーが松岡に向かって、四国同盟のおおよその構図を説明したことは間違いのないところであった。じつをいえば、四国同盟という撒《ま》き餌を使い、三国同盟を日本に呑ませようというのがリッベントロープの狙いであったからである。

いや、そういってしまっては正しくなかろう。リッベントロープこそが、四国同盟の提唱者であり、かれは四国同盟を構築したいと真剣に願い、日本が参加して、四国同盟ができることを心から望んでいたのである。

では、日本における四国同盟の主唱者である白鳥敏夫はなにをしていたのか。かれは外務省顧問になっていた。白鳥を次官にしたらどうかと首相近衛は松岡に言い、陸軍軍務局長の武藤章も松岡にそれを勧めた。だが、松岡と白鳥は仲が悪かった。顔を合わせてもろくに口をきこうとしなかった。喧嘩早いことなら、どちらも負けてはいなかった。一方が国民的英雄なら、もう一方は外務省革新勢力の巨頭だった。互いに相手の悪口を言い合い、ライバル意識を燃やしていた。

白鳥は自分が外相になれなくて、腹を立てていた。松岡のもとで次官になり、それこそ次官室にひとり放っておかれる屈辱を味わう気などさらさらなかった。かれは顧問になった。松岡のことなど構うことなく、自由に活動するつもりだった。もちろん、松岡のほうも、すべての手柄を独り占めにする気でいたから、スターマーとの交渉は自分ひとりでやった。白鳥の知恵を借りるつもりなど毛頭なかった。

白鳥は独自の行動をとった。かれは松岡になにも尋ねる必要がなかった。かれはすべてのことに通暁していた。スターマーは日本に出発するとき、駐独大使の来栖《くるす》三郎に向かって、日本になにをしに行くのか、自分の使命を告げなかった。ところが、すでにそのとき白鳥はスターマーがなにをしにやってくるかを承知していた。

スターマーは出発前に駐独武官の岡本清福《きよとみ》と打ち合わせをし、岡本は陸軍省に報告し、陸軍首脳陣はすべてのことを知っていた。そして陸軍は白鳥にそれを伝えたはずであった。ローマ駐在時代に、かれはベルリンに行く用事があれば、スターマーとかならず会い、親しい間柄になっていた。そしてかれは陸軍とも密接な関係にあった。

そこで松岡がいささか芝居がかって毎夜十時から千駄ヶ谷の私邸でスターマーと交渉したのであれば、白鳥は青山高樹町の自宅でスターマーとひそかに会い、最重要の問題である四国同盟について意見を交換したはずであった。そしてスターマーは白鳥に向かって、このさきできる四国同盟は、四国の地理的勢力範囲を画定し、四国が四当事国のいずれの国に敵対する同盟にも加入しないことを定めたものになると説明したことは間違いなかった。

そして白鳥がやったことは、海軍を三国同盟支持に転換させることだった。白鳥と松岡は互いに相談したわけではなかったろうが、白鳥が海軍大臣を説得し、松岡が海軍次官を説くことになった。

海軍大臣の吉田善吾は心労から倒れ、九月五日に及川古志郎がそのあとを継いでいた。及川と白鳥は若いときから親しく、姻戚関係にあり、日頃から往き来する仲だった。白鳥は及川に向かって、つぎのように述べたはずだった。

〈たしかに三国同盟のままでは危険である。だが、平沼内閣当時の交渉と違い、今回は四国同盟を結ぶことを前提としての三国同盟の締結である。三国同盟を締結しさえすれば、それから二カ月以内に四国同盟はできあがる〉

松岡は、海軍次官の豊田貞次郎に向かって説いた。かれはまた四国同盟のことを語った。外務次官の大橋忠一にも告げていない外交機密をかれは豊田に説明した。

「支那事変解決のため、日本の孤立を防ぐため、米参戦を防止するには、ソ連を加えて四国同盟の他はない。……日、独、伊、ソ連にて米の参戦を牽制して、なるべく早く世界平和を回復したい(21)」

海軍首脳の反対は消えた。海軍の部局長以下の中堅幹部ははじめから三国同盟支持で固まっていたから、なんの問題もなかった。三国同盟が調印の運びとなったのは、こうしたわけからだった。

だが、前に述べたとおり、その同盟の欠陥と危険性はただちにかたちをとって現れるようになった。英国は十月十七日に、重慶援助の交通路であるビルマ・ルートを再開した。三国同盟は必ずやルーズベルトに反対する孤立主義勢力の力を強めると予想されていたのが、十一月五日にはルーズベルトが三選されてしまった。

近衛、革新勢力を見捨てる

四国同盟の秘密を知る少数の人びとは、四国同盟の結成を一日千秋の思いで待つことになった。かれらは、四国同盟ができさえすれば、世界情勢は一変すると思っていた。

そして近衛はもうひとつの期待を抱いていた。故人の麻生久が思い描いていたであろう構想である。現状維持体制の諸国を圧倒する四国同盟があってこそ、新体制運動を大々的に展開できるということであった。そして新体制運動を推進し、政治、経済分野での改革をおこなってこそ、四国同盟を維持できるということであった。たしかに近衛は現状維持勢力の圧力に押され、じりじりと後退していた。発足した大政翼賛会には現状維持勢力が入り込んでしまい、わけのわからないものになろうとしていた。だが、かれは立ち泳ぎをしながら、時間稼ぎをし、ベルリンとモスクワからの電報を待っていたのである。

昭和十五年十一月十一日か、あるいは十二日のことだったにちがいない。駐独大使来栖三郎から極秘電報が届いたのではなかったか。それこそ近衛が待ちに待っていた電報だった。近衛はその電報の内容に満面喜色を浮かべたはずだった。

近衛より前に、すでにイタリア外相のチアノが手放しで喜んでいた。ガレアッツォ・チアノはリッベントロープから、モロトフをベルリンに招致して示す予定の四国同盟の条約草案と議定書草案の説明を受けた。その予備会談が終われば、そのあと二、三週間内に、イタリアと日本の代表をも加え、モスクワで調印式をおこなうと告げられていた。

ドイツ外相からそのすばらしい話を聞くまで、イタリア外相はずっと暗い気持ちでいた。イタリアは国民に戦う用意がなく、物質的にもなんの準備もなかった。ギリシアへの攻撃は尻すぼみとなり、エジプトへの進撃も困難に逢着していた。ドイツ軍の援助がなければ、英国軍の反撃によってイタリア軍は潰滅しかねない状況となっていた。

だが、ユーラシア大陸を結ぶモスクワ条約ができさえすれば、展望はまるっきり違うものとなる。すべてはうまくいき、英国は手をあげ、勝利を達成でき、戦いを早々に終わらせることができるとチアノは喜んだのである。

だが、チアノの喜びは長くつづかなかった。近衛の喜びも長くつづかなかった。木戸幸一は十一月十五日の日記に、つぎのように記した。

「松岡外相と面談、三国同盟にブルガリア加入の件、日独伊とソの関係につきリッベントロップ外相の案等につき話ありたり」

木戸は日記にそれまで四国同盟のことを書いたことはなかったが、かれもまたその秘密を知るひとりであり、それに大きな期待を抱いていたひとりでもあったはずだった。ドイツ側は、モロトフとの会談内容のすべてを来栖三郎に話しはしなかったであろうが、なにも決まらなかったことは告げたに相違ない。今回は物わかれになったと言ったのであろうか。そこで松岡の話は威勢のいいものにならなかった。木戸は失望し、さてこのままで大丈夫だろうかと不安になったはずだった。

ドイツ首脳とソ連外相モロトフとの話し合いは、昭和十五年十一月十二日と十三日の両日にわたっておこなわれた。交渉はうまくいかなかった。ソ連の外交を決定するスターリン、ジダーノフ、モロトフの三人は、ドイツ側がソ連に勧めたペルシア湾への進攻といったことよりも、ルーマニアへのドイツ軍の進駐、ドイツとフィンランドとのあいだの秘密交渉のほうが気がかりだった。モロトフは欲張った要求をつぎつぎと並べた。じつをいえば、スターリンにせよ、ジダーノフにせよ、かれらは四国同盟を締結したいと希望していた。ドイツ側に過大な要求を突きつけたのは、すこしでも高く売りつけたいと望んでのことだった。スターリンは十一月二十五日に正式の回答をドイツに送り、いくつかの要求をだし、それに応じてくれるなら、四国同盟を結びたいと述べた。

そしてソ連との国境沿いのドイツ軍が増えつづけ、ドイツ空軍機のソ連領空侵犯が繰り返されるようになっても、どうにかして四国同盟を結びたいとスターリンは切望していたのである。

しかし、昭和十五年十一月十二日と十三日、ベルリンでモロトフが自分の取り引きの力を過信して、精いっぱいごねてみせたとき、待ってましたとばかりに四国同盟の構想を放りだしてしまったのは、ほかならぬヒトラーだった。そのあとスターリンが正式回答をおこなおうとも、さらに問い合わせを繰り返してきても、もはやヒトラーは四国同盟に考慮を払おうとはしなかった。

四国同盟はリッベントロープの着想だった。ヒトラーははじめから四国同盟にたいした熱意をもたず、それを真剣に考えたことはいちどもなかったのである。

四国同盟は幻想にはじまり、幻滅に終わった。そののち昭和十六年四月に結ばれた日ソ中立条約など、茶番にすぎなかった。ドイツのソ連攻撃の意図を見抜くことができず、それでいて、独ソのあいだにある明らかな対立につけ込んで結んだ条約だった。三国同盟と日ソ中立条約の二つを揃えたところで、とても四国同盟の代わりになりはしなかった。それは支那事変を解決できず、アメリカの参戦を牽制できず、日米戦争を阻止する力をもたなかった。

じつは近衛は、いつまでも四国同盟を追ってはいなかった。昭和十五年十一月十二日と十三日のドイツ首脳とモロトフとの会談が不調に終わったと知ったとき、内政外交のいっさいの懸案を解決する一大構想は、夢と消えるのではないかという恐怖がかれにとりついた。

すでに三国同盟は結んでしまった。前の戸が閉まってしまったばかりか、うしろへは戻れなかった。その袋小路からなんとかして脱出しなければならないと、近衛は焦りを抱くようになった。

「三国同盟から日米交渉へのあわただしき転向――これこそ永久の謎である」とは、有田八郎がのちに語った言葉である。昭和十五年七月に外相を辞めたかれの耳には、そのあとなんの情報も入らなかったのであろうか。その急転回は永久の謎でもなんでもなかった。

四国同盟ができず、見込み違いと誤算だらけの三国同盟が残ったのであれば、アメリカとの関係修復へ向かう以外に道はなかった。そこでかれはもうひとつ重大な決意をした。新体制運動を放棄するということだった。

四国同盟ができる見込みがなくなってしまえば、新体制運動をつづけていくことは困難だった。そして米英との関係の改善を望もうとするのであれば、宮廷、重臣を含めて政界最上層部と財界の側にかれのよって立つ基盤を移さねばならなかった。現状維持勢力へその足を移さねばならなかった。

前にも述べたとおり、昭和十五年十一月二十七日に近衛は木戸に会い、平沼騏一郎を起用し、風見章と安井英二を閣外へだすと述べたが、これは、革新勢力から左足を抜き、現状維持勢力にしっかり両足をおくとの決意の表明だった。

昭和十五年十二月六日、平沼騏一郎が国務大臣として入閣した。平沼は、「大政翼賛会は赤だ、近衛公は体制をあまりに危うくしすぎる」と批判し、「大政翼賛会は精神運動機構にせよ」と主張している勢力の中心人物だった。翌十二月七日、一カ月近くもめつづけた経済新体制要綱が決まりはしたものの、企画院の原案は骨抜きとなった。十二月二十一日、近衛は法相の風見章と内相の安井英二を閣外に逐い、平沼を内相とし、皇道派の頭株のひとりである柳川平助を法相とした。「内務省社会局とはなんだ、社会主義者を養成するのか」と怒った将軍である。

平沼は次官、警保局長、警視総監、保安課長の陣容を一新した。かれは革新勢力を叩く準備にとりかかった。翌昭和十六年一月十六日、企画院調査官の佐多忠隆、正木千冬を検挙し、一日おいて、これも企画院調査官の稲葉秀三を捕らえた。

それは政治的逮捕というべきものだった。いつの世でも、またどこの国でも同じことだが、重大な論争と対立がつづき、権力闘争が火花を散らすようになったとき、そのもめ事に結着をつけようとしておこなわれる常套手段だった。それは現状維持勢力にとっては青信号であり、革新勢力にとっては赤信号となった。

昭和十六年二月二十二日、衆議院で平沼騏一郎が大政翼賛会は公事結社だと述べた。たまたまといってよいのかどうか、近衛は風邪で議会にでていなかった。公事結社とはどんなものかと現状維持派の議員がたたみかけた。たとえば、公事結社のひとつに衛生組合があると平沼が答えた。「高度の政治性」をもつことになるはずの大政翼賛会を、平沼は衛生組合と同じものにしてしまった。平沼が近衛に向かい、大政翼賛会の執行機関をにぎる有馬頼寧を馘《くび》にすべきだと説いたのはそのあとだった。

そして前に述べたことだが、昭和十六年三月二十九日、大政翼賛会の枢要部を握っている主要幹部すべてが退陣せざるをえなくなった。事務総長有馬頼寧をはじめ、企画局長小畑忠良、総務局長松前重義、組織局長後藤隆之助、組織局連絡部長三輪寿壮、東亜局長亀井貫一郎らが連袂《れんべい》辞職した。

それから十日たらずあと、四月八日と九日、農林省農政課長の和田博雄、大政翼賛会組織局の和田耕作、勝間清一らが逮捕された。

繰り返すなら、近衛が革新勢力を見捨てたのは昭和十五年十一月二十七日だった。かれは有馬頼寧、風見章を放りだし、故人の麻生久を見捨てた。支那事変を解決でき、アメリカとの戦争を回避できると信じた四国同盟の構想が夢と化し、戦争を引き寄せるだけの三国同盟が現実に残ったときに、かれは革新の陣営から身をひいたのである。

それだけではなかった。近衛は革新勢力を悪役に仕立てて、戦争終結の構想をたてた。公卿政治家の本領だといえば、まさにそのとおりだった。かれのその計画のすべてについては、次巻以降で述べることになろう。

（第1巻、了）

引用出典及び註

(1) 特に重要と思われるものについてのみ出典を明記した。
(2) 引用中の旧仮名は新仮名に改めた。また、読みやすさを考慮し、表記を改めたり、言葉を補ったりした場合がある。
(3) 「木戸幸一日記」「天羽英二日記」等、文中で出典が明らかなものは、初出のみ採用した。
(4) 同一資料が二度以上出てくる場合は、発行所及び発行年度は初出だけにとどめた。

一月一日の概況

(1) 山室静編「16歳の兵器工場」太平出版社 昭五〇
(2) 「戦史叢書・本土防空作戦」朝雲新聞社 昭四三 四二八頁
(3) 内田百閒「東京焼盡」旺文社文庫 昭五九 三八—九頁
(4) 「メレヨン島——生と死の記録」朝日新聞社 昭四一 二二四頁
(5) 「メレヨン島——生と死の記録」二三一頁
(6) 「戦史叢書・大本営海軍部・連合艦隊(7)」昭五一 二九頁
(7) 内藤力〈回天出現のかげのエピソード〉「回天」回天刊行会 昭五一 四三頁
(8) 内藤力〈回天出現のかげのエピソード〉「回天」一七七頁

1 近衛の悔恨

(1) 加瀬俊一「慕情やみがたく」文化出版局 昭五八 一〇〇頁
(2) 昭和同人会「昭和研究会」経済往来社 昭四三 二六一頁
(3) 近衛秀麿「風雪夜話」講談社 昭四二 六七頁
(4) 宇垣一成「宇垣一成日記2」みすず書房 昭四五 一二四一頁
(5) 林三郎〈広田外相のことば〉「諸君」文藝春秋社 昭五一・九月号 二〇二頁
(6) 中村隆英他「現代史を創る人びと(2)」毎

日新聞社　昭四六　二四八頁

（7）「尾崎秀実著作集第五巻」勁草書房　昭五四　三三五—六頁

（8）風見章「近衛内閣」日本出版協同　昭二六　一〇四—六頁

（9）佐藤賢了「佐藤賢了の証言」芙蓉書房　昭五一　一四五頁

（10）中山優「往事茫茫　中山優選集」昭四七　二七七—八頁

（11）青木保三はその執筆者を亀井貫一郎だと述べている。だが、亀井は伊藤卯四郎、郷司浩平、近藤浩司を伴い、昭和十二年九月から翌十三年四月までアメリカ、ドイツを歴訪していた。

（12）青木保三「七十年を顧りみて」昭四五　一六二—三頁

（13）西園寺公一「貴族の退場」文藝春秋新社　昭二六　四五頁

（14）吉野信次「おもかじとりかじ」通商産業研究社　昭三八　四〇八頁

（15）高宮太平「米内光政」時事通信社　昭三三　七〇頁

（16）ゲルハルト・クレープス〈参謀本部の和平工作〉「日本歴史」吉川弘文館　昭五七・八月号　四四—五頁

（17）嘉治隆一「明治以降の五大記者」朝日新聞社　昭四八　三七八—九頁

（18）中村正吾「永田町一番地」ニュース社　昭二一　一一三頁

（19）井上日召「一人一殺」新人物往来社　昭四七　二四一頁。井上は近衛・頭山会談を「八月はじめ」と述べているが、九月十八日以降であったと思える。

（20）井上日召「一人一殺」二四一頁

（21）児玉誉士夫自身が語る近衛暗殺未遂事件は実際にはあいまいをきわめる。児玉はつぎのように述べている。「私がちょうど平沼事件で監獄から帰ってきたのが十月でしょう。そのころ日米関係が険悪になっていて、どうも近衛がアメリカへ行く、行くには横須賀から軍艦に乗るだろうと……」（大森実「日本崩壊・戦後秘史(1)」講談社文庫　三〇一頁）。児玉の記憶は、この引用箇所にかぎらず、この前も、あとも、まことに不正確だが、かれが釈放されたのが十月というのが事実なら、そのときにかれが近衛暗殺を計画したということはなかったのではないかと思う。十月に入って、首脳会談開催の見込みが消えてしまっていたことは、辻政信が承知していたはずだからである。暗殺計画があったとするなら、それは八月下旬から九月はじめのことであったにちがいない。近衛暗殺計画がほんとうの話なら、辻が暗殺を依頼した相手は吉田彦太郎だったのではないか。吉田は児玉機関と呼ばれた児玉の物資徴集機関のナンバー・ツーだった。児玉自身は、辻に頼まれ、吉田に相談し、かれといっしょにやる予定だったと言っている。

(22) 日本近代史料研究会「亀井貫一郎氏談話速記録」昭四五　九八頁

(23) 「児玉誉士夫著作選集」「風雲　下巻」日本及日本人社　昭四七　九八頁

(24) 木舎幾三郎「続政界五十年の舞台裏」政界往来社　昭四九　三七一頁

2 東条の苦悩

(1) 吉見義明・横関至編「資料日本現代史(5)」大月書店　昭五六　二三五頁

(2) 東条勝子〈戦後の道は遠かった〉「文藝春秋」文藝春秋社　昭三九・六月号　一九八頁

(3) 「水産振興」東京水産振興会　第四一号　昭四六・一月号　二九頁

(4) 茂木政〈笠さんとの知り初め〉「回想笠信太郎」朝日新聞社　昭四四　一九二頁

(5) 矢部貞治「近衛文麿」読売新聞社　昭五一　六一九頁

(6) 中村正吾「永田町一番地」一一六頁

(7) 木舎幾三郎「政界五十年の舞台裏」政界往来社　昭四〇　四四四頁

(8) 〈陸軍部隊と絶対国防圏〉「国防」朝雲新聞社　昭四三・八月号　一一九頁

(9) 吉田俊雄「四人の連合艦隊司令長官」文藝春秋社　昭五六　一五五頁

(10) 星野直樹「時代と自分」ダイヤモンド社　昭四三　二一六頁

(11)「戦史叢書・大本営海軍部・連合艦隊(5)」昭四九　二九三頁
(12)「戦史叢書・大本営海軍部・連合艦隊(5)」二九三―四頁
(13) 山本親雄「大本営海軍部」白金書房　昭四九　二四五頁
(14)「戦史叢書・大本営海軍部・連合艦隊(5)」二一九頁
(15)「戦史叢書・大本営海軍部・連合艦隊(5)」二二〇頁
(16)「戦史叢書・大本営陸軍部(8)」昭四九　九一頁
(17) 佐藤賢了「佐藤賢了の証言」三三五頁
(18)「大蔵公望日記第四巻」内政史研究会　昭五〇　一八二頁
(19) 佐藤賢了「佐藤賢了の証言」三三五頁
(20) 星野直樹「時代と自分」昭四三　二一七頁
(21) 不破博〈終戦への道程〉「国防」昭四八・九月号　二四頁
(22) 服部卓四郎「大東亜戦争全史」原書房　昭四〇　三四七頁
(23)「戦史叢書・海上護衛戦」昭四六　三六九頁
(24) 山本親雄「大本営海軍部」一五七―八頁
(25) 草鹿龍之介「連合艦隊」毎日新聞社　昭二七　一七二頁
(26) 松村秀逸「大本営発表」日本週報社　昭二七　一八二頁
(27) 松村秀逸「大本営発表」一八七頁
(28) 木戸幸一「木戸幸一日記下巻」東京大学出版会　昭四一　一一一七頁
(29) 高宮太平〈天皇対東条〉「特集文藝春秋」昭三一・一〇月　二一〇頁

3　木戸の回想 (一)

(1) 長与善郎〈和田小六の思い出〉「図書」岩波書店　昭二七・八月号　二頁
(2)「天羽英二日記資料集第四巻」昭五七　六三一頁
(3) 田中申一「日本経済秘史」同書刊行会　昭四九　二五四頁
(4) 武見太郎「武見太郎回想録」日本経済新

聞社　昭四三　一九七頁
（5）「朝日新聞」昭一六・七・一八夕刊
（6）星野直樹「時代と自分」二六九頁
（7）神田信夫〈戦争末期の東洋史研究室と下宿生活〉「戦中戦後に青春を生きて」山川出版社　昭五九　四六頁
（8）昭和同人会「昭和研究会」二六五頁
（9）「私の履歴書第二二集」日本経済新聞社　昭三九　五二頁
（10）伊沢多喜男伝記編纂委員会編「伊沢多喜男」羽田書店　昭和二六　二八二頁
（11）入江相政「天皇さまの還暦」朝日新聞社　昭三七　二六頁
（12）林茂「湯浅倉平」湯浅倉平伝記刊行会　昭四四　四二五頁
（13）「太平洋戦争への道第七巻」朝日新聞社　昭三八　二七九頁
（14）石射猪太郎「外交官の一生」読売新聞社　昭二五　四二一頁
（15）田中新一「田中作戦部長の証言」芙蓉書房　昭五三　四五〇頁
（16）西浦進「昭和戦争史の証言」原書房　昭五五　一六三頁

4　木戸の回想　㈡

（1）「天羽英二日記資料集第四巻」七〇八頁
（2）「程ヶ谷40年」程ヶ谷カントリー倶楽部　昭三六　七二頁
（3）「満鉄最後の総裁・山崎元幹」満鉄会　昭四八　五四〇頁
（4）「私の履歴書第三三集」昭四三　一五六頁
（5）飯島孝「日本の科学技術」工業調査会　昭五六　一一七頁
（6）「日本窒素史への証言第一集」同書編集委員会　昭五二　二〇頁
（7）安倍薫一〈吉林人石の思い出〉「日本窒素史への証言第一一集」昭五二　五八頁
（8）Anderson Irvine H. *"the standard-vacuum oil company and united states east asian policy 1933-1941"* princeton university press, 1975, p. 132
（9）「日本郵船七十年史」日本郵船株式会社

昭三一　二七六頁

(10)「日本窒素史への証言第四集」昭五三　二三三頁

(11)「戦史叢書・陸軍軍需動員(2)実施編」昭四五　四九〇頁

(12)「日本窒素史への証言第四集」七八頁

(13)服部卓四郎「大東亜戦争全史」一一四―五頁

(14)「太平洋戦争への道第七巻」三〇八頁

5 戦争への胎動

(1)「志賀直哉全集第一七巻」岩波書店　昭三一　二一七頁

(2)「私の履歴書第三二集」昭四三　二三四頁

(3)富塚清「ある科学者の戦中日記」中公新書　昭五一　六六頁

(4)「志賀直哉全集第一七巻」二一七―八頁

(5)高木惣吉「高木海軍少将覚え書」毎日新聞社　昭五四　一二七―九頁

(6)高木惣吉「山本五十六と米内光政」文藝春秋新社　昭二五　二〇六頁

(7)細川護貞「細川日記」中央公論社　昭五三　九頁

(8)高木惣吉「高木海軍少将覚え書」一二二―三頁

(9)細川護貞「細川日記」二三八頁

(10)細川護貞「細川日記」一四―五頁

(11)千早正隆「日本海軍の戦略発想」プレジデント社　昭五七　二七頁

(12)「近衛日記」共同通信社　昭四三　二一頁

(13)松谷誠「大東亜戦争収拾の真相」芙蓉書房　昭五五　一一五頁

(14)小泉信三「今の日本」慶友社　昭二五　二六四―八頁

6 近衛と吉田の構想

(1)猪木正道「評伝吉田茂第三巻」読売新聞社　昭五六　一五四頁

(2)伊藤隆〈昭和一七―二〇の近衛・真崎グループ〉「昭和期の軍部」山川出版社　昭

五四　二三四頁

(3) 永田鉄山刊行会編「秘録永田鉄山」芙蓉書房　昭四七　四〇三頁

(4) 殖田俊吉〈軍部・革新官僚の日本共産化計画案〉「自由」自由社　昭三五・一一月号　九〇―五頁

(5) 岩淵辰雄〈貴族と政治と死と〉「秘録実話読本―文藝春秋臨時増刊」昭二九・六月　一二二頁

(6) 殖田俊吉〈軍部・革新官僚の日本共産化計画案〉「自由」九〇―五頁

(7) 「木戸幸一関係文書」東京大学出版会　昭四一　五九二頁

(8) 有馬頼寧「友人近衛」弘文堂　昭二三　二二頁

(9) 山浦貫一「近衛時代の人物」高山書院　昭一五　一二八頁

(10) 和田耕作〈日本経済の再編成など〉「回想笠信太郎」一四七頁

(11) 「亀井貫一郎氏談話速記録」二〇五頁

(12) 有馬頼寧「友人近衛」二三頁

(13) 杉原正巳〈近衛文麿と麻生久〉「歴史と人物」中央公論社　昭四九・四月号　四九頁

(14) 深井英五「枢密院重要議事覚書」岩波書店　昭二八　二〇三頁

(15) 野村実〈日独伊ソ連合思想の萌芽と崩壊〉「軍事史学」第一一巻四号　六―九頁

(16) 青木保三「七十年を顧りみて」一七三―五頁

(17) 矢部貞治「近衛文麿」四六七頁

(18) 中村菊男編著「昭和陸軍秘史」番町書房　昭四三　二三三頁

(19) 大橋忠一「太平洋戦争由来記」要書房　昭二七　九〇頁

(20) 「天羽英二日記資料集第四巻」一一九頁

(21) 新名丈夫編著「海軍戦争検討会議事録」毎日新聞社　昭五一　七七―八頁

草思社文庫

昭和二十年　第1巻

2014年12月8日　第1刷発行

著　者　鳥居　民
発行者　藤田　博
発行所　株式会社 草思社
〒160-0022　東京都新宿区新宿 5-3-15
電話　03(4580)7680(編集)
　　　03(4580)7676(営業)
　　　http://www.soshisha.com/
本文印刷　株式会社 三陽社
付物印刷　日経印刷 株式会社
製本所　大口製本印刷 株式会社
装幀者　間村俊一（本体表紙）

ISBN978-4-7942-2096-7　Printed in Japan